芯智驱动力研究

胡国栋 等著

Outlook on the Digital and AI Ecomony

数智经济
前瞻

人民邮电出版社
北 京

图书在版编目（CIP）数据

数智经济前瞻：芯智驱动力研究 / 胡国栋等著.
北京：人民邮电出版社，2025. -- ISBN 978-7-115
-67138-7

Ⅰ．F49

中国国家版本馆 CIP 数据核字第 20255GQ661 号

内 容 提 要

数智技术作为数字化与智能化的融合，在新一代信息技术革命浪潮下，以芯片技术与人工智能"双螺旋"为核心驱动力，推动国民经济向数智经济形态演进。

本书共 10 章，从不同角度深入分析数智经济的各个方面。第 1 章介绍数字经济、智能经济的发展过程，探讨数智技术广泛应用、数字经济和实体经济深度融合后出现的数智经济形态；第 2 章介绍国内外企业推进数智化的情况，这是数智经济形态的现实基础；第 3 章介绍芯片技术与人工智能"双螺旋"发展对数智技术的促进作用；第 4 章介绍数智经济的基础设施重构，大模型、算力等成为新型重要基础设施；第 5 章介绍数智技术驱动经济社会主要领域发生变革；第 6 章介绍数智经济的产业转型升级，重点产业的数智化转型变革；第 7 章介绍数智经济的核心基础底座——加速人工智能革命的芯片技术；第 8 章重点以人工智能驱动芯片产业链进步为例，介绍数智经济的自主进化趋向；第 9 章介绍数智经济安全投入的重要性；第 10 章介绍主要国家发展数智经济的实际做法。通过本书，我们希望能为推动中国特色数智经济理论的形成、新质生产力的培育、经济社会的高质量发展提供初步的理论支撑。

本书适合对数字经济、智能经济、数智经济感兴趣，关注数智技术在各领域应用与发展，以及关心中国特色数智经济理论构建、新质生产力培育和经济社会高质量发展的经济学者、行业从业者和政策研究者阅读。

◆ 著　　　　胡国栋　等

　　责任编辑　陈灿然

　　责任印制　王　郁　胡　南

◆ 人民邮电出版社出版发行　　北京市丰台区成寿寺路 11 号

　　邮编　100164　　电子邮件　315@ptpress.com.cn

　　网址　https://www.ptpress.com.cn

　　涿州市般润文化传播有限公司印刷

◆ 开本：720×960　1/16

　　印张：17.5　　　　　　　2025 年 5 月第 1 版

　　字数：247 千字　　　　　2025 年 5 月河北第 1 次印刷

定价：98.00 元

读者服务热线：(010)81055410　印装质量热线：(010)81055316
反盗版热线：(010)81055315

马克思指出，"各种经济时代的区别，不在于生产什么，而在于怎样生产，用什么劳动资料生产"。在人类社会经历农业经济、工业经济之后，关于经济形态的研究有许多维度的阐述。1996 年，经济与合作发展组织（Organization for Economic Co-operation and Development，OECD）发表《以知识为基础的经济》报告，指出 21 世纪人类进入知识经济时代，经济发展更多地建立在知识和信息的生产、分配和使用的基础上。同年，美国经济学者在《数字经济：智力互联时代的希望与风险》中首次提出"数字经济"（Digital Economy）概念。

当前，我国发展进入新时代，政治经济学的研究突破和新一代信息技术革命形成交汇，具有中国特色、中国首创的理论和实践创新不断涌现。2023 年，习近平总书记在中央经济工作会议中提出，运用"数智技术"为传统产业注入新动能，加快实现转型升级。2024 年，党的二十届三中全会审议通过《中共中央关于进一步全面深化改革、推进中国式现代化的决定》，"数智技术"首次在党的政策文件中出现。从"数字"到"数智"的一字之变，彰显了人工智能等新科技革命浪潮的到来，人工智能是发展新质生产力的重要引擎。

数智技术是数字化和智能化的有机融合，可以理解为"数字化＋智能化"。数智化是新型工业化的鲜明特征，是形成新质生产力的重要途径。数智技术正在以更快的速度、更广的范围应用于生产生活，使国民经济整体形态宏观上演进为"数智经济"，人类文明演进为"数智文明"。数智经济是数字经济（特别是智能经济）高度发展之后的新形态，是对国民经济整体特征的描述，其兴起以现行数字经济部门为基础，以快速发展的智能制造、智能经济为重点方向，以数字经济和实体经济深度融合为标志。人类的"生命之谜"在于 DNA 的"双螺旋结构"，数智经济形态的核心驱动力在于芯片技术和人工智能构成的数智技术（Digital & AI，D&A）。本书旨在深入探讨"芯智"技术新引擎对数智经济发展的推动作用，及其对提升国家竞争力的重要意义。

本书共 10 章，从不同角度深入分析数智经济的各个方面。第 1 章介绍数字经济、智能经济的发展过程，探讨数智技术广泛应用、数字经济和实体经济深度融合后出现的数智经济形态；第 2 章介绍国内外企业推进数智化的情况，这是数智经济形态的现实基础；第 3 章介绍芯片技术与人工智能"双螺旋"发展对数智技术的促进作用；第 4 章介绍数智经济的基础设施重构，大模型、算力等成为新型重要基础设施；第 5 章介绍数智技术驱动经济社会主要领域发生变革；第 6 章介绍数智经济的产业转型升级，重点产业的数智化转型变革；第 7 章介绍数智经济的核心基础底座——加速人工智能革命的芯片技术；第 8 章重点以人工智能驱动芯片产业链进步为例，介绍数智经济的自主进化趋向；第 9 章介绍数智经济安全投入的重要性；第 10 章介绍主要国家发展数智经济的实际做法。通过本书，我们希望能为推动中国特色数智经济理论的形成、新质生产力的培育、经济社会的高质量发展提供初步的理论支撑。

胡国栋

2025 年 3 月

第 4 章　数智经济的基础设施重构：
新型数智基础设施

第5章 数智经济的主要变革领域：
数智技术驱动经济社会变革

第 6 章　数智经济的产业转型升级：
重点产业数智化转型

数智经济的理论脉络解析

第 1 章

数字经济和实体经济深度融合后的形态前瞻

当前，人工智能引领的新一轮科技革命和产业变革方兴未艾，人机交互、类脑智能、数字交互、多模态智能体等技术的发展和升级正在加深社会经济的数字化、网络化和智能化程度，推动并形成新的宏观经济形态——数智经济。数智经济是数字经济特别是智能经济高度发展之后的新形态，是对国民经济整体特征的描述，而不是国民经济的具体组成部分。

1.1 数字经济蓬勃发展

1.1.1 概念起源

数字经济因数字技术的萌芽和发展而起，因互联网的大范围商用而兴，并将伴随着数字技术的群体性突破和融合应用而加速发展壮大。1996 年，美国学者唐·泰普斯科特（Don Tapscott）撰写了 *The Digital Economy: Promise and Peril in the Age of Networked Intelligence*，作者在书中首次提出"数字经济"概念，并将其定义为一个信息与通信技术（Information and Communications Technology, ICT）广泛运用的经济系统，包含基础设施（高速的互联网接入、计算能力与安全服务）、运用 ICT 技术进行交易等商业活动的新模式 [1]，它"将智能、知识和创造力结合起来以实现突破，创造财富和社会发展" [2]。1998 年 7 月，美国商务部发布《浮现中的数字经济》（*The Emerging Digital Economy*）报告，揭开了全球探索发展数字经济的序幕。

目前，各界对数字经济基本达成共识，即数字技术引发了生产力的深刻变革，带动产品业态模式的不断创新，对经济和社会产生了前所未有、并将持续增强的影响。不同国家或机构对数字经济的内涵作出了解释，G20 杭州峰会《二十国集团数字经济发展与合作倡议》指出数字经济是指以数字化的知识和信息作为关键生产要素、以现代信息网络作为重要载体、以信息通信技术的有效使用作为效率提升和经济结构优化的重要推动力的一系列经济活动。表 1-1 所示为不同国家或机构关于数字经济的基本定义。

表 1-1　不同国家或机构关于数字经济的基本定义 [3]

年份	研究机构或组织	定义
1999	美国商务部	数字经济是建立在互联网技术基础之上的电子商务、数字商品和服务，以及有形商品的销售
2009	澳大利亚宽带、通信和数字经济部	数字经济是在信息和通信技术带动作用下形成的经济和社会活动的全球网络，这些技术包括互联网、移动网络和传感器网络
2016	G20 杭州峰会《二十国集团数字经济发展与合作倡议》	数字经济是指以数字化的知识和信息作为关键生产要素、以现代信息网络作为重要载体、以信息通信技术的有效使用作为效率提升和经济结构优化的重要推动力的一系列经济活动
2018	中国信息化百人会《中国数字经济发展报告（2017）》	数字经济是全社会的数字化活动的经济总和。以数字化信息为关键资源，以信息网络为依托，通过信息通信技术与其他领域的紧密融合形成了基础型、融合型、效率型、新生型、福利型等 5 种类型的数字经济

数据来源：赛迪智库。

　　我国《"十四五"数字经济发展规划》提出数字经济是继农业经济、工业经济之后的主要经济形态，是以数据资源为关键要素，以现代信息网络为主要载体，以信息通信技术融合应用、全要素数字化转型为重要推动力，促进公平与效率更加统一的新经济形态。对此，可以从要素、技术、载体、系统 4 个维度进行理解 [4]（见图 1-1）。

图 1-1　数字经济内涵的理解维度

　　从要素维度看，数字化的数据资源是数字经济的关键要素。数字经济时代，除土地、资本、人力、技术之外，数字化的知识和信息被纳入衡量经济产出的生产函数，其集聚流通削弱了传统要素有限供给对经济增长的制约，并推动技术、资本、土地、劳动力等其他生产要素的数字化发展，从而为现代化经济体系注入新动力。

从技术维度看，数字技术的创新融合提供重要推动力。人工智能、大数据、5G、量子计算、物联网、区块链、虚拟现实、超高清视频等信息技术持续发展，从单点创新向交叉创新转变，形成多技术群相互支撑、齐头并进的链式创新形态，从实验室走向大规模应用，为数字产业的蓬勃发展提供支撑。

从载体维度看，现代信息网络、数字化基础设施和数字平台是数字经济发展的载体。现代信息网络为数据的存储与传输提供必要条件；数字化基础设施加强了人、机、物的互联融合，并提供了数据源和交互基础；交易平台、创新平台等数字平台支持用户进行信息交换，并为开发者提供创新生态环境。在此基础上，数据资源通过存储和分析转化为"数字智能"，进而通过数字平台实现"数据货币化"，并循环往复形成"数据价值链"，由此推动数字经济发展壮大（见图1-2）。

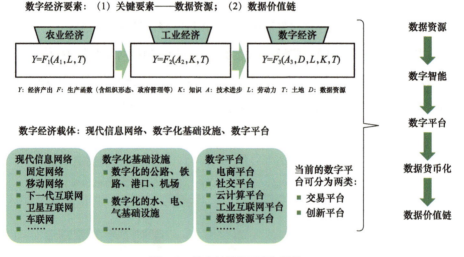

图 1-2　数字经济的要素和载体

从系统维度看，数字经济为整个经济环境和经济活动带来系统性变化。数字产业是以数字技术为主要工具进行利润和价值创造的经济活动，重点在于数字技术自身的价值实现。而数字经济比数字产业的概念范畴和影响范围更广，是数字技术为整个经济环境和经济活动带来的系统性变化，改变了经济的驱动方式，为经济各领域产业赋能。

1.1.2 数字经济产业组成

关于数字经济的产业边界，尽管数字经济分为数字产业化和产业数字化这一观点逐步被广泛接受，但规模测算指标、方法等仍未统一。欧美把数字经济看作一个特定行业或相关行业的集合，建立了以数字部门产值及其在国民经济中的占比为核心内容的数字经济规模测算体系。美国经济分析局（Bureau of Economic Analysis，BEA）对数字经济的统计包括四大类商品服务[5]：（1）基础设施，即计算机网络和数字经济使用的基本物理材料和服务，主要是 ICT（Information and Communication Technology，信息通信技术）商品和服务，基础设施由 ICT 硬件和软件组成；（2）电子商务，即通过计算机网络远程销售商品和服务，电子商务包括企业对消费者的电子商务（即零售贸易）和企业对企业的电子商务（即批发贸易）；（3）定价数字服务，即向消费者收取费用的与计算机和通信相关的服务，定价数字服务包括云服务、电信服务、互联网和数据服务等；（4）联邦非国防数字服务，或与支持数字经济直接相关的联邦非国防政府机构的年度预算。2020 年 8 月，美国经济分析局在 *New Digital Economy Estimates* 中指出，2018 年美国数字经济增加值为 18 493 亿美元，占 9% 的 GDP(Gross Domestic Product，国内生产总值) 比重。2023 年 12 月，*U.S. Digital Economy: New and Revised Estimates*，2017—2022 报告发布，指出 2018 年至 2022 年，美国数字经济实际增加值增长超过整体经济实际 GDP 增长。2022 年，数字经济实际增加值为 25 690 亿美元，增长 6.3%，而美国实际 GDP 增长 1.9%。

2021 年，我国国家统计局发布《数字经济及其核心产业统计分类（2021）》，从数字产业化和部分产业数字化视角对数字经济的产业范围进行了确定，即 01 数字产品制造业、02 数字产品服务业、03 数字技术应用业、04 数字要素驱动业、05 数字化效率提升业 5 个大类。一般认为，数字经济包括数字产业化和产业数字化两部分：数字产业化部分即数字经济核心产业（对应 01 ~ 04 大类），是指为产业数字化发展提供数字技术、产品、服务、基础设施和解决方案，以及完全依赖于数字技术、数据要素的各类经济活动；产业数字化部分（对应 05 大类）是指应用数字技术和数据资源为传统产业带来的产出增加和效率提升，是数字技术与实体经济的融合。《数字中国发展报告（2023 年）》显示，我国数字经济保持稳健增长，2023 年数字经济核心产业增加值占 GDP 比重 10% 左右；我国数字经济规模超过 55 万亿元，在 GDP 中的比重已超 40%，数据要素市场日趋活跃，2023 年数据生产总量达 32.85ZB（泽字节，$1\,ZB = 2^{70}\,B$），同比增长 22.44%。

1.1.3 数字经济成为全球竞争主赛道

世界各国普遍认识到加强数字化发展的重要性和紧迫性，纷纷将数字技术作为优先发展领域，优化前瞻性战略布局，陆续公布和实施数字化发展战略，加大投入力度。因此，国际数字领域竞争日趋激烈。

各领域数字化转型持续深化，主要国家产业数字化规模持续扩大。全球数字化转型需求带动相关数字化投资持续增长。根据国际数据公司（International Data Corporation, IDC）报告，2023 年全球 ICT 市场总投资规模接近 4.7 万亿美元，并有望在 2027 年增至 6.2 万亿美元，5 年复合增长率（Compound Annual Growth Rate, CAGR）为 5.8%。预计到 2027 年全球数字化转型 Artificial 支出将接近 4 万亿美元。在人工智能（Artificial Intelligence, AI）和生成式人工智能（Generative AI）的推动下，预计在 2022 年到 2027 年间，数字化转型市场的年复合增长率将达到 16.2%。经计算，2022 年，全球 51 个主要经济体的数字经济规模为 41.4 万亿美元，美国、中国、德国、日本、韩国等 5 个世界主要国家数字经济总量为 31 万亿美元，产业数字化规模在数字经济中的比重达到 86.4%。

各国深入推进数字经济发展战略，竞相开展数字产业战略布局。美国加快围绕数字产业的战略布局的步伐，通过优化前沿技术布局并积极拉拢联盟，推动实施数字产业关键产业链地区化发展，着力构建以美西方为主导的技术体系，全力保住数字产业领先优势。美国国际开发署发布了《数字战略（2020—2024）》（*Digital Strategy* 2020—2024），试图在全球范围内构建以自身为主导的数字生态系统。英、法、德、日等国加快布局国家数字科技战略，积极构建符合自身利益的数字产业治理规则体系。英国发布并实施《英国国际技术战略》（*The UK's International Technology Strategy*）、《英国科技框架》（*UK Science and Technology Framework*），优先关注人工智能、量子技术、工程生物技术、半导体和未来通信技术。法国大力布局 5G、人工智能、数字制造等前沿领域，推行 5G 发展路线图，提出利用数字技术促进工业转型的举措。德国推出《国家数据战略》（*Nationale Datenstrategie*）和《数字化战略 2025》（*Digitale Strategie 2025*），对数字化发展做出战略安排。日本实施"数字新政"，举国推动半导体材料、关键元器件等数字产业发展。

国际数字治理合作方兴未艾，数字治理成为各国角力重点。数字技术的快速发展对国际数字治理提出新的要求，推动国际社会加快通过合作构建数字治理体系。世界贸易组织、二十国集团等多边合作机制以及《全面与进步跨太平洋伙伴关系协定》（*Comprehensive and Progressive Agreement for Trans-Pacific Partnership*）、《区域全面经济伙伴关系协定》（*Regional Comprehensive Economic Partnership*）、《数字经济伙伴关系协定》（*Digital Economy Partnership Agreement*）等区域性经贸合作协定均在积极进行数字治理合作探索，以不断完善全球多双边数字治理机制。但全球数字经济核心产业治理尚未达成共识，数字产业的"隐形竞争"加剧。美国 - 欧盟贸易和技术委员会（U.S.-E.U. Trade and Technology Council）加大合作交流力度，就在人工智能、6G、在线平台和量子等重点领域开展技术合作达成共识。美国发起涵盖 24 家国际科技巨头企业的 Next G 联盟，为 6G 垂直行业应用制订路线图；与法国、芬兰、瑞典、丹麦、英国、荷兰等签署量子信息科学技术（Quantum Information Science and Technology，QIST）合作联合声明，计划启动并加速美国与西方国家在量子信息科学技术领域的共同研究。除此之外，日本与欧盟举行数字领域部长级会议。欧盟出台《通用数据保护条例》（*General Data Protection Regulation*）、《数据治理法案》（*Data Governance Act*）、《数字市场法案》（*Digital Markets Act*）等维护"数字主权"。

美国与墨西哥、加拿大达成了"美国—墨西哥—加拿大"协定（The United States-Mexico-Canada Agreement，USMCA），共同探讨"消减数字限制措施""消费者隐私保护""保证数据跨境传输和自由流动"等议题。

1.1.4 我国数字经济稳步发展

数字中国的赋能效应日趋凸显，数字经济活力日益澎湃，电子信息制造、互联网业务、电信业务、软件业务等产业推动我国数字经济规模持续扩大。

数字经济保持增长韧性。 2023 年，我国数字经济持续释放经济增长"第二曲线"作用，成为国内经济回升向好的重要增长引擎 [6]。2023 年，规模以上电子信息制造业增加值同比增长 3.4%，增速比高技术制造业高 0.7 个百分点。软件和信息技术服务业业务收入同比增长 13.4%，电信广播电视及卫星传输服务等行业商务活动指数在 60% 以上，位于高位景气区间。全国实物商品网上零售额同比增长 8.4%，"新国潮""新主播""新消费"等模式激活网络消费新空间。优势数字产品出口增长速度加快。以智能网联汽车为例，海关数据显示，2023 年中国新能源汽车出口额约为 418.12 亿美元，同比增长 73.35%，说明我国数字经济优势产能"走出去"成效显著。

数字化基础设施建设不断提速。 截至 2023 年年底，我国 5G 基站总数达 337.7 万个，5G 移动电话用户达 8.05 亿户，5G 行业应用已融入 71 个国民经济大类，应用案例数超 9.4 万个，5G 行业虚拟专网超 2.9 万个。2023 年度，全国新增 97 个城市达到"千兆城市"建设标准，具备吉比特网络服务能力的 10Gbit/s PON（Passive Optical Network，无源光网络）端口数达 2 302 万个，增幅达 51.2%，覆盖超 5 亿户家庭。移动网络终端连接总数达 40.59 亿户，其中蜂窝物联网终端用户数达 23.32 亿户。工业互联网已全面融入 49 个国民经济大类，跨行业跨领域工业互联网平台达 50 家，工业设备连接数超 9 600 万台。截至 2023 年底，我国在用数据中心机架总数超过 810 万架，算力总规模达 230EFLOPS（FLOPS 为每秒浮点运算次数，$1EFLOPS=1\times10^{18}FLOPS$），居全球第二位。其中智能算力规模达到了 70EFLOPS，增速超过 70%。围绕算力枢纽节点建设超过 180 条干线光缆，数据传输性能大幅改善，算力经济将为东西部区域协调发展提供新路径。

加快探索数据要素价值。 2023 年，我国多个地方在数据基础制度方面加快探索，通过打造数据服务生态，激发数据创新应用场景，不断提升数据要素价值。在基础制度方面，20 多个省市发布数据条例，在数据确权、流通、使用、治理等方面探索"地方方案"。全国发布了 25 余份行业数据流通规则，推动大数据在金融、医疗、交通、工业、农业等领域的制度探索，广东、天津、江苏等省市建立"首席数据官"机制。在数据产量方面，2023 年，全国数据生产总量达 32.85ZB，同比增长 22.44%，占全球数据总量的 10.5%。累计数据存储总量为 1.73ZB，存储空间利用率为 59%，数据云存储占比超过 40%。在数据开放方面，公共数据开放流通应用进程加快，地方政府数据开放平台的数量和开放的有效数据集持续增长。截至 2023 年 8 月，我国已有 226 个省级和城市地方政府上线政府数据开放平台，全国地级及以上公共数据开放平台数量持续增长。在数据流通方面，加速形成数据流通服务生态，各地加强"数商"生态培育，为促进数据高水平流通和利用提供专业化服务。例如，上海市 2023 首届全国数商大赛共签约数商 800 家；杭州市组织开展基石数商、星火数商的分类标准研制和培育发展等工作；北京市完成首批 5 个数据出境评估项目的申报。在数据应用方面，不断创新数据场景。例如，厦门市大数据安全开放平台开放 45 个部门、5 亿多条数据，支撑普惠金融、信易贷等 52 个应用场景；工业数据交易专区上线北京国际大数据交易所；上海国际数据港推进全球供应链数据流通共享、数字内容出海、跨境电商直播等试点场景创新。

1.2 智能经济快速兴起

1.2.1 人工智能发展是工业革命的延续

1956 年，达特茅斯会议明确了"人工智能"的命名，标志着人工智能作为一个研究领域正式诞生，这也被后人视为现代人工智能的起点。人工智能是工业革命以来不断推进的自动化进程的深化，甚至被推崇为推动第四次工业革命的核心技术。工业革命先后利用蒸汽和电力使许多生产过程实现了自动化，继电器、晶体管和半导体则承接了这一趋势。人工智能是这个前进过程的下一阶段，它是逐渐的技术进步，而非突然的爆发，从自动巡航、计算机控制等，走向自动驾驶汽车。

总的来看，人工智能技术使机器会听（语音识别、机器翻译等）、会看（图像识别、文字识别等）、会说（语音合成、人机对话等）、会思考（人机对弈、定理证明等）、会学习（机器学习、知识表示等）、会行动（机器人、自动驾驶汽车等）。工业革命推动农业社会向工业社会转型，催生了工厂系统和大规模生产，不仅改变了劳动和生产的性质，还引发了向城市中心的大规模人口迁移，进而促成了城市化。而人工智能使机器能够承担起包括认知任务在内的工作，正在改变人类的生产生活方式，对社会的影响甚至可能超过工业革命。

人工智能的发展经历了3个阶段，如图1-3所示。第一个阶段，20世纪60年代，由于人工神经网络理论的突破，人工智能发展迎来第一次热潮。1965年，世界上第一个交互式计算机程序ELIZA（俗称"聊天机器人"）诞生。第二个阶段，20世纪70年代中后期，专家系统、知识工程等引发人工智能的第二次热潮。20世纪80年代，多层感知机、反向传播算法、神经网络的出现提升了计算机的计算及逻辑推理能力，为深度学习和强化学习奠定了重要基础，同时专家系统的出现赋予了人工智能知识属性。第三个阶段，20世纪90年代开始，移动互联网和云计算兴起，深度学习算法取得突破，人工智能迎来第三次热潮。1997年，计算机深蓝完胜象棋大师卡斯帕罗夫，加速推进了机器学习和人工神经网络的研发工作。2016年，AlphaGo战胜世界顶级围棋选手李世石，将深度学习推向了新的高峰。全球产业界充分认识到人工智能技术引领新一轮产业变革的重大意义，纷纷调整发展战略。谷歌在2017年年度开发者大会上明确提出发展战略从"移动优先"转向"人工智能优先"，微软2017财年年报首次将人工智能作为公司发展愿景。2022年，以ChatGPT为代表的大语言模型的出现，进一步掀起人工智能发展热潮。

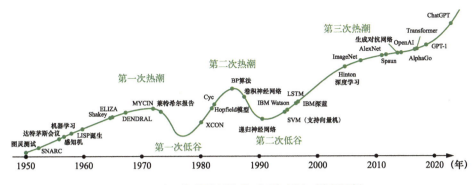

图 1-3　人工智能发展阶段（图片来源：鲜枣课堂）

1.2.2　智能经济概念的提出

关于"智能经济"的理念，欧盟在 2011 年 3 月 3 日公布的《欧洲 2020 战略》（*Europe 2020 Strategy*）中提出，以知识和创新作为未来经济增长的驱动力，建设智能型增长（Smart Growth）的社会 [7]。2017 年 7 月，我国印发《新一代人工智能发展规划》，提出培育具有重大引领带动作用的人工智能产业，促进了人工智能与各产业领域深度融合，形成数据驱动、人机协同、跨界融合、共创分享的智能经济形态，并提出到 2030 年人工智能理论、技术与应用总体达到世界领先水平，成为世界主要人工智能创新中心，智能经济、智能社会取得明显成效，为跻身创新型国家前列和经济强国奠定了重要基础。"智能经济"概念自问世以来，国内外众多学者和专家进行了广泛且深入的探讨，对其定义目前尚未达成共识。综合多种观点，智能经济可以从以下几个维度进行理解。

智能经济是数字经济的重要组成部分。在我国国家统计局发布的《数字经济及其核心产业统计分类（2021）》中，提到了数字产业化和人工智能大模型产业。"数字化效率提升业"包括智能制造，即利用人工智能、数字孪生、5G、区块链、VR/AR（Virtual Reality/Augmented Reality，虚拟现实增强现实）、边缘计算、实验验证、仿真技术等新一代信息技术，与先进制造技术深度融合，进一步提高制造业质量和核心竞争力。

智能经济以人工智能为核心驱动力。有学者认为，所谓智能经济，是指构建在智能基础上的经济，是由人工智能技术推动和创造的经济。区别于传统模式中依赖劳动力和体力创造的劳动密集型、简单且重复度高的经济运行模式，智能经济是以云计算、大数据、物联网、移动互联网等新一代信息技术为基础，以人工智能、虚拟现实、5G、区块链等智能技术为支撑，以智能感知的信息与数字化的知识为关键生产要素，以智能产业化和产业智能化为主要形式，以智慧工厂、智慧旅游、智慧生活、智慧城市等为应用领域，推动人类社会生产方式、生活方式和社会治理方式智能化变革的经济形态。简言之，智能经济就是在信息经济、数字经济充分发展的基础上，由智能技术推动形成和发展的新型经济形态。何玉长和宗素娟[8]认为：智能经济是以人工智能技术开发和应用为依托的经济结构和经济形态，人工智能技术及其应用带动了智能经济的兴起和发展。此外，他们认为智能经济是智能产业、智能企业和智能劳动的有机统一，智能经济融合了人脑智慧、计算机网络和物理设备，基于智能产业和企业的支撑，以智能劳动为基础，以人工智能为发展智能产业和实现产业转型升级的引擎，将人工智能技术贯穿社会生产、分配、交换和消费的全过程，并在宏观经济管理与决策中应用人工智能技术。孙守迁认为：智能经济是以智能感知的信息与数字化的知识为关键生产要素，以新一代智能技术为重要推动力，以有限资源和生产要素的最优化利用为手段，以自主适应、人机协同、共创分享、多元融合为主要特征，以高效、有序、可持续发展为目标的经济活动和经济形态[9]。

1.2.3　智能经济产业组成

智能经济以人工智能技术的发展和应用为核心驱动力，包括算力搭建、算法模型开发等智能产业化部分和智能制造、智慧交通等产业智能化部分。智能经济产业地图如图1-4所示，可分为A芯片及关键部件、B架构及支撑系统、C整机及基础设施、D应用及解决方案4个模块。

基础硬件——智能经济的发展基础，支撑复杂计算和确保可靠运行。基础硬件模块是以算力能力支撑智能经济深度发展的底座，主要包括算力芯片、配套芯片、网络设备、服务器、数据中心等。开发更高性能的AI大模型需要更强的算力平台，算力底座技术门槛将提高（见图1-5），未来的训练核心需要比拼集群系统能力。复杂的模型和海量的训练需要大规模的高算力支持，这不仅需要消耗大量的计算资源，而且对算力的速度、精度、性能也提出了更高要求。因此，市场对更高性能的智能算力需求将显著提升。智能算力的增长速度约为通用算力的两倍。根据IDC和浪潮信息的计算，2022年我国通用算力规模达54.5EFLOPS，预计到2027年通用算力规模将达到117.3 EFLOPS。2022年我国智能算力规模达259.9EFLOPS，预计到2027年将达到1 117.4EFLOPS。2022—2027年，我国智能算力规模年复合增长率达33.9%，超过同期通用算力规模的年复合增长率（16.6%）。

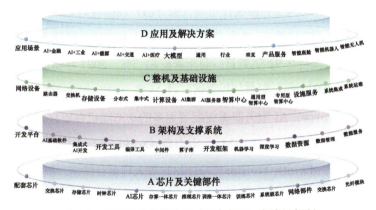

图1-4 智能经济产业地图（图片来源：赛迪研究院）

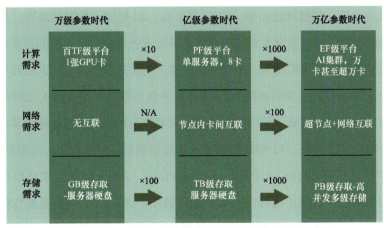

图1-5 算力底座技术门槛将提高（图片来源：中航证券）

算力芯片的性能和效率对人工智能、大数据分析、密码学和区块链等智能技术领域的发展具有重要影响。AI芯片根据其技术架构，可分为图形处理单元（Graphics Processing Unit，GPU）、现场可编程门阵列（Field Programmable Gate Array，FPGA）、专用集成电路（Application Specific Integrated Circuit，ASIC）及类脑芯片，中央处理器（Central Processing Unit，CPU）支持通用AI计算。相较于传统的CPU，GPU具有高效能和高并发等优势，因此在人工智能、机器学习、数据挖掘等领域得到了广泛应用。在AI服务器方面，算力需求的提升带动算力市场规模进一步提升。IDC和浪潮信息联合发布的《2023—2024年中国人工智能计算力发展评估报告》显示，全球人工智能硬件市场（服务器）规模将从2022年的195亿美元增长到2026年的347亿美元，5年年复合增长率达17.3%。预计2023年中国人工智能服务器市场规模将达91亿美元，同比增长82.5%，2027年将达134亿美元，5年年复合增长率达21.8%。配套芯片方面，对AI算力的需求同时带动存储器需求的增长。据TrendForce，AI服务器需要配置更多的动态随机存取存储器（Dynamic Random Access Memary，DRAM）、固态盘（Solid State Disk，SSD）和高带宽存储器（High Bandwidth Memory，HBM）等大容量存储器，以应对日益复杂的大模型所带来的海量数据。

软件平台——驱动智能系统灵活开发和高效测试。 软件平台模块主要涉及数据的收集以及运算，包括算法模型、AI开发平台、AI框架、数据资源等。算法模型是释放数据要素价值、实现人工智能技术在各行业各领域落地应用的最短路径。其中，大模型具有规模可扩展性、多任务适应性、复杂推理能力、知识吸收与整合能力，代表了人工智能发展的新范式。AI开发平台为开发人员提供人工智能应用开发所需的各种资源和工具，包括机器学习、深度学习和自然语言处理等算法，以及计算能力和开发工具等。AI框架提供了一个基础架构，包括算法、数据集、工具、应用程序接口（Application Program Interface，API）和其他核心组件，使得机器学习和深度学习的应用程序开发更加高效和协调。AI框架的重要性体现在提高开发效率、降低成本、提高模型精度以及支持分布式计算等方面。在数据资源方面，更高质量、更丰富的数据是驱动以 GPT 为代表的生成式人工智能大模型成功的关键。从第 1 代到第 4 代，GPT 模型架构均较为相似，而用于训练的数据的质量和规模却大有不同。GPT-1 由未过滤的原始数据训练，数据量达 4.8GB；GPT-2 由经人类过滤后的数据训练，数据量达 40GB；GPT-3 由从原始数据中过滤的数据训练，数据量达 570GB；ChatGPT/GPT-4 在 GPT-3 的基础上增加了高质量的人类标注。

关键核心技术——基于人工智能技术实现人类思维模拟。关键核心技术模块包括自然语言处理、机器学习、语音识别、知识图谱、计算机视觉等人工智能相关技术。机器学习通过让计算机模拟或实现人类的学习行为来获取新的技能知识，通过重新组织知识结构来加速自身性能的改善。通过利用大数据和计算资源，计算机能够自动从数据中学习，并在没有明确编程指令的情况下改进其性能。Statista 预测 [10]，全球机器学习市场规模预计在 2030 年达到 5 034 亿美元。计算机视觉相当于使计算机有了眼睛，使计算机可以处理和理解视觉信息。Future Market Insights 预测 [11]，到 2033 年底，全球计算机视觉市场可能达到 261.1 亿美元，高于 2023 年的 129.1 亿美元，复合年增长率为 7.3%。自然语音处理的核心是使计算机能够理解和生成人类语言，主要应用于机器翻译、问题回答、舆情监测、语音识别、文本语义对比、中文 OCR（Optical Character Reader，光学字符阅读器）等方面。Lucintel 发布的《全球人工智能市场中的自然语言处理（NLP）技术：趋势、机遇和竞争分析（2023—2028）》显示 [12]，到 2028 年，全球人工智能市场上的自然语言处理技术市场规模预计将达到 73 亿美元，2023 年至 2028 年的复合年增长率为 15.9%。

行业应用解决方案——提升生产运营效率，赋能经济社会发展。行业应用解决方案模块指智能机器人、智能家居等智能化产品以及人工智能在各类场景中的应用，包括智慧交通、智慧能源、智慧金融等应用领域。同时，随着人工智能与其他行业的深度融合，其应用领域将持续扩展。例如，在交通领域，智能技术的应用极大地提升了交通流量预测和规划的效率，进而显著提高了交通管理水平。例如，深圳市通过实施智能交通灯控制系统，实现了对交通流量的实时监测和数据分析。该系统能够根据不同时间段和路段的交通流量变化，自动调整信号灯的时长，从而优化交通流的分配。这一举措使得交通拥堵指数下降了 30%，平均行驶时间缩短了 20%[13]，不仅有效缓解了交通拥堵状况，提高了道路通行能力，还减少了能源消耗和环境污染，提升了城市的可持续发展能力。人工智能在自动驾驶领域的应用推动了相关汽车技术的创新。通过使用感知、决策和控制算法，自动驾驶车辆可以实时感知周围环境，做出决策并自主驾驶。这项技术在改变交通运输和出行方式上具有潜力，能进一步确保交通安全和提高通行效率。谷歌母公司 Alphabet 旗下的自动驾驶公司 Waymo、通用汽车旗下的自动驾驶公司 Cruise 以及特斯拉均大力布局自动驾驶领域。我国百度公司推出的萝卜快跑已在北京、重庆、武汉、深圳、上海等地开展无人自动驾驶出行测试。

1.2.4 智能经济为全球经济增长提供创新路径

数字经济亟须注入新的活力。诞生于互联网时代的数字经济 1.0，强调发挥网络的规模效应，通过持续扩大连接的广度提升网络价值创造能力，但近年来全球网络普及率的增速逐步放缓。据 Statista 数据，全球互联网用户数量在经历了 10 年高速增长后，自 2020 年起增长速度放缓，预计 2024 年至 2029 年间增长率将从 7.5% 降到 2% 以下。我国网民规模和互联网普及率经历了 2019 和 2020 年高峰期后，增速已由 2020 年的 9.15% 降到 2023 年的 2.51%。数字经济 1.0 时代对每个网络连接点的价值挖掘还处于较浅层次，未来仍有较大的拓展空间。此外，IDC 2020 年的调研报告显示，有 68% 的企业数据没有得到利用。《全国数据资源调查报告（2023年)》显示，数据加工能力的不足导致了大量数据存而未用，企业一年未使用的数据占比约四成，海量数据和丰富场景所带来的优势和潜力亟须释放。

人工智能爆发加速智能时代的到来，为挖掘传统数字经济深度价值提供澎湃动力。近年来，人工智能领域迎来由生成式人工智能大模型引领的爆发式发展，使海量数据的深入分析成为可能，提高互联网时代数字世界中数据的价值，催生更多与互联网时代不同的新模式新业态。Grand View Research 发布的分析报告显示，2023 年全球人工智能市场规模估计为 1 966 亿美元，2024 年至 2030 年的复合年增长率预计达到 36.6%，如图 1-6 所示。信通院发布的《中国新一代人工智能科技产业发展报告 2024》显示，2023 年我国人工智能核心产业规模达 5 784 亿元，增速为 13.9%，如图 1-7 所示。

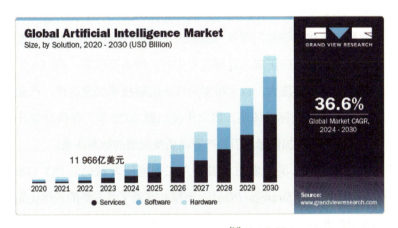

图 1-6　全球人工智能市场规模预测（2020—2030）[14]（图片来源：Grand View Research）

图 1-7　2017—2023 年我国人工智能核心产业规模

智能经济成为各国未来发展战略的重心。世界各国积极规划蓝图，力求借助智能经济的强劲推力，实现社会经济的全面转型与飞跃。

中国：2017年7月，国务院印发《新一代人工智能发展规划》，指出要深入实施创新驱动发展战略，以加快人工智能与经济、社会、国防深度融合为主线，以提升新一代人工智能科技创新能力为主攻方向。该规划明确提出应培育高端、高效的智能经济，发展智能社会，维护国家安全，同时提出构筑知识群、技术群、产业群互动融合和人才、制度、文化相互支撑的生态系统，前瞻应对风险挑战。2024年6月，工业和信息化部等部门印发《国家人工智能产业综合标准化体系建设指南（2024版）》，指出人工智能正成为发展新质生产力的重要引擎，我国人工智能产业近年发展迅速且市场规模庞大，以大模型为代表的新技术加速迭代，产业呈现新特点，需完善人工智能产业标准体系。该文件提出到2026年，要持续提升标准与产业科技创新的联动水平，加快形成引领产业高质量发展的标准体系。

美国：2023年5月，美国发布《国家人工智能研发战略计划》（*The National Artificial Intelligence R&D Strategic Plan*），调整并完善了各战略的具体优先事项，旨在确保美国在开发和使用可信人工智能系统方面继续领先。该计划提出要加强与学术界、工业界等的合作，促进对相关研发的持续投资，并提升先进成果转化的能力，包含将公私合作伙伴关系的协同效应利益最大化等3个优先事项。

欧盟：2020年2月，欧盟委员会发布《人工智能白皮书通往卓越和信任的欧洲路径》（*WHITE PAPER On Artificial Intelligence-A European approach to excellence and trust*），其关注人工智能对就业和社会经济的影响，计划通过培训和教育来提高劳动力素质以适应新变化，并强调投资人工智能研究和创新的重要性，以提升欧盟在该领域的竞争力。

日本：2022年4月发布《人工智能战略2022》，旨在推动人工智能克服自身社会问题、提高产业竞争力。该战略提出要构建符合时代需求的人才培养体系、运用人工智能强化产业竞争力、确立一体化人工智能技术体系、发挥引领作用构建国际化研究教育和社会基础网络等战略目标。2023年11月，日本经济产业省宣布发放总计2万亿日元的补贴来推动日本芯片行业发展，加快设计和制造下一代芯片和人工智能模型，以加强日本在全球半导体领域的地位。

韩国： 2019 年 12 月，韩国政府公布《人工智能国家战略》，旨在将韩国从"IT强国"发展为"AI 强国"，计划到 2029 年为新一代存算一体人工智能芯片研发投入约 1 万亿韩元。据预测，到 2030 年，韩国有望在人工智能领域创造 455 万亿韩元（约合 2.7 万亿元）的经济价值。

1.3 数智经济特征初探

"数智经济"是一场深刻的变革，而不是数字化和智能化的简单线性叠加组合；是数智技术广泛应用、实体经济和数字经济深度融合后国民经济总体形态的特征描述，而不是单指国民经济的某个组成部分；是智能经济在数字经济乃至整体经济中地位日益凸显后的发展阶段展望，而不是一个具体的微观产业部门。

1.3.1 "数智化"概念日益普及

在信息化、数字化发展初期，"数字化""智能化"作为两个技术维度，在政策和学术的话语体系中一般分开表述。 2016 年，《"十三五"国家信息化规划》提出：物联网、云计算、大数据、人工智能、机器深度学习、区块链、生物基因工程等新技术驱动网络空间从人人互联向万物互联演进，数字化、网络化、智能化服务将无处不在。2021 年，《"十四五"数字经济发展规划》提出：到 2025 年，数字经济迈向全面扩展期，数字经济核心产业增加值占 GDP 比重达到 10%，数字化创新引领发展能力大幅提升，智能化水平明显提升。

随着数字化和智能化的深度融合，数智技术更加成熟，"数智化"表述开始出现。 2022 年，以"开启数智化新篇章"为主题的大数据产业峰会在京召开。2024 年，国家能源局印发《关于进一步加快煤矿智能化建设促进煤炭高质量发展的通知》，提出"顺应新一代数智技术快速发展趋势"。2024 年，国家电网有限公司提出

"打造数智化坚强电网"，即"以特高压和超高压为骨干网架，各级电网为有力支撑，以'大云物移智链'等现代信息技术为驱动，以数字化智能化绿色化为路径，数智赋能赋效、电力算力融合、主配协调发展、结构坚强可靠，气候弹性强、安全韧性强、调节柔性强、保障能力强的新型电网"。国家中医药管理局、国家数据局印发《关于促进数字中医药发展的若干意见》，提出"用 3-5 年时间推动大数据、人工智能等新兴数字技术逐步融入中医药传承创新发展全链条各环节，促进中医药数据的共享、流通和复用，初步实现中医药全行业、全产业链、全流程数据有效贯通，全力打造'数智中医药'，为数字中国建设提供中医药实践，为中医药现代化发展提供有力支撑"。

《党的二十届三中全会〈决定〉学习辅导百问》对"数智技术"的解释为：数智技术是数字化和智能化的有机融合，可以理解为"数字化 + 智能化"，是在数字化基础上融合应用机器学习、人工智能等智能技术的过程。数智化是新型工业化的鲜明特征，是形成新质生产力的重要途径。通过"人工智能 + 工业制造""人工智能 + 生成设计"等推进智能工厂、未来工厂、"灯塔工厂"建设，推动实现制造业数智化，是制造业转型升级的重要方向。

在英文主流政策概念体系中，数字化、智能化也开始并联融合。2022 年，美国国防部召开数字与人工智能研讨会，讨论数字化转型和人工智能在保持战场优势方面的重要性，并设立首席数字和人工智能办公室（Chief Digital and Artificial Intelligence Office，CDAO），负责国防部数字化和人工智能相关事务，以建立在代际上的竞争优势。 2024 年，《5 000 天后的世界》（*The Next 5 000 Days*）等畅销书作者凯文·凯利发表关于"数智世界的未来"的演讲，指出"未来 95% 的人工智能应用我们没有办法看到，他们就像管线系统一样在后台运行，未来我们将更熟悉它的前台界面，大多数人可能甚至不知道它背后由人工智能运行"。

1.3.2 "数智化"趋势的初步共识

数智化内涵丰富，既包含以数字化、智能化为代表的不同技术范式的迭代演进，也包含新兴技术在产业系统中的广泛普及和应用过程。

数字化（Digitalization），一般是指以计算机数字控制为代表的数字技术在传感检测等动力装置的支持下将生产服务流程进行数字表达。数字化是信息系统关联物理系统的过程。一方面，需要对不同来源、不同格式、不同语义的多源异构数据进行标准化统一，从而实现数据资源的互联互通；另一方面，需要对生产端和运营端的数据进行集成，便于业务间的协同管理和可视化呈现。总的来看，数字化侧重利用数字技术改变生产流程，是转向数字业务的过程。

智能化（Intelligent），一般是在数字化、网络化基础上，依托以新一代人工智能为代表的智能技术赋予制造和服务系统"自学习"（Self-learning）的能力。与传统的基于确定性逻辑在静态环境中使用的数字系统不同，智能化过程可以通过对工艺、产品、服务产生的多源异构数据进行全面且实时的归纳、识别和分析并自主解决新老问题。智能化所赋予的感知、认知和解决问题的能力可以应用于大多数制造和服务场景，释放人类创新潜能并极大提高生产力。因此，智能化的重点在于让机械设备等具备类似人的智慧和能力。

关于数智化（Digital and Intelligent）的概念和内涵，不同学者有不同表述，但共识逐渐增多。王秉[15]概括了信息化、数字化与智能化的主要特征，并比较了三者之间的差异（见表1-2），提出数智化以培育和发展数据生产力为目标，以数据为核心生产要素。在数字化的基础上，充分利用"数据（大数据、物联网等）+ 算力（云计算、边缘计算等）+ 算法（人工智能等）"的数智技术，满足信息数据智能化处理、分析与管理需要，挖掘并释放数据价值，从而实现自主决策行动，获得自我学习与自我提升能力，进而推动经济社会数字化与智能化发展。

表 1-2　信息化、数字化、智能化的比较

序号	比较维度	主要特征比较		
		信息化	数字化	智能化
1	时间阶段	20 世纪 60 年代至 21 世纪初	21 世纪初至今	21 世纪 10 年代至今

序号	比较维度	主要特征比较		
		信息化	数字化	智能化
2	基本逻辑	将现实物理世界中的实体和关系转化为信息	信息的数字化	系统具有感知、分析、决策与执行的能力，以及自我学习与自我提升能力
3	思维路径	业务信息化	业务数据化	数字智能化、智能数字化、"数据＋业务"智能化、人机互融、虚实同构
4	驱动方式	业务驱动	数据驱动	数据智能驱动
5	体现形式	流程标准化、计算机化与线上化	网络化、互联化、可视化、移动化与集成化	云化、物联网化、自主化、动态化、个性化、精准化与智慧化
6	对业务的影响	业务在物理世界开展，业务本身未变，信息系统支撑业务开展	业务在数字世界开展，实现业务的数字化	业务在数字世界开展，实现业务的优化与重塑
7	数据收集方式	人工录入数据	非人工录入，由机器自动感知与采集	智能数据分析
8	数据来源	组织内部	组织内部和外部	
9	数据分析	小数据分析	大数据分析	
10	数据应用	数据与应用不分离	数据与应用分离	
11	数据量	小数据	大数据	
12	服务目标	提高流程处理效率与管理效率	用数据来体现与联通业务，并驱动管理决策	让数据反馈业务，并赋能业务和管理，支持管理决策
13	主要需求	组织内部需求、规模化的相对确定性需求	组织内外部需求、多样化和个性化的不确定性（动态化）需求	
14	协同范围	局部性、组织内部各单元	全链路、全要素、全场景、全触点、全渠道、全时空与全周期	

序号	比较维度	主要特征比较		
		信息化	数字化	智能化
15	数据价值	数据是副产品,数据价值未得到挖掘和释放	数据是核心资产,部分数据价值被挖掘和释放	数据成为基本生产要素,数据价值得到充分挖掘和释放
16	经济形式	信息经济	数字经济	数智经济
17	代表技术	计算机、服务操作系统、桌面应用软件与关系数据库等	互联网、移动操作系统、移动应用、数据仓库、数据挖掘与大数据等	人工智能、物联网、云计算、深度学习、数字孪生、区块链与5G等
18	典型应用	企业资源计划系统与办公自动化等应用	电子商务与社交网络等应用	云计算、移动协同、人工智能和物联网等应用

总的来看,**一是数智化可以支持以数据为基础的产业模式创新**。网络化过程不仅可以打破企业内部的"信息孤岛",减少企业与企业、企业与个体消费者间的沟通成本,还可以重塑产业链、供应链的分工协作模式,为服务业向制造业延伸及制造业向服务业转型奠定基础,并逐渐形成共享制造、柔性制造、远程服务、质量溯源,以及大规模个性化定制等多种以创新为导向、以市场客户为中心的新业态、新模式。当前,百度、阿里、网易等平台型互联网企业依托新一代信息技术优势向传统制造领域渗透是数智化驱动下产业模式创新的具体体现。**二是数智化可以支持产品创新**。数智化不仅可以提升现有产品的质量和功能,还能够帮助企业开发新产品进入新领域。数字技术、网络技术和智能技术作为共性使能技术,可以通过嵌入操作系统等方式,应用在不同领域、不同行业中,实现产品从低端到高端的迈进。数智化相关技术也可以通过加速和扩展知识的创造过程提升企业新产品开发能力。一方面,深度学习和计算机视觉等人工智能关键技术的应用可以极大提高信息检索和数据处理效率,以往技术变革的早期迹象往往需要通过大量专利或科技文献的查阅并结合专家经验进行判断,而人工智能技术可以在数秒内完成对新兴技术主题的辨别;另一方面,数智化相关技术还可以通过采集、处理、分析和整合多源异构数据扩大知识

检索范围，提高不同知识节点重组的概率。例如，特斯拉利用基于驾驶行为的用户画像进入车险市场，生物制药领域通过神经网络算法进行化合物识别和发现新的工业材料。**三是数智化可以支持生产工艺创新。**数字技术、网络技术和智能技术的综合使用可以模拟复杂的生产工艺过程，并通过深度学习和优化算法找到最佳的工艺参数组合，从而提高生产效率和产品质量。例如，数字孪生技术可以极大地降低试验、检测、生产的试错成本，并显著缩短新产品开发周期。数智化可以强化企业对海量生产数据的分析能力，发现隐藏的规律和趋势，帮助预测潜在的问题以提前采取措施进行调整。例如，人工智能不仅可以用于识别工艺或产品缺陷并实施预测性维护，还可以应用在数字安全领域以检测互联网系统漏洞。此外，数智化还可以实现生产服务过程的自动化和智能控制，根据实时数据动态调整工艺参数，以适应不同情况下的生产需求。

1.3.3　研究数智经济形态的必要性

从数智化转型的技术演进路线来看，数智经济关键在于"数智并重"，强调数字化和智能化的高水平融合。数字化突出数据的获取汇聚、分析处理，智能化进一步突出机器学习、人工智能等核心要素（见图 1-8）。1973 年，美国未来学家丹尼尔·贝尔在《后工业社会的来临》(*The Coming Of Post-Industrial Society*) 中指出，"新的智能技术"是后工业社会的特征之一。2022 年以来，以 ChatGPT 为代表的大语言模型技术不断突破，人工智能时代到来，数字化进程中"智"的内涵更加凸显。一方面，先进制造引进人工智能技术，数智化新场景不断涌现。例如，"工业元宇宙"新研发平台实现将物理工业环境映射到虚拟世界中，汽车等产品设计试验在虚拟环境中进行，研发速度提升 50%。另一方面，制造业对算力的需求显著上升。2022 年全球制造业算力投入超过金融业，仅次于互联网，位居第二。制造业等行业加速智能算力的应用，中国智能算力规模在 2022 年首次超过通用算力，2026 年前将年均增长 52.3%，3 倍于通用算力规模增速。

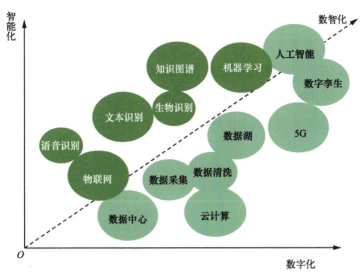

图 1-8　数智化转型的技术演进路线

从产业变革方向来看，数智经济的主要标志是以数据技术为基础、以智能驱动为关键的智能制造加速发展，数智经济成为"第四次工业革命"的核心驱动力。主要国家和国际机构认为，世界已进入第四次工业革命或工业 4.0 阶段，其特征为自动化、物联网、数字化、大数据、5G 等技术的广泛应用（见图 1-9）。为了揭示第四次工业革命中全球最先进工厂的形态，世界经济论坛和麦肯锡 2018 年开始评选"灯塔工厂"，目前全球共有"灯塔工厂"153 家，其中中国有 62 家，居世界第一。"灯塔工厂"的主要特征在于构建覆盖企业内部全流程、产业链上下游全环节、产品服务全生命周期的数智化生产体系，生产过程实现自感知、自学习、自决策、自执行、自适应，超越数字化生产，引领制造业进入数智化时代。根据麦肯锡数据，"灯塔工厂"的生产力平均提升超过 2.5 倍。

从有效投资方向来看，数智经济领域是主要大国中长期投资的新增长点。2023年以来，人工智能等数智技术的进步和应用使得美国电子信息制造业实现显著扩张，该行业建厂投资规模与两年前相比上升了近 10 倍，占美国制造业建厂投资的 50% 以上。其中，英伟达公司是此轮电子信息制造业扩张的领头羊，该公司用于大模型训练推理的人工智能芯片供不应求，占全球芯片销售额近 70%，支撑英伟达成为全球首家市值超 1 万亿美元的芯片公司。高盛预测，从中长期来看，人工智能领域相关投资在美国 GDP 中的比重将从目前的 0.5% 左右上升到将来高峰时的 2.5% 至 4%，在其他主要引领 AI 发展的国家和地区可能达到 GDP 的 1.5% 至 2.5%。因此，数智经济领域是主要大国中长期投资的新增长点。

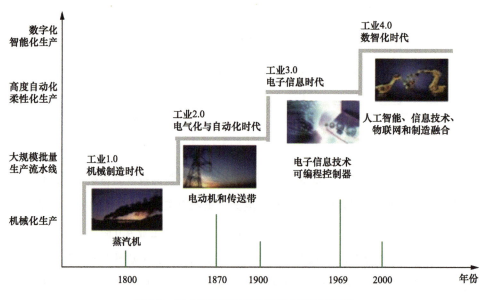

图 1-9　工业革命背景下的制造业数智化转型

从社会发展进程来看，数智经济形态将与整个经济、科技、社会系统深度融合，推动人类文明经历立体的、多要素的、全景式的"数智化"变迁。1995 年，美国学者尼葛洛·庞帝在《数字化生存》（*Being Digital*）一书中展望了人类社会的数字化媒介生存状态。近 30 年后，人类不仅可以实现"数字化生存"，确切说实现的是"数智化生存"，智能技术、能源和材料技术、生命技术、空间技术等技术的变革浪潮相互叠加，从根本上改变了影响人类社会运行的信息、能源、材料、生命形态和生存空间。以色列学者尤瓦尔·赫拉利认为，"人工智能正在以超过人类平均水平的能力掌握语言"。由于人工智能具有与人类建立深厚亲密关系的能力，"人智将变成数智"，智能机器人数量将来可能超过人类数量，这将推动人类进入数智文明时代。

1.3.4 初探数智经济的内涵

"数智经济"是数字社会的高级经济形态。 徐维祥等人[16] 提出，数智经济可以理解为一种融合型经济，是数字化和智能化的融合与应用，即数字化发展到人工智能更高阶段的产物，数字经济是数字社会的初级形态，高级形态即数字经济与智能技术不断融合创新形成的新经济形态——数智经济。丁荣余、卜安洵[17] 提出，数字经济的演进过程可以划分为端点期、联网期、智能期 3 个阶段，如表 1-3 所示。数智经济的形成、发展与演进是数字技术创新、数字技术产品化和商业化、数字技术产业协同创新、传统产业数字化转型、数字社会治理制度构建与不断完善等综合作用的结果。

表 1-3 数字经济的演进过程

比较维度	各阶段比较		
	数字经济端点期	数字经济联网期	数字经济智能期
起止时间	20 世纪 40 年代到 20 世纪 80 年代	20 世纪 80 年代到 2010 年	2010 年到 2050 年
新技术	电子计算机及各类数字技术取得重大突破并且得到广泛应用，以及传统工业和农业的自动化改造	互联网技术取得重大突破并得到广泛应用，以及传统行业的网络化改造	大数据、云计算与 AI 等数据处理技术取得重大突破
新产品	以电子计算机及各类数字产品的出现为代表	以个人计算机、手机等各类信息软硬件产品的大量涌现为代表	以各类平台化软硬件产品的出现为代表
新产业	催生了半导体、芯片和电子计算机等新业态	催生了网络通信、网络交易、网络社交和网络信息服务等新业态	催生了平台经济与共享经济等新业态，催生了大量数据采集、存储、计算、交易和应用新业态，催生了大量帮助传统产业实现数字化改造的新业态

比较维度	各阶段比较		
	数字经济端点期	数字经济联网期	数字经济智能期
新要素	社会和世界的数字化，小样本关键信息的单维度数据	社会和世界的网络化，联网化后的数据大爆炸，无法大吞吐处理的低维度样本数据	社会和世界的网络化和物联网化，高维度、可大吞吐处理的流动大数据
产业改造	各类产业的数字化与自动化改造	各类产业进一步的数字化与自动化改造，而且增加了网络化改造	各类产业进一步的数字化、自动化和网络化改造，而且增加了智能化改造
经济结构变化	农业经济比重下降，工业经济占主导，数字经济范式逐渐形成	农业经济比重下降，工业经济比重下降，数字经济比重上升，网络经济范式逐渐形成	农业经济比重下降，工业经济比重下降，数字经济比重上升，网络经济范式成熟，数智经济范式逐渐形成

"数智经济"以智能技术突破和应用为核心。 陈兵[18] 提出，新兴技术的突破性发展及应用场景的不断丰富，正推动数字经济向更深层次的数智经济转型。夏天添[19] 对比分析了数智经济的内涵，提出数智经济即以海量数据为基础、以深度学习等人工智能决策算法（算力）为核心的智能型经济活动。相比而言，数字经济侧重在有限规则下，实现经济信息（数据资源）的获取及分析，因而运行成效依赖于有限规则；而数智经济强调依托智能算法的算法成长机制，通过不断强化算法本身的学习适应能力，在无限规则（也就是动态环境）中实现最优决策。陈国青[20] 提出，在 21 世纪 10 年代以来大数据和人工智能技术持续产生革命性应用、智能算法（如深度学习算法等）出现显著性进阶的背景下，我国信息系统的研究集中在价值链各个环节的业务活动从内外数据关联式处理转向基于高阶数智技术的赋能处理，如表 1-4 所示。

表 1-4　我国信息系统研究的发展阶段及其维度特征

维度	发展阶段维度特征			
	起步探索	模仿借鉴	融合提升	创新发展
主题关注	自动化	集成化	数据化	数智化

维度	发展阶段维度特征			
	起步探索	模仿借鉴	融合提升	创新发展
跃迁特点	手动→自动	局部→整体	内部→内外部	数据→数智
信息系统形态	OA系统、EDP系统、EDI系统、MRP系统、MRPII系统等	ERP系统、信息门户、三金系统、电子商务系统等	BA系统、社会化商务系统、推荐系统、数据平台系统等	可解释智能系统、因果推断决策系统、人机协同决策系统、赋能平台系统、业务生态系统等
研究视角	造（系统）	造（系统/数据）用（行为）	造（系统/数据）用（行为/经济学）	造（系统/数据）用（行为/经济学）
研究方法论	设计科学	设计科学行为实证	设计科学行为/计量实证大数据驱动	设计科学行为/计量实证大数据驱动
严谨性/相关性	相关性突出	严谨性加强、相关性相对减弱	严谨性与相关性均明显提升	严谨性与相关性将进一步加强与并重提高

"数智经济"将助推我国制造业迈向现代化。李凌霄、李海舰 [21] 提出，以互联网、物联网、大数据、云计算、人工智能、区块链、元宇宙等为代表的技术群的广泛应用促使工业经济转向数智经济，在数智经济时代，边际成本递减、边际收益递增成为常态，以数据要素为核心的数智化生产经营活动助力企业降本、提效、增值。这颠覆了工业经济时代企业经济理论认知，促使企业经济理论创新。数智经济通过将"数智化"技术全面应用于制造业的生产、消费与资源分配各环节，推动我国传统工业经济高质量发展和转型升级，引领制造业进入"数智化"新时代。

参考文献

[1] 许宪春，张美慧. 中国数字经济规模测算研究——基于国际比较的视角 [J]. 中国工业经济，2020(5): 23-41.

[2] 徐丽梅. 数字经济前沿研究综述 [J]. 国外社会科学前沿，2021(8): 87-99.

[3] 曾燕 . 数字经济发展趋势与社会效应研究 [M], 北京： 中国社会科学出版社， 2021: 2-10.

[4] 中国电子信息产业发展研究院 . 2019 年中国数字经济发展指数 [R/OL]. [2024-11-1].

[5] U.S. Bureau of Economic Analysis. U.S. Digital Economy: New and Revised Estimates, 2017–2022 [EB/OL]. [2024-11-1]. https://apps.bea.gov/scb/issues/2023/12-december/1223-digital-economy.htm.

[6] 赛迪智库数字经济形势分析课题组 . 2024 年我国数字经济发展形势展望 [J]. 软件和集成电路 , 2024(Z1):22-27.

[7] European Commission. Europe 2020: A Strategy for Smart, Sustainable and Inclusive Growth [EB/OL]. [2024-11-1].https://www.eea.europa.eu/policy-documents/com-2010-2020-europe-2020.

[8] 何玉长 , 宗素娟 . 人工智能、智能经济与智能劳动价值——基于马克思劳动价值论的思考 [J]. 毛泽东邓小平理论研究 , 2017 (10): 36-43+107.

[9] 孙守迁 . 智能经济构建未来形态 [J]. 杭州 ,2018(36):13-16.

[10] Statista. Machine Learning – Worldwide [EB/OL]. [2024-11-1]. https://www.statista.com/outlook/tmo/artificial-intelligence/machine-learning/worldwide.

[11] Future Market Insights. Computer Vision Market Insights[EB/OL]. [2024-11-1]. https://www.futuremarketinsights.com/reports/computer-vision-market.

[12] Lucintel. Natural Language Processing (NLP) Technology in the Global Artificial Intelligence Market: Trends, Opportunities and Competitive Analysis [EB/OL]. [2024-11-1]. https://www.lucintel.com/natural-language-processing-technology-in-the-global-artificial-intelligence-market.aspx.

[13] 李一君 . 浅谈城市交通规划管理与道路工程建设 [J]. 建筑与施工 , 2024, 3(7): 45-46.

[14] Grand View Research. Artificial Intelligence Market Size, Share, Growth Report 2030 [R/OL]. [2024-11-1]. https://www.grandviewresearch.com/industry-analysis/artificial-intelligence-ai-market

[15] 王秉 . 何为数智：数智概念的多重含义研究 [J]. 情报杂志 ,2023, 42(7): 71-76.

[16] 徐维祥 , 石柔刚 , 周建平 , 等 . 数智经济推动共同富裕的机制与效应研究 [J]. 工业技术经济 , 2024,43(3):135-144.

[17] 丁荣余 , 卜安洵 . 数智经济生态圈 [M]. 北京 : 人民邮电出版社 , 2022: 140.

[18] 陈兵 . 数智经济发展的法治促进：数据·平台·人工智能 [M]. 中国法制出版社 ,2024.

[19] 夏天添 . 数智经济与中国式制造业现代化：探索性案例与组态分析 [J]. 统计与决策 ,2023, 39(23): 179-183.

[20] 陈国青 , 任明 , 卫强 , 等 . 数智赋能：信息系统研究的新跃迁 [J]. 管理世界 ,2022,38(1):180-196.

[21] 李凌霄 , 李海舰 . 企业经济理论创新——从工业经济时代到数智经济时代 [J]. 经济与管理研究 , 2024,45(4):112-127.

数智经济的实践创新进展

国内外推进数智化的探索

第
2
章

"数智化"在数字化基础上，进一步融合大数据、人工智能等先进技术的前沿研究成果，是推动传统行业转型升级的重要路径。一些企业和地方洞察趋势、积极布局，围绕"数智化"转型开展系列先期探索。

2.1 中国企业较早提出"数智化"转型

2.1.1 理念先行：创新提出"数智化"转型路径

用友早在 2017 年就提出了"数字化＋智能化"的数智化理念，创新性定义"数智企业"新范式，提炼了"数智化 1-2-3"的转型方法与进阶模型（见图 2-1），打造了一整套的理念、产品与领先实践，助力企业拥抱数智化时代。其中，"数智化 1"是企业要推进上云，即"云化连接"，实现业务的云化部署、网络连接（含物联网）和实时感知；"数智化 2"是企业要推进用数，即"数据驱动"，实现全面数据服务，统一数据治理，并升级数智底座；"数智化 3"是企业要推进赋智，即"智能运营"，实现业务运营智能化、人机交互自然化和知识与应用的生成。

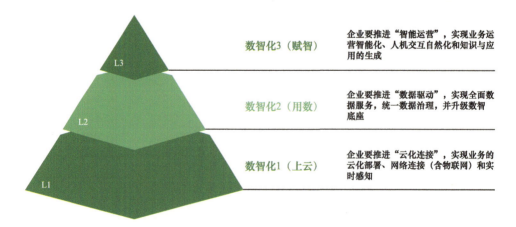

图 2-1 用友提炼的"数智化 1-2-3"的转型方法与进阶模型

2.1.2 躬身实践：推动企业自身"数智化"转型

中国移动将加快"推进数智化转型、实现高质量发展"作为公司战略发展主线，对内通过数智化手段提升生产经营管理能力，对外注智赋能千行百业转型发展。中国移动构建 BASIC6（大数据、人工智能、网信安全、能力中台、算力网络、6G）科创计划，将该计划作为落实战略布局的具体举措和发挥科技创新、产业控制、安全支撑三大作用的具体承载，建设行业领先的"能力中台"，加快从"+AI"向"AI+"转变，推动数据、技术要素与生产运营全流程、全环节深度融合，以有力支撑改革深化提升行动高质量落地见效。三一集团 2023 年提出"全球化""数智化""低碳化"三大战略，将数字化升级为数智化，提出在数字化基础上，进一步融合人工智能、大数据、物联网等前沿技术，实现从独立系统到跨系统平台的转变、从记录型系统到算法决策的转变、从业务管控到场景赋能的转变，最终实现智能化、自动化和智慧化的全面转型。

2.1.3 行业赋能：打造行业"数智化"转型开放生态

华为发布面向智能时代的运营商数智化转型 FAST 目标参考架构。其中，F 代表全场景协同（Full-stack），A 代表 AI 大模型加持（AI Large Model），S 代表业务价值引擎（Service Engine），T 代表体系化转型变革（Transformation）。数智化转型 FAST 目标参考架构将发挥运营商"业＋云＋网＋智"的全栈协同独特优势，重构价值驱动的运营运维新模式，带来场景化极致体验，使能商业敏捷创造更大的价值。根据华为《智能世界 2030》报告预测，到 2030 年，全球连接总数将超过 2 000 亿，AIGC 应用年复合增长率约为 38%。智能时代目标是"所有对象可连接，所有运营可智能，所有业务可模型"，打开万亿数智化新蓝海。2024 年 3 月，华为中国合作伙伴大会聚焦"数智化"，强调"伙伴＋华为"共建生态，进行全产业链的数智化升级。

2.1.4 数智安全：统筹数智时代发展和安全

奇安信集团负责人认为，"数智时代，数产生了智，智又产生了新的数，在螺旋式上升的循环中创造了繁荣的数智世界。"数据时代的标志是数据的爆炸式增长，海量的数据给社会创造了巨大价值。智能时代的标志是大模型通用人工智能技术的诞生和算力技术水平的革命性提升，未来生成式人工智能将改变信息社会经过数十年形成的社会生产、生活和治理模式。数字化、智能化深度融合的数智时代，是一个真正的"万物生长"的时代，每个人的个人数据在生长、企业的数据在生长、社会的数据在生长，这些不断生长的数据汇成"智慧"的江河湖海，推动人类进步。数智共生是数智时代的大势所趋，而安全是数智共生的基石，是一切科技链、创新链、产业链的底板，其中要更加注重内生安全。在数智融合大潮之下，可将内生安全内置到数智系统的全链条中，共同助力新质生产力不断发展壮大。

2.2 一些地方先行推进"数智化"工作

2.2.1 北京市：探索数智"新"北京

2024 年 9 月，数智"新"北京暨 2024（第二十一届）北京互联网大会在北京举办，大会以"数智创新赋能新质生产力"为主题，探讨数字智能时代北京的数字经济发展新路径。同时，北京市经济和信息化局印发了《人工智能算力券实施方案（2023—2025 年）》，提出"以人工智能大模型高水平应用深度赋能实体经济高质量发展，加速千行百业数智化转型"。

2.2.2 江苏省：开展"数智江苏"建设

2024 年 9 月，第三届江苏省智能制造系统解决方案大会暨数智化转型发展大会举行，以"数智江苏 新质发展"为主题。江苏省深入推进数字经济与实体经济的融合创新，加速构建算力无所不在、连接随处可达、智能无所不及的"数智江苏"。

2022 年，江苏省全省数字经济规模超 5 万亿元，数字经济核心产业增加值占地区生产总值比重为 11% 左右，两化融合发展水平连续 8 年位居全国第一。

2.2.3 上海市：举办数智上海峰会

2023 年，数智上海峰会在上海市杨浦区举办。此次峰会特别举办了工业智能化、金融科技与数实融合、生成式人工智能创新应用赋能千行百业、算力新基建、云边融合数智原生五场"数智说"论坛。2024 年初，上海市经济和信息化委员会发布《关于推进本市工业企业数智化工作实施方案》。该方案提出，到 2024 年 5 月，促进全市 1 000 家以上工业企业智改数转网联；到 2024 年底，力争促进全市 9 500 家规上企业、1 000 家规下样本企业、4 万家左右规下工业企业智改数转网联，提升行业数智化发展能级。主要任务包括组织消费互联网平台赋能工业企业，组织工业品电商平台赋能工业企业，推进"小快轻准"数字化产品应用，利用数字化手段高效撮合产业链上下游供需对接等。

2.2.4 河南省：提出河南省国资国企数智赋能三年行动计划

2022 年 3 月，河南省印发《河南省国资国企数智赋能三年行动计划（2022 ～ 2024 年)》，提出到 2024 年底，构建国资管理体系的"国资大脑"和重点行业领域的"产业大脑"，实现国资监管工作在线化率、监管数据可视化率达到 80% 以上。这一计划的实施，旨在全面推动数智赋能，助推产业转型升级；以经营管理数字化提高运营效率，实现生产、业务、管理、决策的数字化；以生产制造数字化推动转型升级，提高工艺革新、装备升级、管理优化和生产过程的智能化水平。

2.3 国际企业推进"数智化"情况

2.3.1 施耐德电气：推出人工智能引擎助力数智化转型

施耐德电气打造了一个企业级一站式 AI 模型生产与运维平台——EcoStruxure

AI 引擎。EcoStruxure AI 引擎提供了丰富的 AI 模型和解决方案，集成数据管理、模型开发、模型运维及 AI 应用四大人工智能功能模块，可覆盖 AI 模型生命周期中的数据准备、模型训练、模型部署、模型推理及模型监控 5 个建模流程，并提供从能源管理到工业自动化领域，经过实践认证的海量 AI 模型、模板和场景，助力用户实现"开箱即用"，从而实现高效业务运营。EcoStruxure AI 引擎与施耐德电气工业和能源软件相融合，广泛应用于汽车、食品饮料、楼宇、数据中心、半导体、机械制造等多个行业，可帮助用户降低年度 5% ~ 10% 的能耗以及提升 3% ~ 5% 的效率。在工业领域，施耐德电气基于 EcoStruxure 开放自动化平台开发的"睿动 IOT 魔方机器人"，形象展示出视觉监测、算法、决策、驱动等 AI 功能，并将这些功能深入自动化产线中，助力工业流程持续优化。在能源领域，施耐德电气 ETAP 数字孪生平台引入了 AI 技术，通过对电气系统全生命周期的建模与优化，实现一站式能源管理。

2.3.2 西门子：积极提供企业数智化转型工具

西门子在 2024 年推出 Mobile Worker Lite 数智工厂 AR（Augmented Reality，增强现实）移动应用软件，以解决传统现场工作中的痛点，通过将工程设计数据、图纸、文档、三维模型和设备运行状态等关键信息实时推送到现场工作人员的手持终端，极大地简化了业务处理流程。Mobile Worker Lite 采用了 AR 技术提升用户的交互性，将现实世界与数据世界混合，即使没有现场仪表，AR 也能够直接在设备上显示设备 ID、名称规格、动态数据，让用户更便捷地获取数据，优化了现场的业务处理流程。Mobile Worker Lite 可以通过移动端随时随地地进行操作，将中控室的实时数据与档案室的图文档通过网络推送到生产现场，Mobile Worker Lite 直观的图形用户界面（Graphical User Interface, GUI）设计，使用户能够轻松地浏览各生产线及设备的状态和图文档资料，以及操作各种功能模块。其界面设计简洁明了，用户不需要接受复杂的培训就能快速上手。工作人员不再需要烦琐地查阅资料和携带大量文件，而可以随时随地利用手机、平板电脑、智能眼镜等移动设备完成各种业务场景的处理。这一创新性设计显著提升了移动工作者的工作效率和任务管理能力。

2.3.3　沙特阿美：积极应用数字和人工智能技术

阿美石油公司指出，人工智能是公司数字化转型的关键工具，应持续设计、开发和部署创新的智能工具和其他数字解决方案，以分析和改进决策流程，提高业务绩效。该公司充分利用人工智能和大数据的优势，力求保持领先地位，满足世界对可靠、负担得起、低碳能源日益增长的需求。人工智能和大数据解决方案可以优化能源行业的各种运营，提高效率、可靠性和可持续性。例如，AI 和大数据算法被用于优化对石油和天然气设施的操作，智能传感器和热成像摄像头用于检测管道泄漏，显著减少了二氧化碳的排放。无人机技术的应用使得对远程和难以接近的设备进行高效检查成为可能，从而降低成本和人工检查面临的风险。通过使用数字孪生技术减少能耗，利润提升 159%；使用人工智能驱动的运行决策系统，数据处理能力提升 20%；基于机器学习技术对催化剂寿命进行预测，生产过程废弃物产量降低 24%；推广使用基于人工智能的清洁燃料优化器，减少 14% 的温室气体排放；使用 VR 技术开展提升安全意识和工艺技能水平的培训活动，培训时间缩短 35%。

2.3.4　微软：即将进入"数智时代"

微软的技术人员提出，人类社会的发展始终伴随着人类与机器或者工具共同发展的历程，现在的机器解决的不仅是人类的体力劳动问题，还开始解决一些人类并不擅长的重复计算问题，人类即将进入"数智时代"，这是一个机器利用数据来帮助人类的时代。微软 Azure 智能云是人工智能时代快速发展的云服务商，Azure 将微软的超级计算经验和支持 OpenAI 超大型 AI 训练工作负载的经验，应用于搭建规模化及高性能的 AI 基础架构，助力全球企业数智化转型。

数智经济的核心驱动力量

芯片技术与人工智能"双螺旋"发展

第
3
章

1953 年，詹姆斯·沃森（James Watson）和弗朗西斯·克里克（Francis Crick）在《自然》杂志上发表"DNA 双螺旋结构"[1]，这一具有划时代意义的成果开启了生命科学全新的发展阶段，被认为解开了人类的"生命密码"。巧合的是，20 世纪 50 年代，芯片技术和人工智能也开始崭露头角。1956 年达特茅斯会议第一次提出人工智能的概念，1958 年德州仪器公司杰克·基尔比（Jack Kilby）制造出第一块集成电路。直到今天，随着技术的飞速发展，先进的人工智能处理器，如 NVIDIA 的 Blackwell B200 和 AMD 的 MI350 等，极大地提升了人工智能应用的计算能力与效率。同时，创新的芯片设计，如清华大学开发的仿生脑芯片 Tianmoc，更是提高了人工智能在复杂环境下的视觉感知能力。这两项技术从最初的发展到如今的高度成熟，始终相互促进、相互融合，构成了数智技术的核心，成为数智经济发展的"双螺旋"驱动力量。正如 OpenAI CEO 萨姆·奥尔特曼（Sam Altman）2024 年 9 月在社交平台上发表的一篇题为"智能时代"的个人博文所总结的：经过数千年的科学发现和技术进步的积累，我们已经找到了熔化沙子，添加杂质的方法，并将其以令人惊讶的精度在极小的尺寸上排列成计算机芯片，给它们通电，最终得到能够创造日益强大的人工智能的系统。

3.1　芯片为主体的泛半导体产业是现代经济的基石

3.1.1　芯片在人类技术进步周期中的跃迁性特征

1965 年，戈登·摩尔（Gordon Moore）在《电子学》发表了一篇题为"在集成电路中塞进更多的元件"的期刊文章[2]，首次提出了摩尔定律：芯片晶体管的数量将会一直以某种规律不断增长，大约每年翻一倍，处理器的性能大约翻一倍，而价格下降为之前的一半。这篇文章还预见了"集成电路将为我们带来各种奇迹：家用计算机、自动驾驶汽车、个人移动通信设备，以及带有显示屏的手表等"。从实际发展来看，芯片中晶体管数量的增长速度远远超过了人类人口的增长速度。据摩尔在 1975 年修正的摩尔定律，集成电路上的晶体管数量大约每两年翻一番。自 1958 年第一个集成电路诞生以来，晶体管的生产数量经历了指数级增长。1958 年，第一个集成电路包含了几十个晶体管，伴随着技术演进，一块硅片上的晶体管数从几百万级、几亿级、几十亿级、几百亿级发展到如今的千亿级。

约翰·D. 克雷斯勒（John D. Cressler）在《硅星球》[3] 中提出，以 60 年的时间来计算，晶体管数量的增长速度大约是每 10 年增加 1 000 倍。再来看人类人口数量的增长速度，根据考古学和历史记录，现代智人出现在约 20 万年前，到公元前 1 万年，全球人口数大约为 100 万，到 2024 年，全球人口数约为 78 亿，以 3 万年时间为基准，人类人口数量的增长速度大约是每 1 万年增加 10 倍。对比两者的增长速度，前者的增长速度是后者增长速度的 105 倍，显然，晶体管数量的增长速度远远超过了人类人口数量的增长速度，技术进步的飞快速度与生物进化的缓慢过程之间形成了鲜明的对比。2023 年，全球售出了近 1 万亿个半导体芯片，也就是说，地球上每个人拥有超过 100 个芯片。芯片性能的提高和成本的降低推动了 20 世纪 90 年代从大型计算机到个人计算机的演变、21 世纪初的网络和在线服务的发展，以及 21 世纪 10 年代的智能手机的革命。人工智能、电动汽车和工业制造方面的创新将推动芯片市场在未来 10 年持续增长。到 2030 年，预计仅人工智能一项就将为全球经济贡献超过 15 万亿美元。以芯片为主体的半导体已经成为我们现代世界的必需品，这就是半导体的长期市场需求仍然强劲的原因。

3.1.2　芯片在国民经济中的泛在性更加明显

芯片（Chip）是现代电子设备中不可或缺的组成部分，其基本功能是执行电子信号的处理和传输，芯片可以集成大量的电子元件，如晶体管、电阻和电容，以执行特定的电子功能。按照功能，通常将芯片分为计算芯片、存储芯片、通信芯片、感知芯片、能源芯片和接口芯片。以芯片为主体的半导体在下游应用广泛，涵盖智能手机、PC、汽车电子、医疗、通信技术、人工智能、物联网、工业电子和军事等行业和领域。世界半导体贸易统计协会（World Semiconductor Trade Statistics，

WSTS）将半导体产品细分为四大类：集成电路、分立器件、光电子器件和传感器。其中，集成电路占据行业规模的八成以上，其细分领域包括逻辑芯片、存储器、微处理器和模拟芯片等，被广泛应用于5G通信、计算机、消费电子、网络通信、汽车电子、物联网等产业，是绝大多数电子设备的核心组成部分。

从下游需求结构来看，通信产品（以智能手机为主）和计算机（以PC、服务器为主）构成全球半导体的主要需求来源，二者合计占比接近60%。如图3-1所示，根据深圳市人工智能行业协会的数据，在2023年全球半导体各应用市场销售额中，通信领域销售额占比32%，计算机领域销售额占比25%，其次为汽车与工业，分别占比17%和14%。

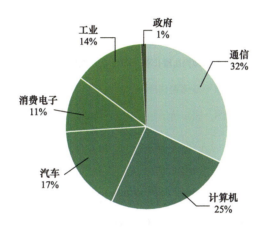

图 3-1　2023 年全球半导体各应用市场销售额占比（数据来源：深圳市人工智能行业协会）

3.1.3　半导体产业与宏观经济的关联性增强

根据美国半导体工业协会官方公布的数据，全球半导体器件的销售额从1977年的38亿美元发展到2023年的5 268亿美元，上涨了将近138倍。而同期全球GDP的规模扩大到了原先的近14.3倍。

半导体产业在宏观经济中扮演着越来越重要的角色。根据WSTS与国际货币基金组织提供的数据[4]，在1987—1999年，全球半导体销售额增长率与全球GDP增长率的相关系数为 0.13，而在 2000—2022 年二者的相关系数提升至 0.46，二者之间的相关性大幅增强，如图 3-2 所示。随着下游 PC、服务器、智能手机和新能源汽车等设备的芯片需求量持续提升，预计未来一段时间内，半导体销售额与 GDP 的相关程度将进一步提高。

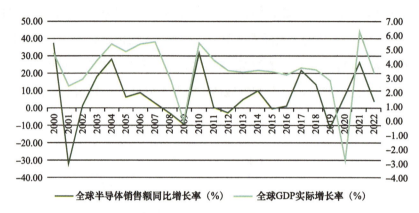

图 3-2 2000—2022 年全球半导体销售额同比增长率及全球 GDP 实际增长率（数据来源：WSTS，国际货币基金组织，东莞证券研究所）

3.1.4 泛半导体产业对经济增长的贡献度不断提高

根据中国半导体行业协会数据，我国集成电路占 GDP 比重从 2014 年开始加速提升，2021 年已经达到 0.91%，半导体产业的星星之火，正在形成燎原之势。如果将半导体产业的核心下游领域，也就是整个半导体产业链，定义为"泛半导体产业"，则这个产业包括高端装备、科技制造、信息服务和科技研发等多个领域。

测算得到，2023 年，泛半导体产业增加值占 GDP 比重达到 17.1%，与泛能源产业产值占比相当。这表明，半导体可以被视为大数据时代的"能源"，它通过数据化和智能化的方式渗透到各行各业，为经济发展提供新的动力。泛半导体产业对 GDP 的同比贡献率从 2015 年的 13.6% 飙升至 2022 年的 39.5%，未来泛半导体产业对 GDP 的同比贡献率有望达到 50%，对经济的发展具有重要的推动作用。

3.2 人工智能成为新质生产力的重要引擎

3.2.1 人工智能大模型成为新生产工具

人工智能的发展可追溯至 20 世纪中期，但真正的突破始于 2012 年深度学习算法的飞速发展，特别是 VAE 和 GAN 等模型的提出。生成式人工智能作为人工智能技术的前言发展方向，正在引领一场深刻的技术革命和社会变革。这种基于机器学习和深度学习的 AI 系统能够自主创造出新颖、独特的内容，从文本到图像、音频和视频，极大地拓展了 AI 的应用边界。

2017 年，谷歌提出基于自注意力机制的 Transformer 架构，为大模型基础架构的提出奠定了基础，催生了以 GPT（Generative Pre-Trained Transformer）模型为代表的大模型预训练算法架构，推动了大模型技术的快速发展和广泛应用。2020 年，OpenAI 推出 GPT-3，模型参数规模达到 1 750 亿，是当时参数规模最大的语言模型。随着 Transformer 架构和扩散模型等技术的出现，生成式人工智能的能力不断提升。2022 年底 ChatGPT 的问世，引发了全球范围内的广泛关注和讨论。

以 ChatGPT 为代表的人工智能大模型产品体现了生成式人工智能的技术进步。在**知识领域**，它通过超强的学习能力，为知识的积累与传播提供了前所未有的速度和广度。**机器视觉**技术赋予了人工智能超越人类视觉的识别能力，为医疗、交通等行业带来了创新解决方案。**语言翻译**的突破不仅跨越了语言障碍，也为翻译行业注入了新的活力。**在数据利用**方面，人工智能通过深度分析提升了我们对复杂数据理解和应用的能力。而在软件开发方面，**代码生成**技术简化了编程流程，加快了创新步伐。这五大领域的进步，共同推动人工智能大模型成为推动社会进步的新生产工具，如图 3-3 所示。

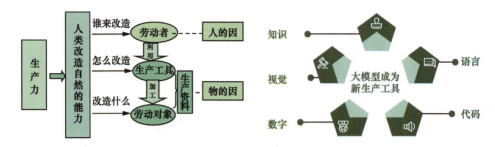

图 3-3　人工智能大模型成为新生产工具

　　知识革命，重塑对知识获取与传播的认知。生成式人工智能，正以其超凡的学习能力和跨领域的应用潜力，重塑我们对知识获取和传播的认知。在知识获取方面，以 ChatGPT 为代表的人工智能大模型产品不仅能够迅速吸收和处理海量文本数据，还能通过人机协同的方式，极大地提升知识的可访问性和实用性。根据 OpenAI 的数据，ChatGPT 在推出后的前两个月就吸引了超过 1 亿的用户，反映了公众对高效、便捷知识获取工具的迫切需求。大语言模型技术的发展，预示着未来知识库的构建将更加全面和深入，人们可以更快捷地获取所需信息，促进了知识的民主化和普及化。在知识生成方面，检索增强生成（Retrieval-Augmented Generation，RAG）技术的广泛应用，为解决生成式人工智能在产生新知识时可能出现的"幻觉"问题提供了有效途径，RAG 技术通过将外部知识库与语言模型相结合，显著提高了生成内容的准确性和可靠性，使得模型在理解并回应用户需求时更加精准高效，为大语言模型在法律咨询、医疗诊断等高度依赖专业知识的领域的应用奠定了基础。在知识工作领域，以微软的 Copilot 为代表的 AI 辅助软件正在成为提升效率的重要工具。Copilot 能够根据简单的指令生成文档、分析数据、创建演示文稿，大大减少了重复性工作。据微软的研究，使用 Copilot 的用户在完成特定任务时，速度提高了 29%，质量提升了 40%。更重要的是，Copilot 不仅仅是一个执行指令的工具，它还能提供创意灵感，成为知识工作者的智能合作伙伴。在知识传播领域，人工智能驱动的个性化学习平台正在兴起，平台能够根据学习者的背景、进度和偏好，动态调整学习内容和难度，实现教育资源与个人的精准匹配。据教育科技公司 Knewton 的报告，采用 AI 个性化学习系统的学生，其学习成绩平均提升了 18%。

机器视觉，展现出超越人类视觉的巨大能力。在人类的 5 种主要感觉中，视觉占据了信息吸收的主导地位。而机器视觉，作为人工智能的重要领域，逐渐展现出其巨大的潜力与价值。从简单的图像分类到复杂的视觉识别，人工智能在这一领域已经超越了人类的能力。在图像识别方面，基于深度学习的视觉 AI 模型在 ImageNet 大规模视觉识别挑战赛中的错误率已降至 3% 以下，高精度的识别能力使得机器视觉在医疗诊断、安防监控等领域成为不可或缺的生产工具。例如，Google Health 开发的 AI 乳腺癌筛查系统在临床试验中表现出色，将假阳性率降低了 5.7%，假阴性率降低了 9.4%，提高了诊断的准确性和效率。在缺陷检测方面，西门子的 AI 视觉检测系统能够以每分钟 1 000 个零件的速度进行精确检测，错误率低至 0.1%，这种高速、高精度的视觉检测能力远超人类操作员，大幅提升了生产效率和产品质量。在环境感知方面，机器视觉系统能够实时处理和分析复杂的视觉信息，如特斯拉的完全自动驾驶（Full-Self Driving，FSD）系统能够实时处理来自 8 个摄像头的数据流，每秒产生超过 1TB 的原始数据，其反应速度和全方位感知能力远超人类驾驶员。视觉内容生成是机器视觉近期的重要突破，OpenAI 的世界模拟器 Sora 和清华大学的视频大模型 Vidu 等的出现，为创意产业提供了新的生产方式，预示着机器视觉将迎来更加广阔的发展空间和应用前景。

语言翻译，成为跨越语言障碍的全球沟通桥梁。语言翻译是人工智能应用的另一个重要领域，生成式人工智能在语言翻译领域的突破，不仅实现了实时、精准的语言转换，还极大地提升了跨文化交流的深度与广度。在翻译质量方面，神经机器翻译（Neural Machine Translation，NMT）系统在多个语言对的翻译质量评估中已经接近或超过了人类的翻译水平。根据 BLEU（Bilingnal Evalnation Understudy，双语评估替补）评分标准，在英德互译中，人类翻译的平均得分为 30.1，而 Google 翻译的 BLEU 得分达到了 28.4。在实时翻译方面，基于深度学习的语音识别和翻译系统实现了近乎实时的口语翻译。微软的 MSLT（Microsoft

Speech Language Translation，微软语音语言翻译）系统在实时会议中的翻译延迟时间已降至 300 毫秒以下，这使得跨语言实时对话成为可能。语言翻译技术不仅在国际会议和商务谈判中发挥着重要作用，还为跨语言教育和远程医疗提供了有力支持。多模态翻译是人工智能翻译的新突破，DeepL 公司开发的多模态翻译系统不仅能够翻译文本，还能识别和翻译图像中的文字，甚至能够理解图像内容并生成相应的目标语言描述。

　　数据洞察，成为深度挖掘数据价值的智能引擎。在数字时代，数据已成为新生产要素，而生成式人工智能则以其强大的数据分析和洞察能力，成为深度挖掘数据价值的智能引擎，重塑了数据利用的方式，提高了数据利用的效率。从复杂数据的快速理解到精准的预测分析，再到智能化的决策支持，AI 驱动的数据洞察正在各个领域释放数据的潜在价值。在数据理解和交互方面，生成式人工智能展现出卓越的能力，以 OpenAI 的 GPT-4 为例，它能够理解和处理各种格式的数据，包括文本、图表和代码。根据 OpenAI 的报告，GPT-4 在数据分析任务中的表现比人类专家快 3 ～ 5 倍，准确率提高了 15% ～ 20%，大大降低了数据利用的门槛。在商业智能方面，AI 赋能的数据分析平台正在改变企业的决策方式。亚马逊的机器学习预测服务能够分析历史数据和外部因素，预测未来 18 个月的产品需求，准确率提高了 50%，帮助企业优化库存管理，降低运营成本。金融风控是 AI 数据洞察的另一个重要应用领域。摩根大通开发的 COIN（Contract Intelligence，合同智能系统）利用机器学习技术，能在几秒钟内完成 12 000 份商业贷款协议的文件审查和数据提取工作，这些工作原本需要 36 万小时的人工处理才能完成。这不仅大幅提高了效率，还将错误率降低了近 60%，显著增强了风险管理能力。

　　代码生成，引领软件行业新变革。编写代码的能力是生成式人工智能的核心能力之一，通过学习和理解人类意图，AI 驱动的代码生成工具正在引领软件行业的新变革，重塑了软件开发的模式并提高了软件开发的效率。从自动化编程到智能代码补全，再到全流程软件开发辅助，AI 代码生成正在各个层面提升软件开发的生产力，被认为是大模型离生产力转化最近的场景。在代码补全和推荐方面，AI 工具展现出了强大的能力，GitHub Copilot 作为领先的 AI 编程助手，自 2022 年 6 月推出以来，已帮助开发者编写了超过 3 亿行代码。根据 GitHub 的数据，使用 Copilot 的开发者称他们的代码编写速度提高了 55%，完成重复性任务的时间减少了 74%[5]。在代码质量和标准化方面，AI 代码生成工具表现出优异的一致性，微软研究院开发的 DeepCoder 系统能够根据简单的输入 / 输出示例自动生成符合特定要求的程序。在测试中，DeepCoder 生成的代码在可读性和效率方面均优于大多数初级程序员，错误率降低了 30% 以上。低代码 / 无代码平台的兴起是 AI 代码生成技术的另一个重要应用，据 Gartner 预测，到 2025 年，70% 的新应用将使用低代码或无代码技术开发。这种技术使非专业人员也能参与到软件开发中，大大扩展了创新的可能性。例如，微软的 Power Apps 平台结合 AI 技术，使企业用户能够通过简单的界面操作和自然语言指令创建复杂的业务应用，开发效率提高了 3 倍。

3.2.2 人工智能促进生产效率提升

人工智能技术作为新一轮科技革命和产业变革的核心驱动力，正在深刻改变全球生产的方式、效率和水平。早期人工智能驱动的自动化对生产率产生了积极影响，根据美国 2016 年发表的《人工智能、自动化和经济》报告中对 17 个国家的机器人的研究，1993 年至 2007 年期间，这些机器人为 17 个国家的年度 GDP 增长平均贡献了约 0.4 个百分点，占这些国家在此期间整体 GDP 增长的十分之一。报告指出，人工智能驱动的自动化或许能帮助全要素生产率增长，并创造广泛提升人类生活的新潜力。随着技术的进步，生成式人工智能对生产效率的提升效果将会更加明显，麦肯锡全球研究院的研究表明，人工智能对效率的提升主要体现在劳动生产率、资源利用、创新速度、决策质量和流程自动化等方面[6]。Noy & Zhang 的 [7] 研究表明，ChatGPT 显著提升了生产力，执行相关任务的时间减少了 40%，质量提高了 18%。

在劳动生产率方面，通过自动化复杂任务、辅助决策和增强人类能力，人工智能系统正在重塑劳动力市场的结构。埃森哲[8]的研究预测，到2035年，人工智能有潜力将发达经济体的劳动生产率提高40%。麦肯锡[9]的研究表明，从2023年到2040年，生成式人工智能可能为全球经济带来0.1%～0.6%的年度劳动生产率增长，若将生成式人工智能与其他技术结合，其对生产率增长的贡献可能高达0.5～3.4个百分点。在实际应用中，西门子报告其AI驱动的智能工厂解决方案将生产效率平均提高了20%，不仅提高了生产速度，还改善了产品质量，降低了生产成本。

在资源利用效率方面，人工智能系统通过精确预测和实时优化，显著提高了能源和原材料的使用效率。例如，Google DeepMind开发的数据中心冷却系统的优化算法成功将数据中心的能源消耗降低了40%；在制造业领域，西门子AI驱动的智能工厂解决方案平均可以减少能源消耗30%；在供应链管理方面，德勤的研究显示，AI的应用可以帮助企业将整体库存的消耗降低20%～50%。这些数据充分证明了AI在优化资源配置、减少浪费方面取得了显著的成效，为实现经济增长与环境保护的双赢提供了技术支撑。

在创新周期加速方面，人工智能大幅缩短从创意生成到产品开发整个过程的时间。日用消费品企业宝洁借助AI进行消费者洞察和产品创新，其新产品从概念产生到产品上市的时间缩短了50%；制药公司Insilico Medicine利用AI技术将新药发明的时间从传统的4～5年缩短到18个月以下，同时将成本降低了30%。

在决策质量提升方面，人工智能系统凭借其强大的数据处理和分析能力，为企业和政府部门提供了更加精准、及时的决策支持。德勤的研究[10]显示，采用AI辅助决策的企业报告其决策准确性提高了25%，决策速度提高了50%。生成式人工智能工具（如GPT-powered的文档助手和会议摘要生成器）显著提高了知识工作者的效率。微软报告称，使用AI辅助工具的员工完成同样任务比不使用的员工快40%。Gartner的研究还指出，新兴技术正在赋能一线工作者，通过AI辅助系统可以提高一线工作者的工作效率和决策质量。

在流程自动化方面，AI驱动的自动化系统能够处理复杂的业务流程，大幅减少人力投入，提高效率和准确性。特斯拉的超级工厂通过深度学习技术分析生产线数据，实现了设备故障的提前预测，据报道，这一技术将停机时间减少了 30%，维修成本降低了 20%。阿里巴巴的 AI 客服系统每天能处理数百万次客户互动，其提供的 24/7 不间断服务，使解决率超过了 90%，极大减轻了人工客服的工作负担。

3.2.3　人工智能加快创新能力提高

人工智能，特别是生成式人工智能，成为全球科技创新的重要方向。科伯恩（Cockburn）等人 [11] 的研究表明，AI 相关专利的增长率远超其他技术领域，2000年至 2015 年，AI 相关专利的年均增长率达到 46%，而同期所有技术领域的平均增长率仅为 7%。2024 年 7 月，世界知识产权组织发布《世界知识产权组织生成式人工智能专利态势报告》，报告指出，在过去 10 年，全球生成式人工智能相关的专利申请量达到 5 4000 项，其中超过 25% 的专利申请是在 2023 年一年内提交的。这表明，近年来生成式人工智能技术的研发热度显著上升，成为全球科技创新的重要方向。

人工智能引起补充性创新（Complementary Innovations） [12]。人工智能、机器学习和其他相关新技术更重要的经济效应来自它们的通用技术特征能够随着时间的推移而被改进，并产生补充性的创新。布雷斯纳汉（Bresnahan）和特拉滕贝格（Trajtenberg） [13] 在其开创性研究中首次提出通用技术的概念，阐述了像蒸汽机、电力和计算机这样的技术如何通过诱发补充性创新来推动长期经济增长。在 AI 领域，补充性创新主要体现在 3 个方面：一是知识共享和群体学习加速整体进步；二是技术能力的持续提升导致应用范围指数级扩大；三是跨领域应用加速新的研究方向探索和产业变革。布林约尔松（Brynjolfsson）等人 [12] 的研究量化了 AI 对生产力的潜在影响，据预测，到 2030 年，AI 可能为全球 GDP 贡献多达 15.7 万亿美元，其中 7.2 万亿美元来自直接的生产力提升，8.5 万亿美元来自 AI 诱发的补充性创新。

人工智能通过知识共享与群体学习加速创新进程。通过云计算技术和分布式学习算法的结合，AI 系统能够实现前所未有的大规模知识共享和协作学习，从而加快知识的累积和技能水平的提升。由此产生了一种"集体智能"，使得整个 AI 生态系统能够更快速、更有效地应对复杂挑战。云计算的兴起使云机器人技术得以实现，比如机器人之间的知识共享。一旦一个地方的机器学会了一项新技能，它就可以通过数字网络将该技能复制到其他机器上。值得一提的是，数据和技能都可以共享，这增加了特定机器学习者可以使用的数据量，也加快了改进的速度。遇到异常情况的自动驾驶汽车可以将异常情况上传到一个共享平台，在该平台可以汇总足够的例子来推断出一种模式，只要一辆自动驾驶汽车经历一个异常情况，其他自动驾驶汽车就能从中学习。需要注意的是，知识共享和群体学习不局限于 AI 系统之间，还扩展到了人机协作领域。例如，在围棋 AI AlphaGo 战胜人类棋手之后，人类棋手通过学习 AI 的策略，发现了新的下棋方法，这反过来又促进了 AI 系统的进一步发展。这种人机协同学习的模式，正在多个领域中出现，从科学发现到创意设计，它都展现出了强大的创新潜力。

人工智能技术能力的提升产生了大量的创新应用。 生成式人工智能的出现为补充性创新提供了新的动力，它不仅能够在已有领域中进行创新，还能开辟全新的应用领域。例如，机器学习提升了机器在执行基本感知任务方面的能力，从而扩大了机器学习的使用范围，机器视觉识别行人的错误率从每 30 帧一个降低到每 3 000 万帧一个，自动驾驶变得越来越可行，各种工厂自动化任务和医疗诊断也是如此。人工智能技术能力的提升还体现在其规模和效率方面。以 AlphaFold 为例，其在蛋白质结构预测任务上的突破不仅提高了精度，还大大加快了预测速度。AlphaFold 2 在 2020 年的 CASP14（Critical Assessment of Structure Prediction 14，结构预测关键评估第 14 界党赛）挑战赛中，对 90% 以上的目标蛋白的预测都达到了与实验相当的精度，而计算时间从数月缩短到了数小时。

人工智能驱动的跨学科融合催生新领域。 AI 构建的大规模知识图谱正在连接不同学科的概念和理论，促进跨学科知识融合和产生新发现。例如，微软学术知识图谱（Microsoft Academic Knowledge Graph，MAKG）包含超过 2 亿篇学术文献的信息，涵盖了几乎所有的学科领域。MAKG 通过复杂的 AI 算法分析文献间的引用关系、作者合作网络和主题的关联，揭示了不同学科间潜在的知识联系。根据微软研究院的报告，利用 MAKG 进行跨学科分析，研究人员发现了多个新的跨学科研究热点，如生物信息学与材料科学的交叉应用在新型生物材料设计中的潜力。同样，谷歌的 AI 系统 DeepMind 通过分析海量的科学文献，成功预测了一些有前景且热门的研究方向，如研究材料科学和量子计算交叉领域的突破进展。这些 AI 驱动的跨学科融合机制不仅促进了现有学科间的交叉研究，还催生了一系列新兴研究领域。例如，计算社会科学（Computational Social Science）的快速发展就是人工智能与社会科学交叉的产物。斯坦福大学的 Computational Policy Lab 利用机器学习和大数据分析技术研究社会政策问题，在司法公正、教育平等等领域提供了数据驱动的政策建议，影响了多个州的立法决策。另一个新兴领域是数字人文，AI 技术对大规模历史文献和文化艺术作品的量化分析进行赋能。例如，荷兰阿姆斯特丹大学的研究人员利用计算机视觉和自然语言处理技术分析了数千幅文艺复兴时期的绘画作品，揭示了艺术风格演变与社会经济变迁之间的潜在关联。

人工智能赋能多元创新主体。人工智能技术的快速发展和普及正在从根本上重塑创新格局，通过降低创新门槛、提供先进工具和平台，以及增强人类创造力，显著扩大了创新主体的范围，提高了创新主体的能力。对于个人创新者，低代码 / 无代码人工智能平台（如谷歌的 AutoML Vision）使非专业人士也能参与软件开发和数据分析，激发了"草根创新"。对于中小企业，人工智能云服务和开源工具（如亚马逊网络服务 AWS、微软 Azure 提供的人工智能服务）使中小企业能以较低成本实现智能化转型，缩小了与大企业之间的技术差距。在科研领域，人工智能辅助工具正在改变研究范式，加速科学发现。例如，DeepMind 开发的 AlphaFold 3 在蛋白质结构预测方面取得的进一步突破性进展。这种赋能不仅提高了传统创新主体的工作效率，还促进了新型创新主体的出现，从而推动了整个创新生态系统的转型。

3.2.4　人工智能对经济增长贡献显著

人工智能将是未来经济增长的关键推动力，技术的快速发展正在为全球经济注入强劲的增长动力。许多商业研究机构对人工智能对经济的影响进行了预测，主要预测指标包括 GDP 增长率、市场规模、劳动生产率、行业增长率等。多数商业研究机构认为，总体上看，世界各国都将受益于人工智能，实现经济大幅增长。至 2030 年，人工智能将助推全球生产总值增长 12% 左右。同时，人工智能将催生数个千亿美元甚至万亿美元规模的产业[14]。高盛的研究预测人工智能可能在未来 5 年内（至 2030 年）为全球 GDP 贡献 7 万亿美元，相当于增加 7% 的 GDP。普华永道的预测认为，预计到 2030 年，人工智能可能为全球经济贡献高达 15.7 万亿美元，相当于增加 14% 的 GDP。麦肯锡全球研究院的新研究聚焦于生成式人工智能的经济影响，仅通过分析的 63 个使用案例估计，生成式人工智能每年可能为全球创造 2.6 万亿至 4.4 万亿美元的经济价值。这一数字相当于将人工智能对经济的整体影响提高了 15%～40%。尽管多家权威机构的具体预测数字有所不同，但都一致肯定了人工智能的重要经济价值。

人工智能的经济影响在不同地区和行业间存在显著差异。**在地区层面**，普华永道指出，到 2030 年，中国可能通过人工智能获得高达 26.1% 的 GDP 增长，而北美的增长可能为 14.5%。麦肯锡预测中国有望贡献生成式人工智能全球经济价值的近 1/3，约 2 万亿美元，凸显了中国在全球人工智能经济中的重要地位。产生地区层面的差异主要是因为各地区的经济结构、技术准备度和政策支持等不同。人工智能为全球和中国带来的经济效益如图 3-4 所示。**在行业层面**，人工智能的影响也呈现出明显的差异化特征。根据麦肯锡的研究，银行业每年可能通过人工智能获得 2 000 亿至 3 400 亿美元的额外价值，而零售和消费品行业的潜在收益更大，每年可能达到 4 000 亿至 6 600 亿美元。这种差异反映了各行业的特性和人工智能应用的潜力，也预示着未来行业格局可能因人工智能的广泛应用而发生显著变化。

人工智能对 GDP 的贡献将是一个渐进的过程。麦肯锡预计，50% 的当前工作活动可能在 2030 年到 2060 年之间实现自动化，中位数时间点在 2045 年左右。这一时间跨度反映了技术发展、解决方案集成、经济可行性和技术扩散等多个因素的综合影响。技术发展速度决定了自动化能力的提升，解决方案集成时间影响了技术从实验室到实际应用的过程，经济可行性决定了企业采用新技术的意愿，而技术扩散率则反映了新技术在整个经济中的普及程度。这些因素共同决定了人工智能对GDP贡献的实现速度和规模。同时，人工智能对GDP贡献的时间跨度反映了AI技术从实验室到广泛应用的复杂过程，也暗示了社会需要较长时间来适应人工智能带来的变革。

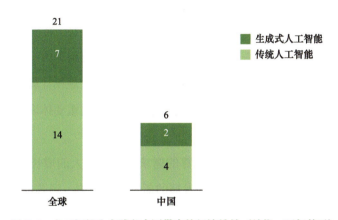

图 3-4　人工智能为全球和中国带来的经济效益（单位：万亿美元）

3.3　芯片技术与人工智能协同互促作用增强

3.3.1　宏观经济层面：芯片构成的算力成为人工智能的"发动机"、经济发展的"新引擎"

芯片作为电子设备的核心组件，其性能直接关系到设备的运行速度和处理能力。芯片的算力，即计算能力，更是衡量芯片性能的重要指标。FLOPS（Floating-Point Operations Per Second，每秒浮点操作数）是衡量芯片算力的重要指标之一，它表示芯片每秒能够完成的浮点运算次数。芯片的算力分为通用计算能力、智能计算能力和超级计算能力。**通用算力**，又称基础算力，以 CPU 芯片输出的计算能力为主，能够在各种不同应用场景中提供广泛、高效、稳定的计算能力，也是目前最常见的算力类型。近年来，随着社会数字化转型加速、数据处理需求增长，我国数据中心与云计算产业快速发展，提供通用算力的数据中心或云计算服务相对成熟，在社会各个行业快速落地。在需求端，互联网行业是通用算力最大的需求市场，占比达到 39%，其次是电信、政府、服务、金融、制造、教育、运输。**智能算力**以 GPU、FPGA、AI 芯片等加速芯片输出的人工智能计算能力为主，是专门为支持人工智能算法和应用而设计和优化的计算能力。在需求端，互联网行业的数据处理和 AI 模型训练的需求在智能算力中占比高达 53%，服务行业的智能化升级需求占比第二，其后是政府、电信、制造、教育、金融、运输。**超算算力**以超级计算机输出的计算能力为主，通过分布式高性能集群计算系统完成大规模计算任务，解决科学研究等领域的复杂计算问题。超算算力是国家综合国力的重要体现，诸多基础科学领域的研究都离不开超算算力的支持。

随着万物智能时代的到来，对计算的需求呈现出惊人的增长态势，算力逐渐成为像"水电煤"一样支撑经济社会发展的新的生产资料。汤普森（Thompson）等 [15] 将算力硬件纳入内生增长模型，强调算力作为一种崭新且关键的生产要素，拥有着显著提升经济效率的能力和巨大的增长潜力。而在算力的众多构成要素中，芯片无疑是最为核心的部分。芯片性能的不断优化和升级，极大地推动了算力的显著提升。2023 年 8 月，东方证券发布《计算机行业动态跟踪》，报告指出，在过去 60 年里，通用计算是相对主流的，用 1 亿美元可以打造 8 800 块 x86 CPU 组成的数据中心，功耗是 5MW。而在当下以及未来的加速计算和 AI 计算时代，如果要达到和 1 亿美元的 x86 CPU 数据中心相同的 AI 性能，仅需要 210 块 GH200 组成的计算平台即可，功耗仅为 0.26MW，成本也只需 800 万美元。

以芯片为代表的算力提升，正在逐渐改变着各个行业的发展模式和创新路径。人工智能过去发展相对缓慢，其重要原因之一是受制于计算能力。从 OpenAI 的 GPT 模型到 DeepMind 的 AlphaFold，这些突破性人工智能模型的背后，是大量 GPU 芯片提供的强大算力支撑。英伟达 AI 芯片 Int8 算力由 2012 年的 4TOPS 提升到 2022 年的 3958TOPS，10 年时间提升了近千倍，为人工智能的发展提供了支撑。

算力的提升对经济社会的发展具有重要作用，在人工智能技术向纵深发展的过程中，算力通过大规模数据处理技术和高性能计算能力的支撑，不断优化计算模型并将优化后的模型"固定"下来，推广至通用人工智能的各种应用场景，形成新的生产力。算力正在成为人工智能时代的核心生产力，在世界各国发展竞争中，谁能主导算力发展谁就能引领人工智能发展。IDC、浪潮信息和清华大学全球产业研究院联合发布的《2021—2022 全球计算力指数评估报告》中对计算力指数与经济指标的回归分析结果显示，15 个重点国家的国家计算力指数平均每提高 1 点，国家的数字经济规模和 GDP 将分别增长 3.5‰和 1.8‰。

3.3.2　技术路径层面：人工智能大模型能力与数据和算力强相关

2020 年 1 月，OpenAI 发布论文"神经语言模型的规模化定律"（*Scaling Laws for Neural Language Models*），为大语言模型规模化的发展奠定了基础，为后续生成式预训练大模型迭代指明了大参数、大算力方向。该定律分析模型性能与模型大小、数据集大小和计算资源等多种因素之间的关系，模型性能（用模型损失衡量，损失越小性能越好）与参数（N）、数据集 token（D）和投入训练算力（C）的关系——N、D、C 是影响损失最显著的因素，三者的增加都会带来更好的模型性能，即模型中参数数量的增加、更大的训练数据集、用于训练的计算资源（FLOPS）的增加会带来模型性能的改善。

在规模化定律的指导下，OpenAI 延续了大参数模型的路线。"神经语言模型的规模化定律"论文发表后不久，2020 年 5 月 GPT-3 系列问世，将参数从 GPT-2 的 15 亿提升到 1 750 亿，训练数据大小从 40GB 提升到 570GB，分别提升了 100 多倍和 14.25 倍。到了 GPT-4，业界认为 GPT-4 参数达到 1.8 万亿，训练数据集约 13 万亿个 token，使用了约 25 000 个 A100 GPU，训练了 90 ～ 100 天，参数量、数据集和训练所需算力相比 GPT-3 都有数量级的提升。

可以预见，人工智能大模型参数规模的继续扩大将是大模型发展的重要趋势之一。现在的大模型能力仍距离理想中的人工智能有不小差距，其逻辑理解能力、意图识别能力、生成能力仍有可观的提升空间。随着技术的进步，研究人员将探索更大规模的模型以试图突破当前的性能瓶颈，特别是在多语言、跨领域和复杂逻辑推理任务上，这些任务将对算力提出更大需求。据 OpenAI 测算，全球大模型训练所需的算力将呈指数增长，平均每 3.43 个月便会增长一倍，如何补足未来大模型训练和应用所需的算力，将是未来一段时间内学术界和产业界需要解决的核心问题。

为此，领先的科技公司正在加速算力基础设施的建设，Meta 在原有 1.6 万张 A100 卡的集群的基础上又建设两个具有约 2.5 万张 H100 加速卡的集群，用来加速 LLaMA3 的训练；谷歌建设了具有 2.6 万张 H100 加速卡的 A3 人工智能超级计算机，可以提供 26 EFLOPS 的人工智能性能，微软和 OpenAI 正在为 GPT-6 训练构建具有 10 万张 H100 加速卡的集群，并规划具有数百万张卡的"星际之门"人工智能超算。由此可见，"万卡"已经成为未来先进大模型训练的新起点。

3.3.3 硬件框架层面：芯片创新重心从通用 CPU 转向 GPU 等针对人工智能优化的架构

在人工智能领域，CPU 面临并行处理能力有限、内存带宽处于瓶颈阶段、能效比不高等局限。针对人工智能的计算特性，GPU（Graphics Processing Unit，图形处理器）、TPU（Tensor Processing Unit，张量处理器）、NPU（Neural-network Processing Unit，神经网络处理器）、ASIC（Application-Specific Integrated Circuit，专用集成电路）、FPGA（Field-Programmable Gate Array，现场可编程门阵列）等架构被开发出来，以更好地满足 AI 需求 [16]。**人工智能专用芯片的发展显著提升了人工智能的效率和灵活性**。从 CPU 到 GPU，再到专为 AI 设计的 ASIC 和 FPGA，极大地提升了芯片的性能和效率，为人工智能广泛应用提供了坚实的硬件支持。艾瑞咨询指出，AI 芯片具备出色的线性代数运算能力、多核并行运算和片上存储等特性，在深度学习模型的复杂性和规模面前表现出色，能够兼容主流 AI 算法框架，具有可编程、可拓展、功耗低等特点，这正是 GPT 模型迭代和 AlphaFold 等复杂模型能够高精度和高效率地完成任务的关键所在。

英伟达作为行业领导者，其 GPU 架构经历了多版本迭代。从 A100、H100、H200 到 B200 系列，性能、能效和适应性方面取得了显著提升。Ampere 架构（A100）是英伟达推出的基于 Ampere 架构的 GPU，专为 AI 和高性能计算设计，支持第三代 Tensor Core，引入了第三代 NVLink 技术，大幅提升了 GPU 间的互联带宽，以支持大规模 AI 模型的训练。Hopper 架构（H100）专为加速自然语言处理中的 Transformer 模型而设计，能够大幅提升这些网络的速度。H200 是在 H100 基础上进一步升级的 GPU，预计将带来更高的计算密度和能效比，进一步提升 Tensor Core 的性能，并优化内存带宽，以满足不断增长的 AI 计算需求。B200 系列是英伟达针对特定场景推出的 GPU 产品，它在某些方面进行了专门的优化，如能效、尺寸、功耗等，以满足不同应用场景的需求。在架构演进过程中，英伟达 GPU 对 FP16 和 FP32 单元复用、Tensor Core 引入等几个方面也进行了优化。英伟达的 GPU，如 A100，支持 FP16（16 位浮点数）和 FP32（32 位浮点数）的运算，并能够根据需要复用这些单元，以适应不同的计算任务和提高效率。Tensor Core 是英伟达专为深度学习而设计的专用核心，能够加速矩阵运算，这对于训练和推理 AI 模型至关重要。

谷歌推出的 TPU（Tensor Processing Unit）是一种专为机器学习任务定制的 ASIC，它通过高度优化的矩阵乘累加单元和紧耦合的内存设计，大幅提升了深度学习模型的训练速度。TPU 的推出对机器学习领域具有里程碑意义，在处理大规模数据和复杂网络时，其高带宽内存和优化的指令集使训练效率远超传统 CPU 和 GPU，在使用神经网络推断的 AI 运算任务中，TPU 的效能是当代 GPU 和 CPU 的 15～30 倍 [17]，推动了 AI 技术的快速发展和应用。TPU 的迭代从 v1 到 v5，不仅在计算性能上不断攀升，还增强了内存容量和提高了互联速度。TPU v5e 为大型和中型模型的训练和推理带来了高性能和高成本效益，允许它在单个 Pod 中扩展超过 256

个 TPU，这种 Pod 级可扩展性为构建大规模的 AI 计算平台提供了坚实基础。谷歌云还提供了与 TPU v5e 集成的开发者工具 Vertex AI 的新功能，包括对 Pytorch、JAX、TensorFlow 等深度学习框架的支持，以及对 100 多个强大的 AI 模型和工具的访问。这使得 TPU v5e 不仅在性能上实现了质的飞跃，更在内存和网络技术上进行了革新，为 AI 技术的发展提供了强大的新工具。

为神经网络任务量身定制的 NPU 推动智能终端性能飞跃。NPU 是专门为神经网络任务设计的处理器，专注于加速深度学习和神经网络模型的训练和推理计算 [18]。与 CPU 和 GPU 的冯·诺依曼结构相比，它通过类似人体神经突触的结构，实现存储和计算一体化，显著提高运行效率，更适合处理视频、图像类的海量多媒体数据。NPU 因其高效能和低功耗的特性，主要应用于智能移动终端推理芯片。以智能手机为例，通过搭载 NPU，手机可以在本地运行端侧大模型，实现语音识别、面部识别、语音翻译、虚拟现实和图像识别等功能，且无须依赖云端连接。这不仅提高了数据私密性和时效性，还极大地提升了 AI 功能的场景体验性。华为是首个将 NPU 集成到手机上的公司，通过其自研的达芬奇架构 NPU，显著提升了手机面部识别、语音辅助等功能的性能。此外，NPU 还可以应用在自动驾驶汽车、人形机器人、智能音响等现代消费电子产品以及物联网设备中，进行数据实时处理、智能决策、智能语音识别和交互等操作。

3.3.4 产业发展层面："ABC"（人工智能、大数据、芯片）产业深度融合

人工智能与芯片产业深度融合，催生了一个全面而协同的生态系统。这个生态系统不仅包括智算芯片，还包括开发工具、软件库、云服务平台和技术支持社区等 [18]。英伟达除了研发芯片这一硬件，还通过研发开放 CUDA（Compute Unified Device Architecture，计算统一设备架构）平台为开发者提供高效、易用的环境，构建一个包括编程模型、工具链、库支持、社区与教育、学术合作等在内的庞大生态系统。它不仅改变了科学计算、人工智能等领域的工作方式，也为英伟达自身创造了新的业务增长点。目前，CUDA 平台有 400 万开发者，在人工智能软件生态领

域可谓一枝独秀。为了打破英伟达主导的人工智能生态，2024 年英特尔、谷歌和高通等公司组成联盟——UXL 基金会，计划开发一套软件和工具，使计算机代码能够在任何架构的人工智能芯片和硬件上运行。

人工智能正广泛融入经济社会，我们所处环境中有亿万个无所不在的各类传感器，这些传感器产生越来越多的数据，数据量级将从现在的 GB 级、TB 级逐步增长到 PB 级、EB 级和 ZB 级。IDC 研究表明，全球数据产量每 18 个月增长一倍，预计 2025 年达到 175ZB。艾瑞咨询的预测显示，到 2035 年，全球每年产生数据量将达到 2 142ZB，约为 2020 年的 45 倍。生成式人工智能进一步刺激数据采集、整理和标注，促使数据量快速增长。根据估算，1 000 辆自动驾驶汽车一年会产生近 11EB（万亿兆）的数据，约是 2016 年全球互联网数据传输量总和（3EB）的 3.7 倍。

3.3.5　芯片技术与人工智能产业融合案例

人工智能与芯片企业的合作已经成为行业发展的重要趋势。这种跨界融合不仅加快了技术创新的步伐，而且拓宽了市场应用的边界，预示着数智经济形态的加速到来。

OpenAI 谋划开发专用 AI 芯片。OpenAI 开发的 ChatGPT、GPT-4、DALL-E3 等人工智能模型，依赖于昂贵的 GPU。为了克服这一问题，OpenAI 一直在与全球领先的通信和半导体解决方案提供商博通（Broadcom）洽谈开发 AI 芯片，这类芯片可能会针对 OpenAI 的特定工作负载进行优化，从而提高效率并降低成本。博通拥有先进的制造技术和丰富的行业经验，与之合作可以帮助 OpenAI 加速新硬件的研发进程。OpenAI 首席执行官萨姆·奥尔特曼曾计划筹集 7 万亿美元，加强人工智能模型所需组件和基础设施的供应，改造全球半导体产业，重塑人工智能生态系统，推动通用人工智能（Artificial General Intelligence，AGI）发展。

AMD 收购 Silo AI 加速其 AI 战略实施。AMD 作为一家全球领先的芯片制造商，近年来不断加大布局人工智能领域的力度，其对 Silo AI 的收购是为了加速其 AI 战略的实施。Silo AI 是一家专注于人工智能模型和解决方案的公司，其技术创新在业界享有盛誉。Silo AI 在深度学习、机器学习算法优化以及 AI 应用开发方面的专长，将为 AMD 带来先进的算法和软件优化技术，并引入全新的设计理念和方法论。通过这次收购，AMD 增强了自身在 AI 领域的研发能力和市场竞争力，不仅能够加速其 AI 产品的开发周期，还能够提供更加多样化和高效的 AI 解决方案，满足市场对高性能 AI 芯片的日益增长的需求。这不仅有助于 AMD 在竞争激烈的 AI 芯片市场中巩固其领导地位，也为 Silo AI 的创新成果实现商业化提供了坚实的基础。双方的合作预示着 AMD 在 AI 芯片市场的雄心壮志，并有望在未来几年内为全球用户带来更具创新性和竞争力的产品和服务。

英特尔与 DigitalBridge 合作开发生成式人工智能软件平台。英特尔公司作为半导体行业的巨头，一直在探索如何利用其硬件优势来推动软件和人工智能技术的发展。英特尔与 DigitalBridge 合作成立了 Articul8 AI，这是一个提供全栈、优化的生成式人工智能软件平台，该平台集成了英特尔领先的处理器技术和 DigitalBridge 在软件架构及部署方面的专长，能够提供从底层硬件优化到上层应用开发的一站式服务。Articul8 AI 的目标是为企业提供强大的 AI 支持，推动 AI 模型和解决方案创新发展。通过与 DigitalBridge 合作，英特尔不仅能够利用其在芯片制造方面的优势，还能结合 DigitalBridge 在软件和解决方案方面的经验，共同开发出更具竞争力的 AI 产品和服务。这种合作模式不仅有助于英特尔在 AI 领域取得更大的突破，也为 DigitalBridge 提供了更多的市场机会和技术支持。这一举措不仅体现了英特尔对新兴技术领域的重视，也是其在 AI 生态系统构建上的一个重要里程碑。

苹果联合台积电共同研发 AI 服务器芯片。苹果公司一直以其设计和制造高端消费电子设备的芯片而闻名，尤其是其自研的 A 系列和 M 系列芯片，这些芯片使 iPhone、iPad 以及 Mac 等产品具备强大的性能。同时，苹果公司与全球领先的芯片制造商台积电合作，共同研发用于数据中心服务器的人工智能软件芯片。与台积电的合作标志着苹果在 AI "军备竞赛" 中寻求优势。苹果与台积电的合作项目被称为 "苹果数据中心芯片"，目的是将苹果在移动设备与计算机芯片设计领域的专长扩展至服务器领域。虽然目前尚不清楚是否已生产出最终芯片，但这一合作显示出人工智能企业与芯片企业间的紧密合作，它们共同推动技术进步。虽然训练 AI 模型的领域目前仍将由英伟达主导，但在 AI 模型运行方面，苹果的服务器芯片可能会成为新的焦点。随着 AI 技术的快速发展，包括苹果公司在内的众多科技巨头正积极开发自研 AI 服务器芯片，以减少对英伟达等企业的依赖。苹果公司的加入也可能促使其他科技巨头加快自身在 AI 硬件领域的投资和研发步伐。

特斯拉建立 Dojo 超级计算机集群。 特斯拉不仅在电动汽车领域处于领先地位，还在人工智能技术方面不断创新，尤其在自动驾驶技术的推进过程中，展现了芯片与人工智能产业深度融合的重要性。特斯拉建立的 Dojo 超级计算机集群便是这一理念的具体体现。Dojo 专为处理海量视频数据而设计，旨在加速特斯拉自动驾驶系统的训练过程。鉴于传统 GPU 和 CPU 在处理特定 AI 任务时的效率局限性，特斯拉决定自主研发 AI 训练芯片，以更好地满足自身需求。这一举措不仅提升了特斯拉在自动驾驶技术领域的竞争力，还为整个行业树立了软硬件一体化解决方案的新标杆。特斯拉通过自建超级计算机集群和自研芯片，不仅加速了自身 AI 模型的迭代，还展示了企业如何通过定制化硬件来应对特定技术挑战。随着更多公司意识到自研芯片的重要性，特斯拉的成功经验有望激发行业内更多的技术创新，推动智能交通系统迈向新的高度。

参考文献

[1] WATSON J D , CRICK F H C .Molecular Structure of Nucleic Acids: A Structure for Deoxyribose Nucleic Acid (Reprinted from Nature, April 25, 1953)[J]. 1969, 224(5218):470-471.

[2] MOORE G E .Cramming More Components Onto Integrated Circuits[J].Proceedings of the IEEE, 2002, 86(1):82-85.

[3] CRESSLER J D. 硅星球 [M]. 上海科技教育出版社 ,2012.

[4] 锐仕方达 . 2024 年半导体行业薪酬报告 [EB/OL]. [2025-04-17]. https://www.ruishifangda.com/2024-semiconductor-industry-salary-report.pdf.

[5] CSDN 代码中国 . (2025). 在 Copilot 的协助下编程白皮书 [EB/OL]. [2025-04-17]. https://blog.csdn.net/csdn_codechina/article/details/135991737.

[6] BUGHIN J, SEONG J, MANYIKA J, et al. Notes from the AI frontier: Modeling the impact of AI on the world economy[J]. McKinsey Global Institute, 2018, 4(1).

[7] NOY S , ZHANG W .Experimental evidence on the productivity effects of generative artificial intelligence[J].Science, 2023, 381(6654), 187-192.

[8] Accenture. How AI Boosts Industry Profits and Innovation[Z/OL].(2017)[2025-04-17]. https://www.accenture.com/fr-fr/_acnmedia/36DC7F76EAB444CAB6A7F44017CC3997.pdf.

[9] CHUI M, HAZAN E, ROBERTS R, et al. The economic potential of generative AI[J]. (2023-06-14).[2025-04-17]. https://www.mckinsey.com/fi/our-insights/the-economic-potential-of-generative-ai-the-next-productivity-frontier#key-insights

[10] Deloitte. State of AI in the Enterprise, 3rd Edition[EB/OL]. Insights, 2020[2025-04-17]. https://www2.deloitte.com/us/en/insights/focus/cognitive-technologies/state-of-ai-and-intelligent-automation-in-business-survey.html.

[11] COCKBURN I M, HENDERSON R,STERN S. The Impact of Artificial Intelligence on Innovation: An Exploratory Analysis.[M]//The Economics of Artificial Intelligence: An Agenda. Chicago: University of Chicago Press, 2018:115-146. https://www.nber.org/system/files/chapters/c14006/c14006.pdf

[12] BRYNJOLFSSON E, ROCK D, SYVERSON C. Artificial intelligence and the modern productivity paradox[J]. The economics of artificial intelligence: An agenda, 2019, 23(2019): 23-57.

[13] BRESNAHAN T F,et al.General purpose technologies 'Engines of growth' ?[J].Journal of Econometrics, 1995.

[14] 经济日报 . 新一代人工智能发展规划解读 [EB/OL]. (2020-09-03)[2025-04-17].http://theory.people.com.cn/n1/2020/0903/c40531-31847197.html

[15] THOMPSON N C, Ge S, Manso G F. The importance of (exponentially more) computing power[D/OL].U.S.: Cornell University,2022 https://doi.org/10.48550/arXiv.2206.14007

[16] JU Y, GU J. A systolic neural CPU processor combining deep learning and general-purpose computing with enhanced data locality and end-to-end performance[J].

IEEE Journal of Solid-State Circuits, 2022, 58(1): 216-226.

[17] 杨越 . 谷歌公布最新的人工智能超级计算机 TPUv4[J]. 互联网天地 , 2023(5).

[18] 李秀敏 , 陈梓烁 , 陈雅琪 . 我国人工智能芯片产业协同创新网络时空演化特征分析 [J]. 科技管理研究 , 2023, 43(23):142-153.

数智经济的基础设施重构

第
4
章

新型数智基础设施

4.1　人工智能大模型成为数智经济重要基础设施

数智经济，即数字经济与智能经济的深度融合，其核心在于利用大数据、云计算、人工智能等先进技术手段，实现经济活动的智能化、高效化和可持续化。在这一进程中，人工智能大模型凭借其强大的数据处理能力、模式识别能力和预测分析能力，成为赋能数智经济、推动新型基础设施建设的核心驱动力，不仅将影响数据处理、决策支持等核心环节，还会加速推进各行各业生产力向智能化转型。数智经济时代竞争的本质是模型、基础设施、数据所构成的全栈能力的竞争，新一代基础设施的战略必争就是人工智能大模型驱动的云计算等新型基础设施。

4.1.1　人工智能大模型的定义和特点

人工智能的快速发展推动了许多行业的变革，尤其是在自然语言处理、计算机视觉（Computer Vision, CV）和其他任务中。人工智能大模型，特别是使用深度学习技术训练的大规模预训练模型，如 OpenAI 的 GPT 系列模型（GPT 大模型的发展过程如图 4-1 所示）、谷歌的 BERT 模型以及百度的文心一言等，成为推动变革的重要引擎。人工智能大模型，一般指具有大规模参数、能够处理复杂任务的深度学习模型。与传统的小模型相比，大模型具有强大的数据处理能力、模式识别能力和预测分析能力。大模型能够处理海量的结构化和非结构化数据，从中挖掘出有价值的信息和知识；能够通过深度学习算法，自动学习数据的内在规律和特征，实现高效的模式识别；能够通过预测分析模型，对未来的趋势和结果进行精准预测。大模型利用海量数据进行预训练，学习到了丰富的语义知识和提高了模式识别能力，在各项任务中展现出卓越性能。人工智能大模型作为新型数智基础设施的核心组成部分，其超大规模的参数集合和高度复杂的网络架构，使其展现出前所未有的数据处理和模式识别能力。这类模型的特点主要体现在以下 4 个方面。

一是参数规模庞大。人工智能大模型的参数规模动辄数亿甚至数百亿，这种庞大的参数规模使得大模型能够捕捉数据中的细微差异，从而提供更为精确的预测和决策支持。这种能力使人工智能大模型在金融风险评估、医疗诊断、智能制造等多个领域都展现出了巨大的潜力。

二是计算资源密集。大规模参数的训练和推理需要高性能计算资源的支持，以确保模型的高效运行。这些计算资源包括高性能计算集群、分布式存储系统、GPU加速技术等。随着云计算和边缘计算技术的发展，获取这些计算资源正变得越来越容易，为大模型的广泛应用提供了有力支撑。

三是应用场景广泛。从自然语言处理到图像识别，再到语音识别和推荐系统，大模型的应用范围覆盖了多个领域。这种跨领域的应用能力使得大模型成为新型数智基础设施中不可或缺的一部分。无论是在金融、医疗、制造还是智慧城市等领域，大模型都能为智能化应用提供强有力的支持。

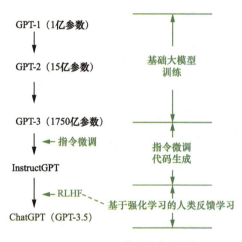

图 4-1　GPT 大模型的发展过程

四是持续学习优化。人工智能大模型不仅具备强大的初始性能，还具备持续学习和优化的能力。通过不断地接收新数据和反馈，大模型可以自我调整和优化，以适应不断变化的环境和需求。这种持续学习与优化的能力使得大模型在长时间运行和复杂环境中仍能保持高性能。

4.1.2　人工智能大模型开启"模型即服务"时代

随着 ChatGPT 及其他大型模型的推出，模型即服务（Model as a Service, MaaS）市场快速发展，演变出 API、云平台服务、自助服务、预训练模型微调、数据标注与集成服务及教育培训等多种形式，使得人工智能大模型成为支撑经济社会发展的重要基础设施。

API：大模型 API 发展速度非常快，在各个领域都有广泛的应用，包括文本生成、知识问答、图像生成、语音识别等。企业在研发客服机器人、知识系统、内容及新闻系统、网络营销、办公系统、社交产品时，通过调用大模型 API 提高了智能化程度。各大科技公司纷纷推出自己的大模型 API，OpenAI ChatGPT、谷歌 Gemini 等在 API 服务市场中占据重要地位。

云平台服务：大模型的云服务平台通常提供了一系列支持大规模训练的服务。用户可以选择预配置的环境，使用如 GPU 和 TPU 的计算资源来训练自己的大模型。这些平台为各类企业和开发者提供了强大的人工智能能力。Google Cloud 的 AI 平台为用户提供大规模的机器学习服务，支持 TensorFlow 等框架。阿里云、腾讯云和百度云等也推出了相应的 AI 平台，支持大模型的开发和应用。

4.1.3　人工智能大模型的发展模式：开源和闭源

开源大模型和闭源大模型是人工智能领域中两种不同的模型发布和使用方式。开源、闭源对应两种软件开发模式：开源指开放源代码，将源代码公开发布并允许任何人查看、修改和使用；闭源则是不公开源代码，只对外发布编译后的软件。这两种模式构成了人工智能领域竞争与共生的多元环境。

开源大模型（Open-Source Large Model），指那些源代码和训练数据对公众开放，允许任何人自由使用、修改和分发的模型。开源大模型得益于开放性社区的支持与合作，能够较大程度聚集不同开发者的资源和能力，以协作的方式对模型进行完善与优化，加速推动问题解决与技术创新，有效降低个人和企业接触、使用和研发人工智能技术的成本。由于协作的工作模式和开放的源代码，开源大模型的代码具有更高的透明度，同时在社区监督下，公开透明的代码更容易进行勘误。

闭源大模型（Closed-Source Large Model），指那些由特定组织或公司开发、不公开源代码和训练数据、通常需要付费或通过特定许可才能使用的模型。闭源大模型通过不公开源代码以防止核心技术被盗用，这使得大模型所有者能在保障知识产权的同时维持技术领先地位，并且对源代码的严格控制还能降低模型被恶意攻击的风险，保障其安全性与稳定性。

4.1.4 美国大模型产业格局

美国的大模型产业由 OpenAI、Anthropic、Google 三大闭源大模型厂商和 Meta、xAI 两大开源大模型厂商共同构成"3+2"发展格局。

OpenAI 开发的 ChatGPT 月访问量于 2024 年 9 月突破 31 亿次，跃升为全球访问量第十一的网站，反映出 AI 技术在日常生活和工作中的广泛应用。而且，ChatGPT 访问量已超越微软的必应搜索引擎。在美国市场，ChatGPT 9 月份访问量达到 4.43 亿次，而必应为 4.04 亿次。这一数据揭示了 AI 驱动的对话式信息检索正在逐步改变用户搜索习惯，给传统搜索引擎带来了巨大的冲击。

亚马逊支持的人工智能初创公司 Anthropic 由前 OpenAI 成员 Dario Amodei 和 Daniela Amodei 创立，旨在开发安全、可靠的 AI 模型，其 Claude 系列的大语言模型被广泛认为是 OpenAI 的 ChatGPT 和谷歌的 Gemini 的主要竞争对手。2024 年 10 月，Anthropic 发布的 Claude 大语言模型具备"计算机使用能力"功能，这一功能使得该大语言模型能够解读计算机屏幕上的信息、单击按钮、输入文本、导航网站并通过任何软件和实时互联网浏览执行任务。

Google DeepMind（谷歌母公司 Alphabet 下设立的人工智能实验室）于 2023 年 12 月发布人工智能模型 Gemini。Gemini 可同时识别文本、图像、音频、视频和代码 5 种类型的信息，可以理解并生成主流编程语言（如 Python、Java、C++）的高质量代码。Gemini 1.0 为首个版本，包括 3 个不同体量的模型：用于处理"高度复杂任务"的 Gemini Ultra、用于处理多个任务的 Gemini Nano 和用于处理"终端设备的特定任务"的 Gemini Pro。截至 2024 年, Gemini 的访问量接近 ChatGPT 的四分之一。

Meta 公司在 2024 年 7 月发布开源大模型 Llama 3.1 系列, 进一步缩小开源大模型与闭源大模型的差距。Llama 3.1 包含 8B、70B 和 450B 3 个参数规模, 其中 450B 参数规模的模型在多项基准测试中超过 OpenAI 的 GPT-4o, 可与 Claude 3.5 Sonnet 等领先的闭源大模型相媲美。在 Meta 官网, 扎克伯格坚定地对外宣称"开源 AI 是通往未来的道路"。他表示, 尽管多家公司正在开发领先的闭源大模型, 但开源大模型正在迅速缩小与闭源大模型之间的差距。以 Llama 为例, Llama 2 只能与通用大模型的老旧版本相媲美, 但 Llama 3 做到了与最先进的大模型相竞争, 并在一些领域领先。

马斯克旗下的 xAI 公司于 2023 年 11 月推出其第一代大语言模型 Grok。Grok-1 拥有 3 140 亿参数, 是当时全球参数量最大的开源大模型。马斯克是开源大模型的坚定支持者, 曾多次公开表达对 OpenAI 闭源商业路线的不满, 并向法院提起诉讼, 以违反合同为由起诉 OpenAI 及其 CEO 萨姆奥尔特曼, 要求恢复开源。

4.1.5 大模型未来的发展方向

人工智能大语言模型(Large Language Model, LLM)作为新型基础设施, 有巨大的发展潜力和广阔的应用前景。

多模态大模型。多模态是指能够处理和理解多种类型的数据(如文本、图像、声音、视频等)的人工智能技术。这种技术不但能够处理单一数据类型的任务, 而且可以在不同数据类型间建立联系并融合, 从而更综合且全面地理解不同类型的数据。多模态学习的优势在于它能够提供更丰富的信息, 能增强模型的表现能力, 使其能够应对更加复杂和多样化的任务。多模态大模型已取得显著进展。多模态大模型的应用场景非常广泛。例如, 在影视行业, 目前拍摄一部科幻大片往往需要数年时间, 多模态大模型用于这个领域后, 特效画面的制作时间有望缩短到几天; 在智能家居领域，多模态大模型可以根据用户的语音指令和视觉信息来调整家居环境，提供更加智能化的服务；在医疗领域，多模态大模型可以结合患者的病历信息、影像资料和生理指标来做出更准确的诊断并给出相应的治疗方案；在金融领域，多模态大模型可以通过分析市场数据、新闻报道和社交媒体情绪来预测市场趋势和进行风险评估。

通用和专用大模型。通用大模型指在大规模数据集上进行训练，具有广泛应用能力的模型。通用大模型可以通过微调，快速适应特定领域的任务，这种迁移学习能力使得通用大模型在新任务中的表现也非常出色。典型的通用大模型有 OpenAI 的 GPT 系列、Google 的 BERT 等，这些模型能够在多种任务中展现出强大的通用性和适应性。专用大模型（或称垂直大模型）指在特定领域数据集上进行训练，专注于解决特定领域任务的模型。由于专用大模型专注于特定任务，其模型结构和训练过程可以针对性优化，推理速度和准确性更高。例如，在医疗领域，专用大模型可以帮助医生进行疾病诊断和治疗方案推荐。未来，随着技术的不断进步，通用大模型和专用大模型有望实现融合发展，提供更加智能和高效的解决方案，为社会发展和人类生活带来更多的便利和巨大的进步。

端侧大模型。随着人工智能技术的不断发展和应用场景的不断扩大，大模型在端侧的应用逐渐成为新的研究热点。端侧大模型是指在终端设备（如手机、平板电脑、智能音响等）上运行的大型深度学习模型。端侧大模型具有低延迟、高隐私保护等特点，能够在各种终端设备上实现高效、智能的计算和处理。与传统的云端大模型相比，端测大模型因为数据在终端设备上进行处理和分析，无须上传到云端服务器，从而降低了数据泄露的风险。近年来，随着硬件设备的不断升级和算法的不断优化，端侧大模型取得了显著进展。以高通、苹果、微软等公司为例，它们致力于将大模型运行在终端芯片上，降低推理成本。同时，一些开源项目也推动了端侧大模型的发展，如 TensorFlow Lite、PyTorch Mobile 等深度学习框架为端侧大模型的训练和优化提供了有力支持。

具身智能。当前人工智能技术与终端的集成中，最具挑战也最有前景的是具身智能。具身智能是指将人工智能技术与物理世界深度融合，使智能体能够像人类一样感知、理解和交互物理世界。随着传感器技术、机器人技术和人工智能技术的不断发展，具身大模型取得了显著进展。以人形机器人为例，通过结合大模型和具身智能技术，人形机器人已经能够实现复杂的动作和操作，如行走、抓取、搬运等。同时，一些开源项目也推动了具身大模型的发展。

4.2 智能算力成为数智经济时代的核心生产力

算力作为数字经济时代新的生产力表现形式，持续重塑全球经济结构，推动各国经济与技术快速发展。算力投入能显著提升经济价值，每1元的算力投入，可以带动3～4元的GDP增长，计算力指数越高对经济的拉动作用越显著。进入数智经济时代，智能算力的重要性更加明显。算力、算法、算据三者的螺旋式推进是产业革新的核心动力，而智能算力是突破瓶颈、打响本轮技术涌现浪潮的先决要素，引致生产力和生产关系加速变革。

4.2.1 智能算力的定义和特点

算力是指设备通过处理数据，实现特定结果输出的计算能力。算力实现的核心是CPU、GPU、FPGA、ASIC等各类计算芯片，依托高性能的计算机、服务器、计算集群和各类智能终端等载体。海量数据处理和各种数字化应用都离不开算力的支持，算力数值越大代表综合计算能力越强，常用的计量单位是FLOPS。算力可分为通用算力、智能算力和超算算力3个部分，分别满足基础通用计算、人工智能计算和科学工程计算的需求。

智能算力是基于GPU、FPGA、ASIC等人工智能芯片的加速计算平台提供的算力，主要用于人工智能的训练和推理。智能算力与传统的通用算力有着本质上的区别。在应用方面，传统的通用算力在处理数据时采用的是常见的逻辑处理、算术运算等基本计算方式，适合处理大量数据。智能算力则是针对人工智能的深度学习、机器学习等算法模型进行的算力优化，更适合用于模型训练和推理计算。在芯片层面，传统应用的算力更多地靠 CPU 支撑，而智能算力同时需要大量 GPU 以及 ASIC 和 FPGA 等专用硬件的参与。在网络层面，人工智能大模型海量的参数分布于多个服务器的多个计算芯片上，大量 GPU 之间通信容易出现网络负载分担不均导致的网络吞吐下降，从而引发 AI 训练性能整体下降等问题。IDC 报告显示，当前主流数据中心以太网占比超过 95%，传统以太网在 AI 算力训练等应用中，吞吐量、时延及避免丢包等方面的表现并不出色，数据中心网络正面临一场新变革。

4.2.2　人工智能激发智能算力增长

2022 年以来，以 ChatGPT 为代表的生成式人工智能取得突破。在大模型训练和生成式人工智能应用的推动下，对 GPU 和异构计算资源的需求显著增长，算力的提升从简单的硬件扩展发展为涵盖算法优化、系统设计、资源调度和网络通信等多个层面的系统优化，算力性能和效率对模型推理、训练至关重要。急剧扩大的数据体量和日趋复杂的算法模型均对算力提出了更高的要求，大数据、大算力、大模型、大场景、大集群开启新一轮迭代升级。

从微观情况看，2003 年至 2023 年，20 年间智能算力需求的增长速度远超摩尔定律的提升速度。根据公开数据测算，以 AlexNet 为代表的传统卷积神经网络模型训练计算量每 5 ～ 7 个月翻倍增长，当前基于 Transformer 的大模型计算量每 4 ～ 5 个月翻倍增长。当前 1 万亿参数的单体模型需要 1EFLOPS 级算力（FP16）计算约 50 天，10 万亿参数的单体模型需要 10 EFLOPS 级算力（FP16）计算约 50 天。根据相关研究，训练 OpenAI 的 GPT-4 估计需要 $2.1×10^{25}$ 次浮点运算。相比之下，iPhone 12 每秒能够进行大约 11 万亿次浮点运算，这意味着如果能够以某种方式在 iPhone 12 上训练 GPT-4，则需要 60 000 多年才能完成。

从整体情况看，截至 2023 年底，全球算力总规模约为 910EFLOPS，同比增长 40%，智能算力规模达到 335EFLOPS，同比增长 136%，增速远超算力整体规模增速。华为发表的《数据中心 2030 报告》显示，2030 年人类将迎来 YB（1 YB= 1×2^{80} B）数据时代，全球通用计算算力将达到 3.3ZFLOPS（FP32）（1 ZFLOPS= 1×10^{21}FLOPS），AI 算力需求激增，2030 年将达到 864 ZFLOPS（FP16）。算力需求十年百倍的增长将成为常态。

4.2.3　主要国家重视智能算力建设

美国持续超前谋划算力资源布局，充分发挥以企业为主的市场驱动作用。1990 年初，克林顿政府提出著名的"信息高速公路计划"，明确在 20 年内投入 2 000 亿美元～4 000 亿美元建设覆盖全美大部分地区的国家信息基础设施，作为美国发展政策的重点和产业发展的基础，这一举措为美国创造了罕见的经济增长奇迹。2010 年，美国联邦政府提出联邦数据中心整合计划，各州共同推动数据中心大型化、一体化、绿色化建设。随着人工智能大模型发展，以智算中心为代表的人工智能基础设施加速发展。2023 年 1 月，美国国家科学基金会与白宫科学和技术政策办公室组建工作组，联合制定了美国"国家人工智能研究资源"的基础设施建设路线图，包括构建多方参与的平台治理体系、提供专门资金支持、分阶段建设基础设施以扩充算力资源和推动数据资源汇聚。2024 年 9 月，美国宣布成立人工智能数据中心基础设施工作组以协调政府各部门的政策，满足人工智能项目大规模的算力需求。

我国高度重视算力资源统筹布局，近年来陆续出台算力领域系列政策文件，加快推进算力基础设施建设。2020 年 12 月，国家发展和改革委员会等部门印发《关于加快构建全国一体化大数据中心协同创新体系的指导意见》，强调优化数据中心建设布局，推动算力、算法、数据和应用资源的集约化和服务化创新，支撑各行业数字化升级和产业数字化转型。2021 年 5 月，国家发展和改革委员会联合四部门印发《全国一体化大数据中心协同创新体系算力枢纽实施方案》，提出布局建设八大枢纽节点，加快实施"东数西算"工程，针对算力资源"东部不足、西部过剩"的分布不平衡局面，通过优化数据中心建设布局，有效引导东部算力需求向西部转移，同时将东部生成的大量数据资源转移到西部进行存储、计算反馈。2021 年 7 月，工业和信息化部印发《新型数据中心发展三年行动计划（2021—2023 年）》，提出用 3 年时间，基本形成布局合理、技术先进、绿色低碳、算力规模与数字经济增长相适应的新型数据中心发展格局。2023 年 10 月，工业和信息化部等部门发布《算力基础设施高质量发展行动计划》，提出结合人工智能产业发展和业务需求，重点在西部算力枢纽及人工智能发展基础较好地区集约化开展智算中心建设，逐步合理提升智能算力占比。

4.2.4　未来算力基础设施发展方向

智算中心成为投资重点。智算中心是具有强公共属性的开放服务平台，能够实现对大区域的数字化辐射带动，成为经济发展的新动力引擎。根据 SemiAnalysis 预测，到 2028 年，超过一半的数据中心将用于人工智能。在美国，包括微软、Meta 在内的大型科技公司正在加大投入建设人工智能数据中心，目前美国数据中心分布呈现"一极多点"态势，多数超大规模数据中心集中建设在弗吉尼亚州北部，微软、谷歌、Meta 等科技巨头均在此布局。Synergy Research Group 的数据显示，截至到 2023 年底，超大规模供应商运营的大型数据中心数量增加到 992 个，并在 2024 年初超过了 1 000 个，美国北弗吉尼亚州是全球最大的数据中心集散地。在中国，随着"东数西算"工程、新型数据中心发展等国家政策规划出台，我国智算中心掀起落地热潮。据不完全统计，当前我国超过 30 个城市正在建设或提出建设智算中心，截至 2023 年底，国内智算中心项目为 128 个，其中 83 个项目披露规模，规模总和超过 7.7 万 PFLOPS。2024 年共有 39 个智算中心项目已投产。整体布局以东部地区为主，并逐渐向中西部地区拓展。

算力异构融合成为重要方向。异构计算，被认为是具有划时代意义的算力技术革命。异构算力通常是指 CPU、GPU、FPGA、ASIC 等多种不同的算力处理体系，能够满足不同场景中的应用需求，实现计算效力最大化。20 世纪 80—90 年代，CPU 性能每 18 个月提升一倍，这就是著名的摩尔定律。如今，CPU 性能每年只提升 3%，其性能提升已到瓶颈，异构成为性能提升的主要手段。强大的开发框架和生态是异构计算成功的关键。2006 年 11 月，英伟达推出了 CUDA 框架，其利用 NVIDIA GPU 中的并行计算引擎以比 CPU 更有效的方式解决许多复杂的计算问题。经过十多年的发展，英伟达建立了基于其 GPGPU 的非常强大的 CUDA 异构编程框架和生态。随着人工智能大模型热潮的到来，对算力的需求不断快速增长，传统 CPU 的算力平台越来越难以满足业务算力的需求。这进一步推动 NVIDIA GPGPU 和 CUDA 成为炙手可热的行业"明星"，使得英伟达成为全球市值最高的芯片公司。

算力网络建设发展提速。高速互联是大规模算力集群构建的基础。芯片间、服务器间、集群间的高速互联和无损网络能力建设，是支撑千卡、万卡智能算力集群计算的必备条件。英伟达新一代 NVLink 5 高带宽互联技术支持 GPU 间、GPU 与 Grace CPU 直连，带宽从 H100 的 900Gb/s 提升到 1 800Gb/s，与 NVLink 交换机联合使用可最高支持 576 个 GPU 高速通信，是 H100 芯片最大直连数量的 2 倍，为支持万亿参数大模型训练提供基础。为了更好地利用分布式资源和优化网络性能，算力网络应运而生。算力网络将各个数据中心和计算节点通过网络连接起来，形成一个大规模的分布式计算体系结构。通过算力网络的建设和发展，可以实现资源的高效利用和协同处理，提高整个系统的性能和可扩展性。2023 年，我国启动超算互联网节点部署工作，超算互联网建设持续深入，实现跨地域、跨系统的数据互联与流动。相比单个算力中心独立为用户提供服务，超算互联网通过一体化算力服务平台，允许用户选择最合适的算力中心或同时享受多个算力中心的服务。算力中心之间也将从竞争走向竞合，从而弥补自身资源与能力的不足，以更好地满足用户需求。

算力电力协同发展。随着能源结构的转变和清洁能源的广泛应用，如何实现能源与信息技术的有效融合成为一个重要的问题。在这个背景下，算力电力协同发展成为新的研究方向。国家发展改革委、国家数据局等部门于 2023 年 12 月联合印发《关于深入实施"东数西算"工程加快构建全国一体化算力网的实施意见》，首次提出"算力电力协同"的概念。一方面，数据中心的高效运转离不开大量电力支撑；

另一方面，电力系统的平稳高效运行也离不开算力支撑。统筹算力电力协同布局，有助于促进风光绿电消纳和数据中心零碳发展，加快实现"双碳"目标。

算力服务普惠化。智算中心作为经济社会重要的算力载体，逐渐成为社会基本公共服务，造福社会大众，让千行百业共享智算中心建设成果。"东数西算"工程的实施，带动数据、算力跨域流动，实现产业跃升和区域平衡发展。算力服务作为算力输出的关键，以多种场景化云服务为代表，成为全新的交付形式。算力的分布决定了企业能否获得最高性价比的算力，基于分布式云技术，近源交付云资源，在一定程度上降低算力成本的同时，将算力输出带进工厂、社区和乡村，以算力服务的方式布局到用户身边。用户按业务需求采购算力、存储、带宽等专业服务，实现无处不在的计算。

算法应用普适化。在经济活动各环节的智能化转型升级中，人工智能需要与各行业的业务流程、信息系统、生产系统等深度结合才能产生价值，存在一定应用门槛，在一定程度上阻碍了各行业的智能化转型升级。依托智算中心的预训练能力，各行业人工智能应用将不必从零开始开发。人工智能模型可以实现在众多场景通用、泛化和规模化复制，只需结合领域数据进行调整和增量学习，即可生成具有良好精度和性能的下游应用，助力各行业智能化转型升级，实现智能算法应用的普适化。

4.3 数据要素价值更加明显

4.3.1 数据集是人工智能大模型的基础

在人工智能的快速发展中，算法、算力和数据构成推动大模型进步的三大支柱。其中算法是大模型的智慧之源，算力是大模型的动力之源，数据是燃料之源。在数智经济时代，数据产业的价值得到前所未有的提升。数据不仅是模型训练的原材料，更是推动整个数智经济发展的关键因素。数据作为大模型的燃料，是新型数智基础设施的重要组成部分，引领数据产业变革，其要素价值更加明显。没有高质量的数据，再先进的算法和算力也无法发挥其应有的作用。数据的收集、清洗、标注和分析是大模型训练的基础工作，高质量的数据能够显著提升模型的性能和准确性。大模型训练使用了多种类型的数据集，通常包括文本、图像、音频和视频等，涵盖广泛的领域和应用。

文本数据集。大多数大语言模型（如 OpenAI 的 GPT 系列、Google 的 BERT 等）主要依赖于文本数据集。这些数据集通常包含从互联网上抓取的大量文本，如维基百科、图书、新闻文章、社交媒体内容等。目前，主要文本数据集包括英文维基百科和 Common Crawl 等大型数据集。Common Crawl 数据集是一个规模庞大的、非结构化的、多语言的网页数据集，其时间跨度很长，从 2008 年至今一直在定期更新，包含原始网页数据、元数据和提取的文本数据等，总数据量达到 PB 级别。在 GPT-3 的训练中，Common Crawl 中的数据约占总数据的 60%，是一个非常重要的数据来源。

图像数据集。对于计算机视觉模型（如 OpenAI 的 DALL-E、Google 的 Vision AI 等），各种图像数据集是基础。例如，ImageNet 是一个大型视觉数据库，包含超过 1 400 万张图像，广泛用于图像分类和识别任务。该数据集由斯坦福教授李飞飞等人于 2006 年开始创建。ImageNet 数据集中的图像都经过了精确的标注，每个图像都有对应的物体类别和位置标签，这使得该数据集在训练和评估算法时，能够提供准确的参考标准。

其他多模态数据集。多模态数据集指同时包含多种类型数据（如文本、图像、音频和视频）的数据集，这类数据集在训练和评估多模态学习模型中非常重要。随着计算能力的提升和数据获取技术的进步，这些数据集不仅丰富了人工智能的研究方向，也为实现更复杂和智能的应用提供了基础。例如，Common Voice 是一个多语言开源语音学术数据集，是由 Mozilla 基金会发起的以众包方式收集的大型公开语料库，用麦克风进行录音及分类他人所录制的声音。第一版语料库发布于 2017 年。截至 2022 年底，Common Voice 数据集已收录了约 26 119 小时的录音，包含多种多样与人类特征相关的元数据（如年龄、性别、口音等），其中覆盖 104 个语种的有效数据约有 17 127 小时，每个语种的数据包含建立该语种语音识别模型所需的训练集、开发集、测试集。

代码数据集。代码具有高度结构化与专业性的特点。对预训练语言模型来说，引入包含代码的数据集可以增强模型的结构化推理能力与建立模型长程逻辑关系，能够提升模型理解和生成代码的能力。例如，GitHub 是全球最大的开源代码托管平台，包含海量的代码库和项目。研究人员和企业通常从 GitHub 上抓取代码，并将抓取的代码作为训练数据。

4.3.2　大模型引领数据产业变革

从技术创新来看，数据自动化标注技术大幅降低了大模型的技术门槛。大模型数据标注技术是指对原始数据（如文本、图像、音频和视频）进行加工处理，包括但不限于标记、分类、注释、拉框等操作，旨在训练人工智能模型，使其能够识别和学习数据中的模式和特征。例如，由 Meta AI 开发的 Segment Anything Model，它能够在任何图像中通过一次单击来"剪切"出任何物体并对其进行自动化标注。此外，它支持多种输入提示，包括交互式点和框、自动分割图像中的所有内容等。Segment Anything Model 的出现，极大地降低了图像领域数据标注的门槛，为多模态大模型的发展注入了新动能。此外，随着大模型技术的不断进步，自动化标注技术也在不断进化。例如，一些先进的算法能够通过少量的标注数据进行自主学习，从而实现更高效的数据标注。这种半自动化或自动化的标注方法，不仅提高了标注的效率，还降低了对专业标注人员的依赖，使得更多的企业和个人能够参与到人工智能模型的训练和开发中来。

从应用场景来看，大模型数据产业正面临前所未有的机遇与挑战。随着大模型在金融、电力、政务、能源、教育、医疗、交通等多个行业的广泛应用，数据服务的需求日益增长，垂直领域的应用场景不断丰富。然而，不同行业间数据的类型、格式和数量的多样性，也给数据服务带来了不小的挑战。以交通行业为例，智能驾驶是该领域最具代表性的应用场景之一。在智能驾驶领域，传统的数据标注服务通常基于 2D+CNN（Convolutional Neural Network，卷积神经网络）的二维感知方案，这种方案在处理标注场景的复杂性和数据量产的高要求方面存在一定的局限性。随着技术的发展，以 BEV（Bird's Eye View，鸟瞰图）+ Transformer 为代表的四维感知方案应运而生，这种方案能够更好地处理复杂场景，并满足高量产的数据标注需求。BEV+Transformer 方案通过将三维空间信息转换为二维鸟瞰图，结合 Transformer 的自注意力机制，能够更有效地处理多传感器数据，提高标注的准确性和效率。这种新的感知范式不仅为智能驾驶领域带来了革命性的变革，也为大模型数据产业提供了新的发展方向。数据服务提供商需要不断适应这些技术变革，开发出更加高效、准确的数据标注工具和方法，以满足不同行业的需求。

从市场需求来看，大模型对高质量数据的需求是长期且持续的，大模型数据产业潜在市场空间巨大。 大模型的发展推动了通用人工智能实现的可能，而大模型性能的上限在很大程度上取决于训练数据的规模和质量。在大模型时代，获取和处理高质量的数据对提升大模型的性能至关重要，这直接刺激了对数据产业的需求，包括数据的清洗、合成、改写和标注等环节，以形成符合人类价值观的高质量数据集合。据不完全统计，2024 年上半年，全球围绕大模型产业链的融资活动非常活跃，共有上百个亿级融资案例，融资总额估计超过 2 300 亿元。资本市场的大量资金注入，不仅表明了投资者对大模型产业前景的乐观态度，也预示着高质量数据市场的潜力巨大。随着资本市场的热钱不断涌入，高质量数据的潜在市场空间将进一步扩大，这将加速推动大模型产业和数据产业双向上升发展，引领数据产业变革。

从影响因素来看，大模型的数据产业具有"技术＋场景"聚合的飞轮效应。 数据服务作为大模型产业链的基础，其核心价值在于为大模型企业提供最优质的成本效益路径，帮助这些企业在"百模大战"中脱颖而出。通过技术进步和场景应用的双重驱动，数据服务的质量提升将直接促进更多大模型的成功落地，进而形成一种正向的飞轮效应。这种效应意味着，随着数据服务水平的不断提升，大模型的应用案例不断增多，整个产业链将进入一个自我增强的良性循环。在这个过程中，数据服务不仅需要关注数据的质量和处理效率，还要考虑如何更好地与特定场景结合，以满足不同行业的需求。同时，大模型企业也需要不断创新，以适应不断变化的市场需求和技术。在未来，数据服务有望实现更高效的数据处理、更精准的数据分析和更智能的决策支持，为大模型的广泛应用提供更加坚实的基础。

4.3.3　大模型所需数据的规模和质量关系到国家竞争力

数据要素作为数智经济中的新型生产要素，在大模型技术的加持下，其战略重要性日益凸显。它不仅对推动数智经济的增长至关重要，而且与国家安全和国家的核心竞争力紧密相关。随着大模型技术的发展和数据要素市场需求的爆发，对数据供给的质量、数量和多样性提出了更高的标准。目前，中文语料库在规模和质量方面与英文语料库相比还有较大的提升空间。建设高质量中文语料库对推动中文大模型技术的发展，增强国家的核心竞争力具有重要意义。

从发展历程来看，大模型将数据集推向新的发展高峰。 大模型所展现的"涌现"能力部分要归功于数据集，众多研究人员关注大模型数据集的构建和分析，将挖掘高质量的数据集作为基础。以文本数据集为例，它的早期阶段主要集中在基本任务的完成，如机器翻译和语义分析，特点是数据集量小和手动标注。之后，学者重点研究数据集中的信息抽取和关系抽取，发掘数据的本身价值。随着深度学习技术的兴起，数据集处在成长阶段，正向复杂化、多样化和更具有挑战性的方向发展，出现了零样本、图片、语言和视频数据集，丰富了数据集的种类。到 2022 年底，ChatGPT 的诞生将数据集推向了新的高峰，大模型数据集分为 5 种类型，包括预训练语料库、指令微调、偏好、评估和特定任务数据集。这些数据集的数量和质量深刻影响着大模型的性能，其中特定任务数据集是训练垂直领域大模型的关键要素。

从数据集组成来看，大模型数据集具有"包罗万象"的特点。 大模型通常包括亿级甚至万亿级参数，能够捕捉和表示数据中的复杂关系和模式，使得大模型在问答、推理和理解等各种任务上获得更好的性能。这也意味着大模型数据集需要包含广泛的信息和内容类型，才能发挥出大模型最好的能力。例如，LLaMA 模型使用了一个总大小达到 4.6TB 的训练数据集，而 GPT-3 所使用的预训练文本数据的大小更是高达 45TB。这些大模型的数据集来自网页数据、书籍、学术材料、代码、平行语料库、社交媒体和百科全书等多种类型的内容，涵盖了医疗、法律、金融、电力、政务、教育、工业等各个特定行业。大模型数据集"包罗万象"的特点使得大模型能够更好地理解和生成自然语言，提高了其在各种任务和场景中的适用性和准确性。

从数据集质量来看，大模型数据集存在安全风险。 由于大模型数据集大部分来自互联网中的公开信息，部分信息可能携带着"脏"内容，若未经过清洗和处理直接投喂给大模型进行训练，将影响大模型的准确性、安全性和可靠性。例如，研究发现，OpenAI 的 GPT-4o 模型词库"o200k_base"，存在大量与赌博相关、低俗等的中文内容。此外，《华盛顿邮报》与艾伦人工智能研究所指出，谷歌的 C4 数据集中存在至少 27 个被美国政府认定为盗版和假冒产品市场的网站。大模型输出带有偏见和歧视的内容的根源也是在于使用这些"脏"数据集训练大模型，如据媒体报道，有用户要求 ChatGPT 写诗赞颂美国前总统拜登，被 ChatGPT 以政治中立性为由拒绝，但当该用户要求 ChatGPT 写诗赞颂美国现任总统特朗普时，ChatGPT 却毫不迟疑地写出了一首诗。因此，大模型数据集的质量与安全是构建"安全、可靠、可信"人工智能体系的基础，是实现人工智能可持续发展的关键，更是促进数智经济有序健康发展的基石。

从数据集战略来看，西方语料库处在主导地位。 近年来，全球掀起了人工智能大模型的热潮，各国已经将人工智能大模型作为国家发展战略之一，而语料又是人工智能大模型的重要部分，足见其蕴含的战略意义。以 HuggingFace 和 GitHub 为代表的主流开源社区，允许开发者从社区上动态下载和访问公开的各类数据集，并将这些数据集应用于训练大模型。然而，这些开源社区的英文数据集主要建立在基于西方价值观和利益的考量上，使得大模型可能存在文化偏见和视角局限。《华盛顿邮报》与艾伦人工智能研究所的研究人员指出，在谷歌的 C4 数据集中，新闻和媒体网站在所有类别数量中排名第三，而《纽约时报》网站收录的数据排名第四。结合上海大学全球问题研究院分析《纽约时报》的语料库，发现《纽约时报》通过对其他国家的隐性评价表达美国的反对立场，若是将这些语料作为训练大模型的数据集，大模型可能会出现意识形态的偏见问题。

从数据集意义来看，大模型数据集在重点领域和行业扮演着至关重要的角色。重点领域和行业在国家发展战略中占据重要地位，涉及国家整体发展、安全和国民生计。大模型真正发挥价值的地方是重点领域和行业的应用场景，它为这些重点领域和行业提供了强大的支撑力和推动力，也为数智经济的发展提供了强劲的内驱力。例如，在医疗行业，大模型可以帮助医生进行更准确的诊断；在制造业中，可以利用大模型分析机器的运行数据，预测设备故障，减少停机时间。为了更好地让大模型发挥性能、赋能重点领域和行业，高质量的中文语料数据和行业数据是必不可少的。例如，清华大学推出的 THUOCL 是一套高质量的中文词库，包含大量诗词、成语、地名、IT 类和法律类词汇。但由于某些重点领域和行业的特殊性，数据收集难、标注特征不明显等问题可能会限制大模型在这些场景的落地应用，从而影响国家在重点领域和行业的竞争力。

4.3.4　大模型语料的未来发展方向

随着大模型训练数据需求激增，高质量数据匮乏，合成数据（Synthetic Data）成为重要补充。合成数据最早于 1993 年由统计学家唐纳德·B. 鲁宾（Donald B. Rubin）提出，目前被广泛引用，简单来说，合成数据就是指人为通过算法和统计模型创建的数据，具有数量多、成本低、安全可控等优势，广泛用于模型训练。

根据阿里研究院的研究分析，合成数据与真实数据的混合比例随模型训练阶段和模型类别的不同而变化。基础大模型在预训练阶段仍以真实数据为主导，合成数据作为高质量语料类型的补充，可以进一步提升模型性能。在对齐阶段，合成数据占比提升，与真实数据规模大致相同。对于具身智能领域，利用数字孪生方法训练的人形机器人则以合成数据为主导。

目前，主要通过这些方式进行数据合成。一是随机采样，根据在现实世界中观察到的统计特性（如均值、方差、相关性等）随机生成数据。二是基于特定领域规则生成，基于数据集预定义的规则和约束，手动或半自动生成合成数据。三是利用深度学习方法生成，比如视频生成模型 Sore 就采用了生成对抗网络（Generative Adversarial Network, GAN）来生成合成数据。在这个过程中，生成器负责基于原始数据合成图像，鉴别器负责将原始图像和合成图像分离，当对抗机制达到平衡时，就能生成与真实世界图像特征非常相似，但又有所区别的合成图像数据。四是利用合成数据工具生成，比如利用 Python 等数据合成工具软件、机器学习库针对性地生成相应的合成数据。

4.4　元宇宙等虚拟世界成为新型基础设施

4.4.1　元宇宙加速现实世界与数字世界相融合

元宇宙是数字世界与物理世界交互融合所构成的沉浸式互联空间，是新一代信息技术集成创新和应用的未来产业，是数字经济与实体经济融合的高级形态。元宇宙概念最早出现于 1992 年美国作家尼尔·斯蒂芬森的科幻小说《雪崩》中，该小说描绘了一个平行于现实世界的虚拟数字世界——"元界"。此后，元宇宙的设想越来越多地出现在科幻影视作品中，例如《黑客帝国》《异次元骇客》《头号玩家》等，通过更直观和丰富的影视画面向社会和观众展示了元宇宙概念的技术应用。2021 年随着元宇宙概念第一股 Roblox 成功上市及 Facebook 正式改名为 Meta，元宇宙概念在全球范围内爆火，引起了政府部门、社会资本的高度关注。

元宇宙技术和消费端、行业端、政府端应用不断融合创新发展。工业元宇宙方面，多地把工业作为元宇宙行业落地的首选重点领域，推动工业数字化转型。微软中国工业元宇宙应用中心项目落户昆山市高新区，微软携部分昆山市先进制造业企业共同构建工业元宇宙应用场景生态圈。教育元宇宙方面，结合 MR（Mixed Reality, 混合现实）设备和元宇宙平台给学生带来沉浸式的、互动自然的体验，有效提升教学效果。南昌市育新学校开设了编程元宇宙智慧课程，为学生提供跨时空的虚实融合的互动式学习体验。文旅元宇宙方面，景区、博物馆、主题乐园等深度应用 XR（Extended Reality, 扩展现实）技术，将线下场景和虚拟世界融合，丰富了文旅形态，带给大众沉浸式体验。新华社联合天下秀发布了文旅云平台"云游中国"，为大众提供沉浸式的数字景区游览体验。医疗元宇宙方面，MR 医学虚拟教学系统、外科手术可视化 AR 系统等助力智慧医疗，缓解医疗手术资源短缺问题。政务元宇宙方面，多地将元宇宙与"数字城市""智慧城市"相结合，应用数字孪生技术提升政府数字化服务效能。广州市南沙区推出了元宇宙政务大厅，市民可戴上 VR 眼镜办理上线了的政务事项。文娱元宇宙方面，元宇宙娱乐节目提供了多感官体验模式，满足了人民群众对消费升级的需求。元宇宙综艺竞演歌会、元宇宙音乐会、元宇宙虚拟跨年演唱会等"虚实结合"的文娱方式给人们带来了沉浸式的娱乐新体验。

许多地方根据自身特点陆续出台了地方元宇宙产业行动计划、指导意见等政策文件。上海、四川、福建、山东、河南等多个省市的政府工作报告都提到了布局元宇宙产业发展。各地政府积极打造元宇宙产业园、元宇宙科创产业园、元宇宙发展试验区等载体，促进数字经济和实体经济深度融合发展。

4.4.2　工业元宇宙的重要性日益凸显

工业元宇宙通过整合 VR、AR 等技术，实现了物理世界与数字世界的紧密结合。工业元宇宙不仅使生产过程可视化、可交互，还大大提升了生产的灵活性和效率。企业可以在虚拟环境中模拟和优化生产流程，降低实际生产中的成本和风险。在工业元宇宙中，各个工业实体以数字化的形式相互连接，实现了信息的实时共享和协同作业，这种高度互联的生产生态有助于提升生产效率、降低能耗和减少浪费。企业可以与供应链上下游实现实时协同，快速响应市场需求变化，提高整个供应链的效率和竞争力。

在新一代人工智能技术的引领下，工业元宇宙通过连接和整合人、数据、设备，有望实现工业生产全生命周期的数字化、智能化和协同化。在此过程中，工业元宇宙将历经"以虚构实""以虚映实""以虚仿实""以虚控实"4 个阶段，创造出工业全要素链、全产业链和全价值链三链智慧，协同、开放、服务、互联的复杂数字工业经济系统。德勤中国发布的《技术趋势 2024》指出，工业元宇宙等六大趋势将对企业转型升级至关重要。在互动新时空中，AR、VR 技术的更大作用正在被发现。越来越多的企业以传统工作者尚未体验过的方式，如数字孪生、空间模拟、增强的作业指导和协作数字空间，在工业生产领域中获益，得到更高的生产效率。西门子计划使用生成式人工智能将英伟达设计平台 Omniverse 支持的沉浸式可视化功能引入西门子开放式数字业务平台 Xcelerator，通过这种方式，开发者可以清晰地看见零部件级的内部精细图像。

工业元宇宙推动工业体系虚拟化重构，突破传统边界与束缚，实现工业领域降本增效。工业元宇宙相当于在元宇宙中新建了整个工业生产体系，模拟物体和人在现实中的各类特征，抽象出软件层面的接口，包括行业应用层、共性应用层、模型构建层等架构。软件抽象层之下是包括大数据、云计算、人工智能、区块链、5G 通信等在内的基础技术。而这一切技术框架的搭建都离不开底层硬件的支持，海量数据需要足够的存储空间，大量而频繁的需求需要性能更强大的处理器进行解决，快速通信需要更高级的射频器件。工业元宇宙的价值在于为现代工业的复杂系统提供彻底的、全方位的、系统的数字孪生，使整个工业处于完全的数字化、智能化和信息化的直观状态，这种重构打破了传统工业、行业和企业的边界与束缚，真正实现了在技术支撑下的产业融合，最大化地提高了生产效率。通过设备数字孪生及流程全面数字化，提供生产系统的全数字孪生镜像，工业元宇宙能够实现生产托管。对物流、物资配送等，提供供应链的全链条管理；对能源、电力等，提供镜像分析与模拟试错场景。以此解决迭代试错成本高、升级困难的问题，实现可持续性的降本增效。

4.4.3　工业元宇宙的主要发展领域

设计研发：工业元宇宙助力汽车研发和制造高效化、营销服务场景化与客制化，以及车辆维护精准化。在研发设计环节，运用数字孪生技术，设计师可以对汽车的零部件进行 1 : 1 的 3D 虚拟化建模，虚拟模型直观的物理参数能够帮助设计师快速发现产品设计缺陷和系统运行中存在的问题，并及时进行调整与优化，大幅减少后续生产制造环节的差错率。**在自动驾驶模拟测试环节**，路况、地形、天气、时间、障碍物、周边环境、突发情况等元素可快速建模融入虚拟场景中，虚拟车辆能够在多种复杂且高度真实还原的虚拟场景中进行重复验证，高效完成数亿公里的自动驾驶测试里程，大幅降低测试环节的人力、费用和时间成本。**在智能座舱场景中**，车载显示成为实现座舱智能化的技术切入口，除了常规的通过点击中控屏控制车辆座椅、车窗和空调等相关设备的调节方式，数字孪生技术赋能车载显示，通过感知系统将真实世界立体化投射到中控屏中，实时呈现驾驶过程的驾驶感知信息，加强座舱交互沉浸感和提高驾驶安全性。此外，数字孪生还可运用在 3D "数字管家"、3D导航地图、AR 驾车体验等场景中，大幅提升用户的驾驶体验。**在售后阶段的车辆维护环节**，数字孪生助力车辆维护智能化、高效化。基于数字孪生技术，每一辆智能汽车都配备了数字孪生模型。通过实时收集实体汽车行驶过程中的各类运行数据，结合仿真运行数据结果融合分析，对车辆可能产生的故障及其发生原因进行诊断分析，并提前对可能发生故障的产品零部件进行预警，为客户提供更为精准的车辆维护服务，有效避免因车辆故障所导致的意外事故问题。

生产制造：工业元宇宙赋能企业，实现对工业设备的全流程管控，提升企业运维管理效率。工业元宇宙在生产制造领域主要应用在设备实时监控和故障诊断、设备工艺培训、设备全生命周期管理和设备远程运维等场景。在生产过程中，能够对工业设备的状态进行感知和实时监控，实现生产工艺流程的可视化，根据监控信息和仿真模型，可针对故障报警快速且及时地进行器件定位和诊断。借助交互设备和虚拟空间中的数字孪生设备和维修知识库，对员工进行关于生产设备原理、工艺的3D 智能培训，大幅减少人才培养时间与成本。基于工业设备的运行管理、维护作业管理和设备零配件全生命周期管理，统计设备运行和管理情况，以合理安排设备的运行维护。运用数字孪生技术，探索基于工业设备现场复杂环境下的预测性维护与远程运维管理，主动为企业提供精准、高效的设备管理和远程运维服务，缩短维护响应时间，提升运维管理效率。

物流与供应链管理：工业元宇宙在物流与供应链管理方面的应用主要在于模拟与分析，以优化物流周转的效率。通过网络服务连通世界各地的物流中心与工厂，实现供应链与物流信息的同步，随后建立包括物流环境、设备、货物种类、数量等要素的全环节模型，计算时间、效率及经济性，生成智慧化拣货与排单策略，以快速面对、弹性适应每天都在变化的订单需求。这种方式有望提高物流周转效率、降低成本，从而为企业创造更高利润。

　　智慧建筑：工业元宇宙在智慧建筑应用的核心环节在于建筑信息模型（Building Information Model, BIM）的应用，BIM 技术贯穿建筑全生命周期数智化。BIM 是一种应用于工程设计、建造、管理的数据化工具和信息建模技术，是建筑信息化的有效支撑。BIM 技术介入项目全生命周期，覆盖项目决策阶段、设计阶段、施工阶段和运营阶段，贯穿建筑全生命周期中规划、概念设计、细节设计、分析、出图、预制、施工、运营维护、拆除和翻新等所有环节。BIM 的应用可实现建筑全生命周期各阶段和各参与方之间的信息共享，进而拉通建筑行业全生命周期和全产业链，全面提升信息化水平和管理精细化水平，实现高效、协作、低碳、安全的建筑产业现代化。BIM 与其他新型技术集成应用于智慧建筑场景，助推工业元宇宙的发展。

　　智能交通：工业元宇宙赋能智慧交通领域，以实现提效能、扩动能、增动能，数字孪生在航天航空和船舶航运领域的应用成熟度远高于其他领域。工业元宇宙的建设能够发挥交通领域场景众多、数据体量和市场规模较大的优势，释放更多的交通数据红利，增加动能。同时，工业元宇宙的建设能够不断促进交通领域扩大动态感知的识别范围，实现信息网络广泛覆盖和全国交通一体化协同有效联动，优化交通网络布局，提升运行效率等。飞机和船舶产品具有研发周期长、产品附加价值高、生产批量少、运营成本高等特点，使得数字孪生较早地应用于航天航空和船舶航运领域来优化产品设计和资产运维管理，这些领域中基于数字孪生的产品全生命周期应用成熟度高于其他领域。当前，数字孪生在航天航空和船舶航运领域的应用重点聚焦于产品设计研发、产品远程运维、产品自主控制等方面。例如，中国嫦娥五号基于数字孪生开展产品自主控制应用研究，实现过程为"数据采集—分析决策—自主执行"的闭环优化。

智慧能源：工业元宇宙推动能源生态结构的优化。在能源领域，工业元宇宙统筹大数据、人工智能、物联网等新一代信息技术，构建与实际应用相匹配的能源系统，建立科学的决策程序，用数据分析结果指导实践。以此实现能源系统全要素的数字化、虚拟化，全状态实时化和可视化、运行管理协同化和智能化，实现物理能源行业和数字能源行业虚实交互，从而优化能源从生产、储运到管理和消费全生命周期的生态结构。

4.5 数智经济需要新的能源资源基础设施建设

4.5.1 人工智能对能源的影响

当前，人工智能用能具有五大特征。从能耗总量看，全球人工智能产业现阶段能耗总体规模较小，但即将迎来指数式增长。现阶段，国际能源署基于人工智能服务器预期销量及其额定功率测算了人工智能的电力需求，结果显示，2023 年人工智能消耗了 73 亿千瓦时电力[11]。虽然与数据中心用电量（2 400 亿千瓦时～3 400 亿千瓦时）相比，人工智能用电量可以忽略不计。**但未来数年**，随着人工智能的爆发式增长，华为预估到 2030 年，人工智能算力将比 2020 年增加 500 倍，智能算力将占到总算力的 94%[12]。由此可知，人工智能将带来远超预期的电力需求。国际能源署预测，2026 年人工智能用电量将在 2023 年的基础上翻倍[11]。2022 年，我国数据中心耗电量达到 2 700 亿千瓦时，已占全社会用电量约 3%，随着智算中心用电量的迅速增加，未来这一比重将持续提高。

从能耗强度看，人工智能产业是高能源需求产业，其模型训练与应用能耗是常规在线服务的 3～10 倍。模型训练方面，数字信息领域知名平台 Digital Information World 研究显示，对数据中心而言，人工智能模型训练可能消耗高达常规云工作负载 3 倍的能量。标准云服务器所需功率为 300 ～ 500 瓦，而人工智能服务器可能需要高达 2 000 瓦的功率，后者是前者的 4 ～ 6.67 倍。**人工智能应用方面**，国际能源署研究显示，平均每次谷歌搜索的电力需求为 0.3 瓦时，而 OpenAI ChatGPT 的每次请求耗电 2.9 瓦时，这意味着若在搜索工具中全面实施人工智能，电力需求可能会增加大约 10 倍。

从产出效益看，人工智能产业单耗产出效益显著，且有效赋能各行业节能降碳。**单耗产值方面**，根据赛迪研究院初步测算，制造业单位能耗的产值约为 3.6 万元 / 吨标煤，而人工智能产业单位能耗的产值约为 410 万元 / 吨标煤，约是制造业的 114 倍，单耗产出效益显著。此外，人工智能产业对经济发展具有放大、叠加、倍增作用。艾瑞咨询统计数据显示，2020 年，中国人工智能产业带动了约 6 000 亿元的其他产业增量；至 2025 年，带动相关产业增量规模将达 1.6 万亿元。**节能降碳方面**，人工智能技术可以有效优化现实生产，实现节能降耗。工信部发布的数据显示，截至 2023 年底，我国运用人工智能技术建成了 2 500 多个高水平的数字化车间和智能工厂，推动智能制造示范工厂生产效率提升 34.8%，碳排放减少 21.2%[13]。

从能耗载体看，数据中心是人工智能等信息化产业的算力与用能载体，能耗将迎来快速增长。**全球方面**，随着人工智能、云游戏、区块链等技术的发展，数据服务需求日益增长，用能需求不断增加。国际能源署研究显示，2022 年全球数据中心电力消费量为 2 400 亿千瓦时～ 3 400 亿千瓦时，约占终端电力消费的 1% ～ 1.3%。其中，亚马逊、微软、谷歌、Meta 用电量超过 700 亿千瓦时。预计到 2026 年，全球数据中心用电量将达到 7 000 亿千瓦时左右。**区域方面**，综合信通院、国际能源署、国网研究院等机构的预测，我国数据中心能耗将从 2022 年的约 1 300 亿千瓦时增长至 2026 年的 3 000 亿千瓦时左右，2030 年达到 4 000 亿千瓦时，相当于我国电力需求的 2% ～ 3%[14]。根据国际能源署、波士顿咨询的研究，美国数据中心用电量将从 2022 年的约 1 800 亿千瓦时增长至 2026 年的约 2 600 亿千瓦时，到 2030 年将达到 3 900 亿千瓦时，占总电力消费比重从 2022 年的 4.5% 左右逐渐提升至 2026 年的 6%，2030 年进一步达到 7.5% 左右。**用能效率方面**，近年来，我国持续推进绿色数据中心建设，新建的大型、超大型数据中心能耗 PUE（Power Usage Effectiveness, 功率使用效率）值上限从 1.5 降至 1.3 以下。截至 2023 年底，我国 PUE 最优水平已降至 1.08，达到国际领先水平。

从能源供需看，数据中心绿色用能水平持续提升，芯片将成为主要能耗来源。能源供给方面，工信部研究发现，通过绿电交易、建设分布式可再生能源电站等方式，我国国家绿色数据中心的可再生能源电力平均利用率由 2018 年的 15% 提升至 2023 年的 30% 以上。**能耗来源方面**，全球能源互联网公司研究显示，IT 负载约占数据中心总能耗的 43%，能耗主要用于服务器，而服务器中近三分之一能耗源自芯片。对智算中心而言，芯片在总能耗中的占比非常高。未来随着 PUE 水平的不断提升，芯片在数据中心总能耗中的比重将持续提高。

4.5.2 人工智能产业的绿色发展面临挑战

在能源消费方面，人工智能产业所需能耗将迎来大幅增长。人工智能将带来远超预期的电力需求。国际能源署预测，2026 年人工智能用电量将在 2023 年的基础上翻倍。2022 年，我国数据中心耗电量达到 2 700 亿千瓦时，占全社会用电量约 3%，随着智算中心用电量的迅速增长，未来这一比重将持续提升。人工智能的耗电量，一方面来自模型的训练和应用，用于模型训练的服务器功耗约是标准云服务器的 5～7 倍，而应用了 ChatGPT 模型后的单次谷歌搜索的平均耗电是传统谷歌搜索的近 10 倍。另一方面，数据中心温度控制也是电力消耗的主要来源，能耗占比已接近 40%。

在技术发展方面，芯片开发进入后摩尔定律时代，性能与能效提升难度加大。芯片是人工智能产业能效提升的关键。2014～2024 年，得益于芯片制程节点从 32nm 缩小至 5nm，芯片性能与能效快速提升。然而，随着芯片制程的不断缩小，传统工艺已逼近物理极限，性能与能效的提升变得愈发困难。一方面，随着芯片集成度的提高，散热问题愈发突出；另一方面，随着芯片制程的缩小，漏电等问题逐渐凸显，导致芯片的能效比下降。此外，芯片制造能耗将随芯片制程的缩小而增大，EE Times 研究显示，从 28nm 制造等成熟技术过渡到 2nm 先进节点制造技术，能源消耗量将增长 2.5 倍。

在能源结构方面，绿电具有间歇性、随机性、波动性，难以直接支撑数据中心稳定运行。数据中心作为人工智能的算力与用能载体，负责计算、存储和传输大量数据，通常需要稳定的电力供应以保证其 24 小时不间断地运行。如果电力供应不稳定或中断，可能会导致数据丢失、设备损坏或服务中断等严重后果。风电、光伏等可再生电力能源存在间歇性、随机性、波动性，数据中心高比例利用可再生电力能源将面临用能稳定性挑战。

在产业布局方面，人工智能对网络时延要求高，"东数西算"难度大。人工智能的低时延特征要求数据需要就近计算分析。根据赛迪研究院的统计，我国接近 90% 的人工智能企业分布在京津冀、长三角、珠三角等东部地区。如果将东部的数据传到西部处理，现阶段技术下易产生延迟，影响用户体验，"东数西算"可行性较低。目前，数据中心面临"东热西冷"格局，东西部数据中心上架率差异明显。全球咨询公司沙利文发布的《中国数据中心行业独立市场研究》[15] 显示，2022 年，华东、华北、华南地区的上架率均在 65% 以上，而西北和西南地区分别约为 30% 和 40%。然而，东部地区资源和空间有限、耗电指标紧张、计算成本更高，长此以往将面临算力供不应求的问题。如何解决"东数西算"的时延性，是人工智能产业突破东部能源约束、实现西部用能自由的关键。

4.5.3 人工智能发展对水资源的影响

人工智能运行对水资源冷却功能的需求日益增加。人工智能的运行离不开强大的计算力支撑，而数据中心正是提供这种计算力的关键设施。然而，数据中心的运行会产生大量热量，需要通过冷却系统来维持设备的正常运行。《自然》杂志指出，数据中心的冷却系统通常采用蒸发冷却或水冷方式，这些方法虽然有效降低了数据中心的功耗和温度，但也导致了大量的水资源消耗。研究显示，当 ChatGPT 每处理 5 ～ 10 个提示词时，均需要消耗大约 500 毫升的水资源，这些水资源主要用于冷却设备以及为数据中心供电的发电厂。ChatGPT 在全球范围内的用户数量已突破

1亿大关，其所累积的水资源消耗量极为显著。此外，2022年微软在全球范围内的水资源消耗量显著增长了34%，Google的水资源消耗量也增加了20%。这一数据有力地揭示了大型AI模型背后的计算基础设施对水资源的高度依赖。此外，AI芯片的生产过程中也需要大量的水资源进行清洗和冷却。如何促进人工智能产业节水是人工智能产业规模化亟须解决的难题。

4.5.4 人工智能产业破解能源资源约束的发展路径

持续优化算法，降低运算能耗。 谷歌与伯克利大学的研究显示，在机器学习过程中，相比于使用大而密集的深度神经网络，使用大但稀疏灵活的深度神经网络，可在保障准确性的同时，减少90%的能耗。此外，机器学习可通过优化服务器对不同操作场景的适应性来帮助降低服务器的用电需求。谷歌报告称，DeepMind人工智能帮助其数据中心冷却系统的电力需求减少了40%。

大力发展液冷技术，降低制冷能耗水耗。 面对高散热需求，液冷技术逐渐成为服务器温控产业的未来发展方向。液冷技术通过使用水或冷却剂来冷却服务器，可以显著降低数据中心的功耗和温度。尽管目前液冷系统的成本比空气冷却系统高，但其带来的效益十分显著。液体冷却至少可以将数据中心的功耗降低10%。龙头企业如英伟达正坚定发展水冷服务器。英伟达CEO黄仁勋公开表示，其坚信浸没式液冷技术就是未来指标，将带动散热市场迎来全面革新。媒体普遍预测，在B100开始使用液冷后，英伟达后续产品也都有可能由风冷转为液冷。

设计生产高能效芯片，从源头提升系统效能。 优化芯片制造工艺有助于降低散热难度，缓解热密度问题。使用具有高导热性的材料制作散热器，或者使用热导率更高的基板材料，可以更有效地将热量从芯片传导到散热器。通过先进的热管理技术，如热管、热虹吸管等，可以更高效地将热量从芯片传导到外部环境。此外，智能温控系统也可以根据实时温度数据动态调整散热策略，从而进一步提高散热效率。三维集成与封装技术可以将多个芯片垂直堆叠在一起，从而减小芯片的面积和降低功耗。这种技术不仅可以提高芯片的集成度，还可以在一定程度上缓解散热问题。

大力推动绿能替代，降低系统碳排放。氢能、储能、智能电网、多能互补等技术日益成熟，成本快速下降，将为数据中心稳定消纳绿电提供有力保障。随着光伏、风电等可再生能源在资源丰富的地区实现平价上网，部分地区发电成本甚至低于煤电，风光配氢、配储等技术的经济性大幅提升，为数据中心低成本使用绿电奠定了良好的基础。目前，我国已在青海建成 100% 绿电供给的数据中心。未来，随着技术成本的进一步下降，我国有望建成更多的全绿电供给数据中心，为人工智能产业绿色发展提供充足动力。

参考文献

[1] 李峻 . 加快智能基础设施升级推动经济社会数智化转型：数智经济新型基础设施是支撑数字经济与实体经济深度融合，推动形成国际竞争力数字产业集群的关键设施 [J]. 国资报告，2023(10): 12-18.

[2] 数智赋能基础设施焕发新活力：数智经济新型基础设施是融合数字化、智能化与绿色化，推动传统基础设施升级转型的现代化体系 [J]. 国际工程与劳务，2023(5): 45-50.

[3] 数智引领，创新应用 着力推进新型城市基础设施建设：数智经济新型基础设施是青岛市通过信息化、数字化和智能化手段，构建的高效有序的城市运行管理服务平台体系 [J]. 中国建设信息化，2021(8): 23-28.

[4] 丁一，王宫，洪佳丹 . 加大数字公共服务的供给，促进数字经济全面发展：数智经济新型基础设施旨在通过加快数字公共服务供给，推动新基建转化为公共服务体系以支撑城市数字经济发展 [J]. 经济研究参考，2024(3): 55-60.

[5] 宋德勇，李项佑 . 新型基础设施建设与经济动能优化：来自中国智慧城市试点的经验证据 [C]// 中国改革开放再出发：后小康社会中国经济高质量可持续发展——第十四届中华发展经济学年会会议论文摘集 . 北京：中华发展经济学研究会，2020: 10-15.

[6] 赵锐 . 评《德国数字纲要 2014-2017》：战略目标、举措和启示：数智经济新型基础设施是支撑德国工业 4.0 及全面社会智能化转型的关键基础架构 [J]. 电子政务，2015(6): 88-95.

[7] 王炜 . 信息基础设施与区域经济增长：基于全要素生产率的视角 [D]. 武汉：华中科技大学，2018.

[8] 刘启诚，梅雅鑫 . 对话陈东风 浪潮倡导网络架构开放 推动云数智 +5G 深度融合：数智经济新型基础设施是以 5G、云网融合等为核心，推动社会经济环境可持续发展的新一代信息技术基础架构 [J]. 通信世界，2020(15): 30-35.

[9] 宋颜希 . 新型基础设施建设对出口贸易的影响：数智经济新型基础设施促进数字经济与实体经济融合，提升出口贸易量质并推动国际外循环 [D]. 武汉：华中科技大学，2023.

[10] 蒋毓，郑胤 . 新基建驱动智慧城市建设全面升级：数智经济新型基础设施指以 5G、AI 等为核心的新型信息技术基础设施建设 [J/OL]. 信息技术与标准化，2020(4)：22-26[2024-04-15]. http://example.com.

[11] INTERNATIONAL ENERGY AGENCY. Electricity 2024: Analysis and forecast to 2026[R]. Paris: IEA Publications, 2023.

[12] 华为技术有限公司 . 迈向智能世界白皮书 [R]. 深圳：华为研究院，2022.

[13] 中国发展网 . 工信部：我国已建成 2500 多个数字化车间和智能工厂 [EB/OL]. (2023-10-16) [2024-04-15]. http://www.chinadevelopment.com.cn/news/zj/2023/10/1863260.shtml.

[14] 中国通服数字基建产业研究院 . 中国数据中心产业发展白皮书 [R]. 北京：中国通服出版社，2023.

[15] 弗若斯特沙利文咨询公司 . 中国数据中心行业独立市场研究 [R]. 上海：沙利文集团，2022.

[16] 于施洋，马骁，郭明军，等 . 国家算力大通道总体布局和推进策略研究 [J]. 电子政务，2024(11)：54-67. DOI:10.16582/j.cnki.dzzw.2024.11.005.

数智经济的主要变革领域

数智技术驱动经济社会变革

当前，芯片技术进步支撑了以大模型技术引领的人工智能加速迭代演进。芯片技术和人工智能为主体的数智技术，正在推动形成新一轮生产力周期，赋能各行各业。

5.1 数智技术为农业现代化增加新动力

5.1.1 赋能农民知识提升

人工智能辅助农民在灌溉、施肥和病虫害防治等方面进行决策，以减少浪费，实现可持续发展。基于语音和本土语言的生成式人工智能有助于全球农民跨越语言障碍，获取易于理解、用户友好的先进农业知识，包括如何灌溉、如何用水、如何使用化肥等现代农业产品和针对不同病虫害的防治方法，这对于发展中国家尤为重要。**从国际上看**，2024 年 1 月，微软宣布将与印度政府合作，部署生成式人工智能，助力印度农业实践工作，印度 KissanAI 公司同联合国开发计划署合作，提供基于本土语言的农业生成式人工智能 Copilot，以支持气候适应性农业实践工作。**从国内看**，2023 年 9 月，安徽省农业农村厅联合科大讯飞推出"耕云"农业大模型，目前已对接涉农信息 3.6 亿条，学习涉农资料近 200 万条。该模型不但能对农产品市场容量和竞争力进行预测，优化经营策略；还学习了安徽 103 项政务服务事项，提供政策咨询、办事指南等帮办服务。

5.1.2 赋能重点领域农业生产

人工智能技术实时洞察作物健康、土壤条件和天气变化，实现高价值作物精准生产。人工智能系统可分析来自传感器、无人机和卫星的大量数据，为农民提供作物健康、土壤条件和天气模式实时洞察功能；还可以监测牲畜健康和行为，提供有价值的预测信息，以优化牲畜喂养策略、发现疾病迹象并改善管理方式。**从国际上看**，2023 年 12 月，拜耳公司宣布其和微软战略合作的新进展，通过强化农场数据连接性，提升农业数据操作性；2023 年 5 月，美国 FBN 公司推出的农业人工智能工具 Norm，可以为种植者提供农学建议和进行语音交流。**从国内看**，2023 年 9 月，国家生猪大数据中心发布全国首个生猪产业领域的大模型 PigGPT，可为中小养殖户提供数字资讯获取、智能问答、专家报告、养殖成本测算等服务。

5.1.3 赋能农机装备智能化

人工智能提升农业无人机、收割机等农机工作效率，降低劳动力成本。配备人工智能技术的无人机和其他农业装备可以用于监测作物、收集数据以及精确喷洒农药和肥料，通过人工智能技术赋能的农机装备可以高效覆盖大面积，减小对环境的影响，改善作物健康。**从国际上看**，美国无人机公司 Guardian Agriculture 开发的软件平台 Guardian Cloud，可帮助农民规划、监控和分析无人机的飞行任务，并提供详细的应用数据和反馈。**从国内看**，2023 年 4 月，博创联动推出的博创 inside 智能拖拉机 2.0，可实现自动规划作业路线，自主完成部分工作。2023 年 5 月，大疆发布的智慧农业平台，可广泛应用于农田、果园等作业场景，智能分析作物长势，生成处方图，指导无人机精准喷洒、施肥，提高农药和化肥的利用率。

5.2 数智技术促进制造流程变革

5.2.1 推动研发设计智能

人工智能通过辅助生成代码、图纸、三维模型等，提升工艺设计、模拟仿真、编程研发效能，降低设计门槛。过去研发一辆汽车，往往需要在 2 万多个零部件、数十万个参数里尝试组合，对工程师的知识储备、经验要求极高。当前，工程师只需要说出需求，大模型就可精准且高效地匹配用户信息，自动生成设计文档，大幅缩短了汽车研发周期，降低了研发成本。人工智能通过自然语言代替机器指令，变革工业软件开发应用的模式，打造个性、低成本、高效能的新型设计模式。例如，2023 年 11 月，英伟达开发出一个 130 亿参数规模的 ChipNeMo 定制大模型，以内部数据为基础进行训练，能够实现工程助理辅助对话、电子设计自动化（Electronic Design Autonation, EDA）代码生成、错误分析总结等功能，用于生成和优化芯片设计，并为人类设计师提供帮助。2023 年 11 月，微软和西门子推出工业人工智能辅助工具——西门子工业助手（Siemens Industrial Copilot），快速生成、优化和调试复杂的自动化代码，将仿真任务的完成时间从原本的数周显著缩短至分钟级。

5.2.2 发展中试检测智能

人工智能辅助构建智能虚拟仿真模型，减少物理实验次数，缩短中试时间。 视觉大模型能够提高工业质检中缺陷识别、状态监测、故障预警的稳定性和精确性，实现自动化、高精度、跨场景的检测识别功能，降低过程成本、提高质量和效率。**从国际上看，** 西门子与微软合作，利用微软的机器学习系统和西门子的工业边缘平台，分析工业生产过程捕获的图像，在车间构建、部署、运行和监控人工智能视觉模型，及早识别产品差异和生产缺陷。**从国内看，** 百度联合华晨宝马打造汽车缸盖质检模型，利用小样本学习并结合少量数据即可训练出具有优质效果的模型，显著提升缺陷识别率，有效降低企业业务部门、一线员工应用人工智能技术的门槛。如针对印刷电路板质检假点率过高等难题，基于百度文心大模型升级的智能质检解决方案可以过滤 80% 以上的假点，每年可为扬宣电子节约人工成本 200 多万元。

5.2.3 深化生产制造智能

人工智能高效生成控制算法、工艺参数和安全操作指引，实现少人或无人生产，提升生产设备效率和安全生产水平。 人工智能大模型融入工业生产制造，充分发挥生成式人工智能的协同作用，助力工业企业在产品全生命周期内，持续提升作业效率并推动创新，深度增强工业设备信息处理、感知执行等能力，促进制造业数字化、智能化。**从国际上看，** 西门子和微软合作帮助软件开发人员和自动化工程师加速可编程逻辑控制器（Programmble Logic Controller, PLC）的代码生成，通过自然语言输入生成 PLC 代码来显著减少时间成本和降低错误率。2023 年 2 月，意大利学者探索基于 ChatGPT 生成 3D 打印参数的新模式，优化增材制造过程。从国内看，2023 年 6 月，我国工程师探索使用 ChatGPT 训练工业数控智能助手，以辅助开展设备运行监测和故障排除等工作。

5.2.4 创新营销服务智能

人工智能将显著提高售前服务效率，改善售中服务体验，提升售后服务价值和满意度。大模型的交互能力助力个性化推荐、内容精准投放等，能准确把握客户需求，提升售后服务价值和满意度，辅助客户做出令自己满意的决策。**从国际上看，**2023 年 10 月，欧洲汽车巨头 Stellantis 为旗下的部分车型集成 ChatGPT，成为欧洲首家搭载 ChatGPT 的车企。通过与现有车机系统进行整合，可用于为游客指路、解答问题和给儿童讲故事等，同时，用户将能获得"革命性"的对话体验，获取有用信息、完成大量任务。**从国内看，**国内极越汽车旗下"AI 汽车机器人"极越 01 融入了文心一言的大模型能力，使智能座舱拥有了逻辑推理、策略规划和内容生成等诸多能力，助力人车交互、智能语音识别的发展。

5.2.5 优化管理运营智能

人工智能提升供应链管理、内部管理、数据管理等的智能化水平。利用大模型的自主分析与智能化人机交互功能，强化订单处理、库存预警、预测性维护等供应链管理能力，提升智能化水平，大幅减少人工监控时间，有效降低资产设备管理和维护的成本。**从国际上看，**西门子利用大模型调取设备端的运行数据，对预测性维护进行科学规划，同时持续监控设备运行状态，大幅减少人工监控时间，有效降低资产设备的维护成本。**从国内看，**百度与南方电网电力调度控制中心合作，基于百度文心大模型，打造"南网调度值班助手"，秒级生成处置方案，及时响应电力市场调节要求。菜鸟公司发布大模型产品"天机 π"，有效提升销量预测、补货计划和库存管理能力。

5.3 数智技术助力金融高质量发展

5.3.1 形成新一轮科技产业金融循环

人工智能促进"科技—产业—金融"良性循环，金融反哺科技创新，助推产业发展。中央金融工作会议指出，做好科技金融、绿色金融、普惠金融、养老金融、数字金融五篇大文章。发展科技金融，是建设科技强国的重要支撑。金融是链接科技和产业的重要工具，随着金融支持科技创新的力度、广度、精度不断加大和提升，科技、产业、金融相互塑造、紧密耦合、良性循环的格局正在形成。一方面，人工智能带动产业升级，为经济发展注入新动能。人工智能技术在金融、医疗、教育、零售等众多领域的应用，可提高生产效率，降低生产成本，推动服务模式和经营理念创新，提升产业整体竞争力。另一方面，金融通过资本配置搭建数字技术转化的桥梁，成为科技创新与产业升级的"耦合剂"。在数字化浪潮下，金融推动数据作为核心生产要素，发挥创新引擎作用，助推技术产业发展，赋能产业转型升级。特别值得关注的是，美国率先享受此轮人工智能科技的红利，2023 年，美国银行创造了"七巨头"（Magnificent 7）一词来描述推动美股上涨表现最好的 7 家大型科技股，这 7 家公司全年贡献了标普 500 指数 82% 的涨幅，其中微软和英伟达两家公司贡献了 75% 左右的涨幅。

5.3.2 加速传统金融机构智能转型

人工智能与传统金融业务深度融合，为实体金融机构提供强大支持。人工智能全面赋能身份识别、风控、营销、客服等业务，显著改善服务效果，解决了金融机构面临的供给不足、门槛高、信息不对称、风险评估难等问题，实现智能营销、智能识别、智能投顾、智能风控和智能客服，提升服务实体经济的质量。**从国际上看，**

高盛将 IPO（Initial Public Offering, 首次公开募股）过程中约 146 个步骤自动化，大幅节省人工用时。卖方分析师 40 小时完成的工作，分析程序仅需 1 分钟就可完成，量子计算机更能在眨眼间完成对所有金融模型的分析。高盛位于纽约的股票现金交易部门业务正逐步被人工智能替代，交易员数量已由 2000 年的 600 人缩减至 2人。彭博、摩根士丹利等金融巨头迅速接入大模型打造垂直领域应用，2023 年 3 月，彭博推出拥有 500 亿参数的 BloombergGPT，并构建了庞大的金融领域数据集用于模型训练，显著提高金融领域从业人员的工作效率。**从国内看**，我国银行、保险、证券、基金及诸多金融领域科技公司也纷纷加紧布局，腾讯云发布了金融行业大模型解决方案，招联金融、度小满、星环科技、奇富科技等均发布了金融大模型，交通银行组建 GPT 大模型专项研究团队，中国太平洋保险公司基于大模型技术的数字员工现已投入应用。

5.3.3　成为防范金融风险的有力工具

人工智能可能会加剧金融脆弱性，但也将推动智能化监管工具变革，改善金融风险管理水平。英国央行的一项分析结论称，人工智能可能放大与金融稳定性相关的风险，并破坏对银行的信任。美国财政部部长耶伦在美国金融稳定监督委员会会议上表示，在金融服务中使用人工智能是金融体系的一个弱点，在这一领域支持负责任的创新，可以让金融体系获得效率提高等好处，但也应该适用现有的风险管理原则和规则。当前的金融监管规则很可能不足以应对金融领域广泛采用深度学习技术所带来的系统性风险，但与此同时，人工智能的应用将带来更多的智能化监管工具。例如，通过人工智能分析市场交易数据，可以及时发现市场异常行为，从而及时进行干预。人工智能也可以用于风险评估和预警，帮助监管者及时识别和处理风险。思科安全云的生成式人工智能功能将用于帮助简化安全系统的管理，并在发现违规行为、响应、补救和恢复违规行为等方面发挥重要的作用。

5.4 数智技术推动劳动就业形态变革

5.4.1 重塑现有就业格局

生成式人工智能正以前所未有的速度和规模重塑社会结构、经济形态和生活方式，推动着一场全方位的社会变革，其影响将深远而持久。特别是对就业格局的变革性影响，不仅体现在工作岗位的数量变化上，还体现在人工智能深刻地改变了工作的性质、技能需求和组织结构。世界经济论坛在其 2023 年发布的《未来就业报告》[1] 中预测，从 2023 年到 2027 年，全球将有 23% 的工作岗位发生显著变化。具体而言，预计将减少 8 500 万个现有岗位，同时新增 6 900 万个岗位。这意味着在这 5 年内，全球就业市场将面临约 1 600 万个工作岗位的净损失。这种大规模的岗位结构变革主要由生成式人工智能技术的快速采用所驱动。值得注意的是，岗位减少主要集中在某些特定领域。根据世界经济论坛的报告，预计将面临显著岗位减少的前 5 种职业为银行出纳员和相关职员（减少 13%）、邮政服务职员（减少 9%）、行政秘书（减少 7%）、数据输入员（减少 7%）以及会计和审计职员（减少 6%）。这些职业的共同特点是高度程序化、重复性强，容易被人工智能系统替代。

与此同时，新增岗位主要集中在人工智能、机器学习、大数据分析等技术领域，以及需要高度创造力和丰富情感的服务型职业。世界经济论坛预测岗位数量增长最快的前 5 种职业为人工智能和机器学习专家（增长 40%）、可持续发展专家（增长 35%）、商业智能分析师（增长 30%）、信息安全分析师（增长 30%）以及数字营销和策略专家（增长 25%）。这种岗位结构的变化反映了生成式人工智能在提高生产效率的同时，也创造了新的经济增长点和就业机会。

未来，随着生成式人工智能技术的发展，将出现更多"人工智能增强型"工作岗位，这些岗位将 AI 工具与人类专业知识和判断力相结合，创造出超越单纯人力或 AI 能力的价值。世界经济论坛在其《2020 年未来就业报告》[2] 中预测，到 2025 年，人类和机器之间的工作分工将发生显著变化，约有 8 500 万个工作岗位可能会被取代，同时会创造 9 700 万个新的适应人机协作的岗位。麦肯锡全球研究院预

测 [3]，到 2030 年，全球将有约 3 亿至 3.75 亿工人需要转换职业类别，其中很大一部分将转向这种人机协作的新型工作模式。德勤在其《2021 年全球人力资本趋势报告》[4] 中引入了"超级团队"的概念，强调了人类和 AI 系统协同工作以产生更大价值的重要性。"人工智能增强型"工作岗位包括人工智能辅助医生、人工智能增强设计师、人工智能协作律师和人工智能辅助教师等，这些新型岗位不仅提高了工作效率，还提供了更高质量的服务和创新。随着生成式人工智能技术的不断进步，未来的生产和创新模式将更多地表现为人机协作的新范式。AI 将承担更多重复性、计算密集型的任务，而人类则可以将精力集中在需要创造力、情感和战略思维的工作上。

5.4.2 数字人成为虚拟劳动力

"数字人"是物理世界和数字世界交互的关键入口，以计算机图形学、人工智能等为底层技术，具备"类人"智能，具有人类外观、行为、思想等多重特征。近年来，新一代信息技术创新推动"数字人"飞跃式发展，使"数字人"制作时间大幅缩短，虚实交互能力显著提升，正加速成为"数字劳动者"，助力新质生产力形成。

"数字人"成为人工智能和实体经济深度融合的新载体，整合数字技术和经济社会需求，催化出一系列新业态和新模式。在生产领域，以人工智能大模型驱动的"数字人"成为"数字员工"，能够高效执行数据处理、信息分析等基础任务，完成决策辅助、创意设计、用户服务等复杂工作，可超越物理空间限制，可实现 24 小时连续工作，极大提升工作效率和服务质量。在生活领域，"数字人"能够在社交网络和 VR 空间中代表用户参与交流和活动，为用户创造更多社交机会，同时还能够扮演个人助理，管理家庭设备、安排日常事务，使得生活管理更加智能化和高效。自然人与数字人、机器人一起协同工作和生活的场景将日益普及，以"通义灵码"为例，它作为硅基程序员首次入职科技公司——阿里云，专属工号 AI001，阿里云未来超过 20% 的代码将由通义灵码编写，通义灵码辅助程序员写代码、读代码、查BUG、优化代码，让程序员有更多时间专注于系统设计及核心业务开发工作。

美国企业持续创新"数字人"底层研发技术，加速完善核心技术生态。

Epic Games、英伟达、Meta 等美国科技企业先后推出 MetaHuman Creator、Omniverse Avatars、Instant Codec Avatars 等 3D"数字人"创作工具、平台或技术，支持快速构建 3D"数字人"，推动"数字人"生成门槛不断降低。2024 年，英伟达推出 Avatar Cloud Engine（ACE，虚拟形象云引擎）平台，目的在于提供一流的数字化角色（即数字人）的构建和管理服务，整合 AI 与图像处理技术，使得制作外观自然且行为真实的数字人变得更为简单。AI 数字人应用方向如图 5-1 所示。

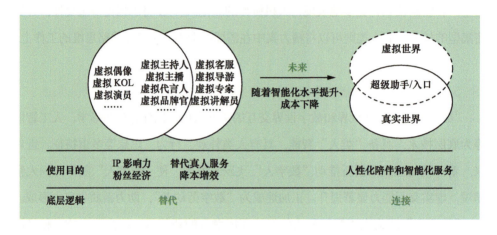

图 5-1　AI 数字人应用方向（图片来源：商汤智能产业研究院）

5.4.3　机器人融入现实社会

机器人已经深刻变革工厂、家庭等服务场景。目前，我国制造业机器人已覆盖国民经济 71 个行业大类、226 个行业中类，密度达到每万名工人 392 台，位居世界第五位。配送、清洁等服务机器人在酒店、餐饮、物流等服务行业已实现规模应用，2023 年产量达到 783.3 万。据估算，目前国内机器人投放量已经超过 4 万家酒店，平均每 1 000 平方米的酒店客房面积就有一个机器人服务。

大模型掀起新一轮全球人工智能革命，人形机器人借力大模型这个催化剂，开始向产业落地方向大踏步前进，创造看得见、更摸得着的具身智能。产业界认为，人工智能的下一个浪潮是具身智能，即能理解、推理并与物理世界互动的智能系统，人形机器人将成为继计算机、智能手机、新能源汽车之后的又一颠覆性产品。2024年，特斯拉人形机器人 Optimus 已"进厂打工"，可完成电池分拣、场内巡视等任务，Optimus 的手部自由度达到人类水平。优必选人形机器人 Walker S 已进入蔚来车间，可与人类协同完成汽车装配及质量检查作业，并独立完成车门锁质检、安全带监测等工作，2024 年底在汽车工厂实现小规模交付。

5.4.4　智能体参加经济活动

智能体（Agent）指人工智能代理，能够感知环境、进行决策和执行动作的智能实体，它具备通过独立思考、调用工具去逐步完成给定任务的能力。智能体作为生成式人工智能的一种产品形态，是当下大模型应用的核心方向，从使用者的角度出发，智能体具备对特定问题和特定领域的深入思考能力，能够更像"人类"与人交流。

2024 年，多家大模型厂商探索智能体应用开发。微软、Meta、OpenAI 以及谷歌等公司都在开发名为智能体的新人工智能软件，这些智能体几乎可以在无人指导的情况下处理复杂任务。AI 创业公司 Altera 在《我的世界》中创建首个智能体文明，包含 1 000 多个拥有个性和记忆的个自主智能体，构建经济、文化、宗教和政府，吸引用户创建并体验智能体，该项目引发热议。在金融领域的财富管理、风险评估、客户服务等方面，智能体正显现出其商业价值。例如，邮储银行启动的"邮储大脑"计划，从感知、洞察向生成、创作转变，正推进智能业务助手、数字客户经理、虚拟营业厅等场景发展；建设银行的"方舟计划"逐步推进金融领域大模型建设，推动智能体落地市场营销、投研报告、风险控制等场景。

未来，以大模型为代表的人工智能和它背后所封装的一整套知识体系，不仅仅是手机屏幕上的一个 App，而是一个能够理解物理世界并完成思考、推理和创造的智能体，能够模仿甚至超越人类去执行物理世界的任务，将直接通过创造新生产力的方式创造价值。智能体创造价值的规模，将是移动互联网连接价值的十倍、几十倍。

5.5　数智技术加速惠及民生服务

5.5.1　引领生活变革

在日常生活中，人工智能和芯片技术的应用正在全方位提升我们的生活品质。智能家居、无人零售、智慧医疗等应用正在改变我们的生活方式。在零售领域，无人商店和智能售货机的普及正在改变我们的购物方式。例如，24 小时自助购物的 AiFi's NanoStore，利用 NVIDIA T4 Tensor Core GPU 驱动的图像识别技术，能够准确锁定顾客选择的 500 多种商品。类似地，亚马逊推出的 AmazonGo 智能实体零售店通过计算机视觉、深度学习算法和各种传感器，实现了自动识别商品、跟踪虚拟购物车的功能，取消了传统结账流程，大幅提升了购物效率。Tracxpoint 开发的人工智能购物车（Artificial Intelligence Cart, AIC）通过 NVIDIA DGX Station™训练和 NVIDIA®TensorRT® 推理，能在一秒内识别出 10 万件商品，并提供实时视频分析和个性化优惠方案。

5.5.2　促进教育变革创新

人工智能赋能教育数据分析，带动优质数字教育资源流动。人工智能可用于处理一些细节任务以减轻教学负担、增加对学生的关注，使教师专业发展更加高效。同时，人工智能可以分析学生数据、成绩和个人信息，对不同学生提出针对性的教学建议，提升教育的适应性。此外，在人工智能的支撑下，优质数字教育资源可以更容易流动，推动教育更加公平、开放。例如，2023 年 3 月，美国在线教育公司 Chegg 宣布推出自己的人工智能聊天机器人 CheggMate，由 OpenAI 人工智能模型 GPT-4 支持；2023 年 9 月，OpenAI 发布了一份针对教师的 ChatGPT 使用指南，内容包括角色扮演，进行具有挑战性的对话，从课程材料中构建测验、测试和课程计划，减小非英语使用者的摩擦，教学生批判性思维。

5.5.3 提升医疗服务水平

人工智能可以减少患者等待时间、缩短患者康复期、优化医疗服务水平。 人工智能技术将对医用可穿戴设备、家庭监控设备以及人机交互界面中的人类指令等实时数据进行在线智能运算，辅助医师或其他专业人员高效地处理这些数据，及时为患者安排远程医疗会诊并制订更有针对性的治疗方案。**从国际上看**，2024 年 1 月，谷歌推出了专门用于医疗咨询的大语言模型 AMIE，该模型能结合自动反馈机制，应对不同疾病状况，在专业领域和情境中进行学习。**从国内看**，2023 年 12 月，医渡科技推出国内首个面向医疗垂直领域多场景的专业大语言模型"医疗智能大脑"YiduCore，已在多家全国排名前 20 的头部医院落地应用，赋能医学科研、临床辅助、数据治理等场景。

5.5.4 提高养老服务质量

人工智能能够预测疾病和症状，减轻社区人员的工作压力。 在老人护理和监护领域，通过实时监控老人的身体数据，并利用人工智能算法进行预测，能够降低相关疾病的发病风险，通过基于语言的生成式大模型提供社交互动服务，还将减轻护理人员和社区工作者的工作压力。例如，美国 CarePredict 公司通过人工智能算法，自主识别和通知老人日常活动和行为的变化，这些变化大多发生在老年真实病症出现之前，如感染、跌倒、营养不良、抑郁症等。

5.6 数智技术带来科学研究新范式

5.6.1 促进科研算力和数据深度融合

芯片技术的不断革新，为人工智能算法提供了强大的算力支持，使得复杂的数据处理和模式识别成为可能。人工智能的深度学习能力和智能分析技术，不断推动科技领域的边界拓展，加速新理论的验证和加快科学发现的步伐。通过人工智能框架、算法库、开发套件及领域模型集成构建的开发工具链，加速科研进程，促进跨学科、跨领域的无缝协作与创新融合，还从根本上重塑了科学研究的模式与路径。

科研算力是智能算力和超算算力的深度融合体。其中，智能算力以 GPU、TPU、NPU 等人工智能芯片为基础，提供了强大的并行计算能力，专为人工智能训练和推理计算而设计；超算算力依靠超级计算机集群，支持大规模的科学计算和模拟，能有效解决复杂的科学问题，其应用范围涵盖行星模拟、药物分子设计和基因分析等多个领域 [5]。以 AlphaFold 2 在蛋白质结构预测领域取得的划时代成就为例，以原子层面的精确度预测蛋白质的三维构象，预测结果的质量与实验结果的质量相当，一举破解了生物学界长达半个世纪的难题，荣登 Science 杂志 2021 年度十大科学突破之首 [6]。

在科研智能化进程中，将精心构建的人工智能框架作为基石，进而实现算法的深度集成，随后推出涵盖开发套件与定制领域模型的综合解决方案，科研智能开发工具链经历了一系列迭代与优化，现已为科研人员构建起覆盖全周期的支持体系。该体系有效降低了科研探索的准入门槛，显著提升了研发活动的效率与产出，促进了科研成果向实际应用的高效转化与二者的深度融合。随着持续的精进与技术创新，科研智能开发工具链正日益凸显其作为驱动该领域蓬勃发展的核心动力与关键引擎的角色。人工智能框架作为开发、训练与部署人工智能模型的集成平台，通过提供工具、库和接口构建了一个系统化的环境，极大地提升了开发者在人工智能算法与应用构建、测试及优化过程中的效率。目前，主流的人工智能框架有 TensorFlow、PyTorch、PaddlePaddle 和 MindSpore。科研智能算法库，作为特定领域科学计算难题的解决方案库，依托人工智能框架的算子能力精心打造，汇聚了一系列高效且稳定的算法模块。科研智能开发套件是针对特定科研领域、基于人工智能框架构建的集成化端到端工具包。相较于科研智能算法库，其产品化水平显著提升。一方面，科研智能开发套件通过整合全流程的工具与资源，极大地优化了科研流程，显著提升了科研效率。另一方面，科研智能开发套件降低了科研工作者对计算机专业知识的依赖程度，使科研过程更加聚焦于核心问题本身。当前，在全球范围内已涌现了一系列成熟的科研智能开发套件。国际上，活跃的开源社区生态为科研人员提供了丰富的资源与工具，促进了知识共享与技术进步。在国内，自给自足的生态系统逐步形成，不仅满足了特定科研领域的需求，也促进了本土科研技术的自主发展和创新。

5.6.2 赋能基础科学研究

人工智能与芯片作为创新的催化剂，正深刻改变基础科学研究的面貌，通过提供强大的数据处理能力和智能分析工具，加速科学发现的进程，开辟科研探索的新纪元。

人工智能与芯片赋能基础科学研究主要体现在以下四大维度。

一是助力科学文献深度解析。科研工作者依托人工智能技术，高效解析海量文献资源，精准捕获关键知识要素，洞悉研究前沿动态。以北京国际科技创新中心为例，其借助知网华知大模型构建了开放科学平台，集智研助手、学术问答、智能写作等人工智能工具于一体，为学术界与技术革新者提供了全面的知识支撑服务。

二是优化科学实验流程。通过数据深度分析与机器学习算法，人工智能可以优化设计路径，减少冗余实验，显著提升实验效率与准确性。DeepMind 团队便是利用深度强化学习技术，在托卡马克等离子体的精确磁约束上取得重大进展，将控制精度提升至前所未有的 65%，为核聚变科学带来了里程碑式的突破。

三是促进新理论与算法的发现。人工智能强大的模式识别与预测能力助力科研人员揭示隐藏的科学规律，催生创新理论框架。例如，物理学家借助神经网络技术，成功探测到质子中粲夸克存在的迹象，这一发现或将引领量子色动力学理论的深刻变革。

四是提升科学计算效率。面对传统方法难以逾越的"维度灾难"挑战，人工智能技术能够显著提升复杂科学计算的效率与准确性。以 DeepMind 公司的 AlphaFold 为例，其深度学习算法需要强大的计算能力支持。Google 开发的 TPU 为 AlphaFold 提供了必要的计算能力，使其能够在合理的时间内完成复杂的蛋白质结构预测。2024 年 5 月 8 日，DeepMind 与 Isomorphic Labs 合作发布的 AlphaFold 模型——AlphaFold 3，相较于其前代 AlphaFold 2，AlphaFold 3 在模型架构上进行了重大改进，引入了 Transformer 和 Diffusion 模型，并优化了 Attention 模块和 Structure Module 的设计。这些技术升级使得 AlphaFold 3 在预测精度上实现了前所未有的突破。据报道，其准确率至少提高了 50%，在某些关键领域甚至提高了两倍。AlphaFold 3 不仅能够准确预测蛋白质的三维构象，还能模拟这些蛋白质与其他生物分子（如配体、DNA 和 RNA）的复杂相互作用过程。例如，它能够高效预测转录因子蛋白与靶基因启动子 DNA 的互作，这种方法被认为是目前生物信息学预测领域最准确的方法之一，大大激发了 AlphaFold 3 在药物设计和基因组研究中的应用潜力。

5.6.3　赋能产业技术创新

人工智能与芯片作为核心驱动力，正深度融入产业技术创新的各个环节，通过深度学习、大数据分析等技术手段，加速产业升级变革，开辟产业智能化升级的新路径。人工智能与芯片的结合在多个产业领域中取得了显著成效。

量子计算领域，人工智能和芯片协同发展加速量子计算实用化的进程。人工智能正在帮助优化量子线路设计和改进量子纠错编码，而量子芯片的发展则为实现实用化量子计算提供了硬件基础。例如，日本大阪大学的研究人员利用人工智能技术解决了量子噪音问题，在大规模量子比特阵列的高保真测量方面取得了重大进展，研究人员成功演示了镱-171 量子比特的实时、无损测量，成功率高达 99%。Google 的量子近似优化算法（Quantum Approximate Optimization Algorithm, QAOA）结合其超导量子芯片，在解决特定优化问题时展现出了量子优势。同时，IBM 利用人工智能技术开发的量子纠错方法，结合其不断改进的量子芯片，显著提高了量子比特的寿命和计算精度。这些进展正在加速量子优势的体现，有望使量子计算机在特定任务上超越经典计算机，并扩大量子计算的应用领域，如密码学、金融建模和药物发现等。

材料科学领域，人工智能和芯片的协同发展显著提高了新材料发现和优化的效率。研发效率方面，高性能芯片为人工智能算法提供了强大的计算能力，加速了新材料的发现过程。例如，Google 发布的 GNoME 数据集利用高通量计算能力和密度泛函理论，在短时间内发现了 38 万种热力学稳定的无机材料，由 GNoME 支持的人工智能实验室 A-Lab 更是在 17 天内独自创造了 41 种新材料，平均每天超过两种。2023 年 11 月，美国劳伦斯伯克利国家实验室发布基于机器人的自主材料实验室（A-lab），A-lab 可处理比人类实验员多 50 ～ 100 倍的材料样本，并可在没有人为干预的情况下自主进行 24 小时不间断实验。

　　气候预测领域，人工智能和芯片技术可以提升气候模拟的精度和效率。例如，美国能源部的 Summit 超级计算机，采用的 IBM POWER9 CPU 和 NVIDIA V100 GPU 为复杂的气候模型提供了强大的计算能力，帮助科学家运行更高分辨率的人工智能增强气候模型，捕捉更细致的气候变化，并更好地模拟云形成、海洋环流等复杂的气候过程。目前，研究人员已经开发了多种基于机器学习的模型。例如，NeuralGCM 结合了流体动力学与神经网络，能够进行准确的天气预测和气候模拟，并且比传统模型更节省算力；DeepMind 推出的 GraphCast 模型能够在不到一分钟的时间内预测未来十天的天气。此外，美国科学家发现人工智能算法训练完成后，运行成本低于传统计算公式建模的天气系统。

　　天文学领域，人工智能和先进芯片技术的结合正在推动天文大数据分析技术的进步和新天体的发现。随着望远镜和探测器设备的升级，天文学家面临着前所未有的数据洪流，人工智能算法与高性能芯片的结合大幅提升了对天文数据的处理和分析能力。例如，中国科学院上海天文台利用深度学习算法对类星体光谱数据进行微弱信号搜寻和分析，探测精度达到了 99.8%。这种高精度的分析离不开先进芯片提供的强大算力支持。在脉冲星搜索中，人工智能算法结合高性能计算芯片，将信号处理效率提升了 120 倍。专用芯片技术正在推动天文观测设备的升级，中国科学技术大学自主研制的 PASC 芯片被用于大型高海拔空气簇射观测站，是解决宇宙线起源这一世纪难题的关键技术；在暗物质粒子探测卫星领域中，正在开发用于塑闪阵列探测器的前端读出 ASIC 芯片。

生物制药领域。人工智能基于约束条件和指导规则，在模拟系统和仿真环境中揭示生命科学内在规律、发现新药物或分子结构。一是人工智能可以从复杂的数据中发现隐藏的模式、关联、趋势，从而发现原本仅靠人类无法总结出的规律。2023年9月，中国科学院团队构建了世界首个跨物种生命基础大模型，实现了对基因表达调控规律的全面学习和理解，同时支持细胞状态变化预测及多种生命过程的精准分析。二是人工智能可以加速药物筛选和设计过程，预测药物与生物分子的相互作用情况，大大降低新药开发的风险和成本。2023年7月，英伟达与罗氏、拜耳等药企合作，利用人工智能帮助其实验室每周进行"数百万次"的试验，用于开发治疗由大脑小血管畸形引起的神经血管疾病的数种药物。三是生成式人工智能基于已有的数据、给定的规则，可以创造出新的分子结构。2023年9月，我国百图生科发布在线蛋白设计平台 AIGPlight，该平台支持多种类蛋白质的多参数生成和优化，为生命科学研究人员提供高效、可靠的蛋白质设计与优化解决方案。

5.7 数智技术赋能国家治理

5.7.1 助力科学决策，驱动治理变革

一方面，在社会治理领域，AI 和芯片技术正在为政府决策和公共服务提供新的工具和方法。目前，全球已有 18 个国家和地区开展了政务领域生成式人工智能大模型的应用探索，覆盖从中央到地方各层级政府机构。这些应用涵盖了政府内部办公、政务信息公开、政务服务提供、民生服务优化和国防科技等五大领域，共 13 个细分场景。在政府内部办公方面，AI 大模型被广泛用于知识检索和收集、内部文书写作、简化改写官方文件等，显著提高了公务员的工作效率。在政务服务提供方面，新加坡、阿联酋、卡塔尔等国将 ChatGPT 嵌入政府网站机器人，为企业和群众提供全天候的智能化服务。在中国，56 家大模型企业布局政务领域，其中 30 家

企业布局政务服务，20 家企业布局城市管理。如商汤科技与深圳市罗湖区合作打造 "AI 智能视觉分析平台"，华为与西安市政府合作为摄像头加装 "盘古" CV 大模型，实现异常事项分钟级自动化处理。管理咨询机构罗兰贝格预计，生成式人工智能大模型将助力公共服务行业降低 1.8% 的运营成本。在日本的都道府县政府中，ChatGPT 的使用比例超过 50%，政府部门对 ChatGPT 的利用率达 17.5%，反映出 AI 技术在政务领域的巨大潜力。另一方面，人工智能技术的广泛应用也带来了一系列伦理和法律问题，推动对人工智能治理新模式的探索。例如，欧盟率先发布的《人工智能法案》中提出了对 AI 系统的风险分级管理，旨在保护公民权益的同时，促进人工智能技术的创新发展。我国国家互联网信息办公室发布了《生成式人工智能服务管理暂行办法》，这是国家首次针对生成式人工智能产业发布的规范性政策，强调了对算法、框架等基础技术的支持。

5.7.2　赋能智慧城市建设，重塑城市管理

智慧城市是一个体系相当庞大且复杂的重大工程，AI 芯片是城市发展的 "发动机"。近年来，互联网大公司和科技巨头陆续从 AI 城市大脑切入布局智慧城市项目，如阿里巴巴的 ET 城市大脑、百度的 AI CITY、腾讯的数字城市、科大讯飞的讯飞超脑、浪潮的城市智慧大脑、华为的智慧城市神经系统以及安防领域海康威视的 AI Cloud、大华的 HOC 城市之心等。随着智慧城市产生的数据量不断增加，高性能的芯片成为处理这些大数据的关键，AI 芯片不仅需要处理大量数据，还需要具备高速的处理能力和低能耗特性，通过硬件结构和算法的优化，实现对深度学习和其他人工智能算法的高效执行。AI 芯片在图像识别、语音识别、自然语言处理等方面表现出色，为智慧城市的建设提供了强大的技术支持。北京市领导驾驶舱基于市大数据平台，建设城市大脑中枢，加速沉淀并复用推广基层应用形成的高价值公共数据和业务模型，全面支撑市领导驾驶舱迭代升级。

参考文献

[1] World Economic Forum. The Future of Jobs Report 2023[EB/OL]. Geneva: World Economic Forum, 2023[2025-04-14]. https://www3.weforum.org/docs/WEF_Future_of_Jobs_2023.pdf.

[2] World Economic Forum. The Future of Jobs Report 2020[EB/OL]. Geneva: World Economic Forum, 2020[2025-04-14]. https://www3.weforum.org/docs/WEF_Future_of_Jobs_2020.pdf.

[3] McKinsey Global Institute. Skill Shift: Automation and the Future of the Workforce[EB/OL]. Geneva: McKinsey Global Institute, 2018[2025-04-14]. https://www.mckinsey.com/mgi.

[4] Deloitte. 2021 Global Human Capital Trends[EB/OL]. Geneva: Deloitte, 2021[2025-04-14]. https://www2.deloitte.com/global/en/insights/human-capital-trends.html.

[5] 中国人工智能产业发展联盟 . 科研智能（AI4R&D）：人工智能驱动的研究新范式 [EB/OL]. 北京 : 中国人工智能产业发展联盟 , 2024[2025-04-14]. https://www.aiiaorg.cn/reports/ai4rd_2024.pdf.

[6] JUMPER J, EVANS R, PRITZEL A, et al. Highly accurate protein structure prediction with alphafold[J]. Nature, 2021, 596(7873): 583-589.

数智经济的产业转型升级

第 6 章

重点产业数智化转型

6.1 数智技术赋能汽车产业

6.1.1 智能汽车产业发展

在数智经济的背景下，数智技术使汽车产业经历了深刻的转型升级，为行业带来了革命性的变化。 汽车产业作为国民经济的支柱产业之一，随着汽车日益向多领域技术融合形态发展演化，以电动化、智能化、网联化、共享化为趋势的"新四化"赋能已是汽车产业转型升级的必由之路。中国汽车工业协会发布的数据显示，我国 2023 年已成为全球第一大汽车出口国。

汽车芯片在汽车产业中占据着举足轻重的地位，尤其在汽车智能化和电动化的趋势之下，其作用愈加关键。 在智能驾驶、车联网和新能源汽车等领域中，汽车芯片扮演着"核心中枢"的角色，影响着整车的性能、安全性和用户体验。芯片在整车上的用量与价值占比都越来越高。20 世纪 70 年代，汽车电子设备占汽车的价值为 5%，2024 年这一数值接近 40%。一辆传统燃油汽车上所用的芯片数量约为 500 ～ 600 个，大约包含 40 多个类型，主要应用在雷达、摄像头、数字信号处理等电子设备上；而新能源汽车上所用的芯片数量约为 1 000 ～ 1 200 个，有的车型甚至有 2 000 多个 [1]。参考国外汽车芯片厂商的分类方法，这些整车芯片大致分为 4 种芯片应用子系统，自动驾驶与 ADAS（Advanced Driver Assistance System，先进驾驶辅助系统）、动力与传动系统、信息娱乐与仪表系统以及车身电子与照明系统等，各子系统又可以进一步划分为功能模组。各子系统之间的数据通过汽车网关和各类总线进行交互和共享，例如车身传感数据在主机大屏上显示，通过手机连接车联网模块可以向车身控制模块下发各类控制指令等。在动力与传动系统中，14 个子模块的芯片需求估计在 250 多块，主要是模拟类、电源类、传感类及控制类芯片，较复杂的发动机控制模块或电池控制模块还需要独立的存储芯片。信息娱乐与仪表系统中，10 个子模块的芯片需求在 170 多块，主要是模拟类、电源类、控制类及计算类芯片，智能座舱、车用主机、抬头显示、车联网模块都需要具备计算能力的芯片，这类芯片的国外供应商包括高通、英飞凌等。自动驾驶与 ADAS 中，7

个子模块的芯片需求在 200 多块，基本上每个子模块都需要计算类芯片和存储类芯片的支持，这类芯片的国外供应商包括英特尔、高通、英飞凌等，也有像特斯拉这样的整车厂进行芯片自研，主要研发针对自动驾驶的计算芯片。车身电子与照明系统中，24 个子模块的芯片需求在 300 多块，主要是以模拟类、驱动类、控制类和通信类芯片为主，这类芯片的国外供应商包括高通、英飞凌等，汽车网关和障碍物检测模块需要具备计算能力的芯片，此外，还需要大量的 MCU（Multipoint Control Unit，多点控制单元）。总体来说，汽车智能化程度越高，所需芯片数量和种类也就越多。

汽车芯片不仅是汽车产业技术进步的核心，也是推动经济发展的重要引擎，通过提升效率、促进创新和创造就业等方式，对经济产生深远影响。针对汽车芯片产业，汽车行业数据预测公司 AutoForecast Solutions 统计，4G 通过 NAD（Network Access Device，网络接入设备）模块成为汽车的主要蜂窝连接方式，主要用于远程信息处理、安全和紧急呼叫用例。未来，汽车的用例将依托 5G 连接，以满足新的先进移动用例的需求。Counterpoint 的智能汽车研究报告预测，每 3 辆售出的汽车中就有 2 辆具有嵌入式联网功能。到 2030 年，这一比例将增长到约 100%。2024 年至 2030 年间，5G 嵌入式汽车的累计销量将占联网汽车总销量的近一半，中国预计到 2028 年将实现 100% 的连接普及率。据 IC Insights 的统计，全球汽车芯片市场从 1998 年以来逐步增长，从当年的 4.5% 到 2021 年的 7.4%。根据光大证券等机构的分析，2024 年全球半导体市场规模预计将达到 6 731 亿美元，并有望在未来几年内保持增长趋势。其中汽车芯片和人工智能芯片需求强劲，但汽车芯片当前仍然存在短缺问题，虽在汽车芯片总量上今年较去年相比有所增加，但部分种类的汽车芯片仍然处于结构性短缺的状态。主要汽车芯片类型和供应商如图 6-1 所示。

从全球市场份额来看，**国外厂商在汽车芯片领域占据领先地位，汽车芯片国产化率较低，目前我国汽车芯片自给率不足 10%，国产化率仅为 5%，汽车芯片来源高度依赖国外。**据 Omida 统计，全球十大汽车芯片厂商分别为英飞凌、恩智浦、意法半导体、德州仪器、瑞萨电子、安森美、电装、亚德诺、Mobileye、高通，他们的销售额如表 6-1 所示。

图 6-1　主要汽车芯片类型和供应商

表 6-1　全球十大汽车芯片厂商销售额

厂商	国别	2020 年（亿美元）	2021 年（亿美元）	2022 年（亿美元）	2023 年（亿美元）
英飞凌	德国	40.1	56.8	70.8	86.3
恩智浦	荷兰	38.3	54.9	68.8	74.8
意法半导体	瑞士	21.3	26.1	53.1	70.9
德州仪器	美国	28.9	38.5	50.0	59.6
瑞萨电子	日本	31.9	42.4	49.6	49.7
安森美	美国	16.8	22.9	33.6	43.2
电装	日本	33.9	38.2	42.6	40.1
亚德诺	美国	8.0	12.5	25.2	29.2
Mobileye	美国	9.7	13.9	18.7	20.8
高通	美国	7.1	10.2	14.7	20.1

数据来源：Omdia

　　由于国外汽车芯片产品在可靠性、质量及价格等方面具有综合性的优势，国内汽车厂商主要以采购国外汽车芯片为主，国内汽车芯片产品很难在市场上崭露头角。但受到前几年疫情、中美科技竞争等因素的影响，原本稳定的汽车芯片供应链也出现了供应短缺的现象，国内汽车厂商逐渐开始主动评估并采购国产汽车芯片产品。未来汽车产业将成为国内芯片产业发展新的主要驱动力。

6.1.2 人工智能大模型进一步赋能汽车产业

头部车企尝试将人工智能大模型应用于整车，推动整车智能化。 当前，汽车产业正处于从"软件定义汽车"迈向"AI定义汽车"的新阶段，头部车企纷纷布局"AI+汽车"，推动汽车产业数智化转型。2024年1月，比亚迪推出整车智能化"璇玑"架构[2]，双循环多模态AI"璇玑"和智能化架构"璇玑"将AI技术应用到车辆的各个方面，覆盖超过300个使用场景，旨在通过打破系统间的壁垒，实现信息的即时捕捉和决策反馈。2024年1月11日，吉利推出汽车行业全场景AI大模型——星睿AI大模型，包含语言大模型、多模态大模型、数字孪生大模型三大基础模型和自然语言处理大模型、NPDS研发大模型、多模态感知大模型、多模态生成大模型、AI DRIVE大模型、数字生命大模型六大能力模型，集成了多模态交互、智能驾驶、智能座舱等核心功能，为用户提供了更加智能化、个性化的出行体验。2024年3月，小米SU7上市，首搭小米澎湃操作系统，并赋能Xiaomi Smart Cabin系统，小米自研端侧大模型的首次上车，实现了"人车家全生态"互联互通。北汽极狐于2024年4月11日推出了全栈生态自进化技术体系"达尔文2.0"，强调了整车智能化、设备协同和信息共享的重要性，旨在通过技术自进化减少人工干预，提高生产车辆的效率和车辆的安全性。

人工智能大模型加持智能座舱，多模态交互能力大幅提升。 人工智能大模型能够改善智能座舱的人机交互体验，通过融合语音、视觉、手势等多种交互方式，满足用户在不同场景下的使用习惯。目前，汽车企业大多从语音模块入手，利用大模型实现智能座舱更准确、更强大、更丰富的语音助手能力。2023年6月，理想汽车发布认知大模型Mind GPT，并于当年12月开启内测。该模型拥有规模庞大的高质量、多样化训练数据，总量超过3万亿Token。Mind GPT采用自研的TaskFormer神经网络架构，基于用车、娱乐和出行等场景使用SFT、RLHF等技术进行训练，不仅具备强大的语言理解、知识问答和文本生成能力，还具备非常强的逻辑推理、记忆网络和用户语言界面生成能力。2023 年 8 月 8 日，广汽正式推出 AI 大模型平台，依托该平台打造的首个量产大模型座舱将率先搭载在昊铂 GT 上。该平台聚合了多种 AI 大模型，并与广汽智能网联底层能力深度融合，不仅能调用通用大模型的功能，还能基于智能汽车的应用场景构建专用模型，实现全场景智能化跃迁。2024 年 4 月 12 日，蔚来正式开启推动 NOMI GPT，将同步陆续推送给搭载 Banyan·榕智能系统的车型。NOMI GPT 是蔚来为 NOMI 量身打造的端云多模态大模型，包括自研的端云融合架构、多模态感知、认知中枢、情感引擎、记忆能力和 NOMI GPT Agents 等，配合数十亿级的参数规模、毫秒级的响应速度，赋予 NOMI 在感知、认知、决策等方面强大的复杂逻辑推理能力，使其具备与用户进行开放式问答的交互能力。2024 年 4 月 22 日，哪吒汽车联合 360 集团共同发布大模型产品 NETA "乾坤圈"，并于 6 月通过 OTA（Over The Air，空中激活）实现，率先在哪吒 L 上搭载，同时，这两个企业将 360 智脑、AI 搜索和数字人等先进 AI 技术应用在了座舱等领域。2024 年 4 月 25 日，小鹏汽车推出 AI 天玑系统，将 AI 技术全面应用于智能座舱与智能驾驶的操作系统中。小鹏汽车的生活助理——AI 小 P，具备高级别的理解能力，能通过个性化组合 100 多项座舱功能，为用户提供贴心的管家式服务，实现精准预测，能顺畅沟通及准确执行用户需求。2024 年 8 月 15 日，岚图汽车与华为共同推出搭载华为乾崑智驾和鸿蒙座舱的 MPV——岚图梦想家。鸿蒙座舱搭载了千悟引擎大模型，该模型以华为云盘古大模型、MindSpore 异思计算框架和昇腾 AI 基础硬件平台等核心技术为基础底座，其千悟视觉功能可实现舱内毫米级精准感知，主驾自适应调节，包括后视镜、方向盘、HUD 高度等。同时，千悟视觉功能支持全舱骨骼级人体感知，多模态融合控车，挥手即可控制遮阳帘、车门、空调风向等，在车内体感交互方面达到新高度。

人工智能大模型赋能自动驾驶，提升自动驾驶的感知和决策能力。 人工智能大模型的崛起为自动驾驶技术的研发注入了一剂强心剂。自动驾驶的核心问题是如何精准识别诸多传感器所采集的环境信息并迅速做出准确判断，而大模型具有对海量数据的分析能力、多维度分析能力、全面预测能力，能够为自动驾驶提供强大的算法支持。2023 年 4 月，长城汽车控股的毫末智行发布了全球首个自动驾驶生成式大模型 Drive GPT 雪湖·海若，通过引入真实人驾接管数据建立 RLHF（Reinforcement Learning with Human Feedback，人类反馈强化学习）技术，对自动驾驶认知决策模型进行持续优化。目前，Drive GPT 已完成 4 000 万公里驾驶数据的训练，参数规模达到 1 200 亿，但尚不能实现端到端自动驾驶，还处在从离散到感知模型、认知模型、控制模型聚集的阶段。2024 年 3 月 25 日，极越发布了 OTA V1.4.0 新版软件，宣布百度最前沿的 3 项 AI 原生科技将持续支持极越汽车机器人进化，包括升级 OCC（Occupancy Control Center，占用控制中心）占用网络可视化效果、SIMO（Single Input Multiple Output，单输入多输出）与文心一言大模型双向融合、基于大模型的人车家生态正式"上车"等。同时，基于百度 Apollo 自动驾驶视觉大模型 VTA 的纯视觉高阶智驾能力和安全体系赋能，极越完成了 OCC 专用网络升级，已形成"B.O.T"完整技术体系。2024 年 5 月初，理想汽车的智能驾驶平台 AD Pro 3.0 将通过 OTA 5.2（远程升级）开启推送，基于 BEV 大模型的高速 NOA 可达到千公里以上级别的安全接管水平，升级 BEV 模型架构的城市 LCC（Lane Centering Control，车道居中控制）将实现红绿灯识别和路口启停功能，此外，复杂车位智能泊车功能支持超过 300 类复杂车位泊入。2024 年 7 月，基于端到端大模型，小鹏汽车的 XNGP 高阶智能驾驶辅助系统，将完成感知大模型升级和规控大模型上车。小鹏汽车将通过 2K 纯视觉占用网络大模型上车，用超过 200 万个高精度网格重构世界，能清晰识别动、静态障碍物的每一个细节。并且，小鹏汽车引入基于神经网络的规划控制大模型 XPlanner，具备长时序、多对象、强推理的特点。

人工智能大模型深度融合汽车研发、生产、销售等环节，助力汽车产业链智能化升级。 汽车产业作为制造业的一个细分领域，除了汽车本身的智能化，人工智能大模型还深入影响汽车产业链中的各个环节。2023 年 10 月 24 日，一汽解放宣布与华为签署全面深化合作协议——AI、智能驾驶及智能座舱专项合作备忘录。基于华为云盘古大模型，一汽解放开展了多个场景的验证测试，为一汽解放提升工作质量和效率提供了强有力的支持。此外，一汽解放将基于华为云盘古大模型构建解放智慧大脑，打造员工贴身智能工作助手，为用户提供从选车到换车的一站式服务，赋能研发、生产、供应、销售、服务全业务场景。2024 年 1 月 22 日，中国一汽联合阿里云通义千问打造的大模型 GPT-BI 率先完成落地，GPT-BI 可以缩短 BI 分析的报表设计、数据建模等的交付周期，还可以穷尽企业有限域的全量指标、模型和报表。用户输入问题后，大模型识别问题意图、解析决策变量、生成 SQL 数据查询语句并匹配企业实时数据，自动生成最佳决策方案，以满足用户更灵活智能的数据需求，实现"问答即洞察"，带来基于动态因子、实时数据的决策革命。2024 年 4 月 23 日，长安汽车宣布与阿里云合作，多方位接入阿里云通义大模型。除了大模型上车应用，在研发场景中，长安汽车接入通义灵码，以提升编程与开发效率，减轻研发工程师的工作压力。国内外汽车企业人工智能大模型的应用情况如表 6-2 所示。

表 6-2　国内外汽车企业人工智能大模型的应用情况

分类	企业名称	模型（部分）	主要场景	应用
国内企业	比亚迪	璇玑 AI 大模型	智能座舱 智能驾驶	比亚迪自研璇玑 AI 大模型，主要应用于智能座舱与智能驾驶两大领域
	小米汽车	小爱 AI 大模型 小米端到端感知决策大模型 小米道路大模型	智能座舱 智能驾驶 生产制造	小爱同学全面接入大模型，实现了从语音助手到生成式 AI 智能助理的能力跃迁；智驾方面，小米端到端大模型取代了此前用于感知、决策、规划的多个模块；智能制造领域，小米利用视觉大模型质量判定系统，可在 2 秒内完成检测
	理想汽车	理想 Mind GPT BEV 大模型	智能座舱 智能驾驶	理想汽车 OTA 5.0 升级后，融入 BEV 大模型，升级了智能驾驶能力，多模态认知大模型 Mind GPT 正式上车，成为功能齐全的"车内管家"
	长城汽车	Coffee GPT	智能座舱	2024 年 5 月 OTA 升级后，魏牌高山和蓝山将搭载新一代认知智能大模型 Coffee GPT，该模型拥有跨领域的知识和语言理解能力，可实现边说边执行、跨音区上下文理解等

続表

分类	企业名称	模型（部分）	主要场景	应用
国内企业	长安汽车	通义千问 通义灵码 文心一言	智能座舱 智能研发 数据分析	长安汽车从 2020 年开始将 AI 用于智能座舱，将大模型搭载于即将上市的重磅车型长安启源 E07 上；在研发场景已使用通义灵码，用于提升编程效率；内部打造了智能数据搜索与分析助手 CAnswer，实现对话式数据分析
	赛力斯	盘古大模型	智能座舱 智能驾驶	问界系列车型，搭载了整合华为盘古 AI 大模型的 HarmonyOS 4.0 智能座舱
	广汽集团	广汽 AI 大模型平台	智能座舱 智能驾驶	2023 年 8 月，广汽推出 AI 大模型平台，并于 9 月逐步搭载昊铂 GT 上车
	吉利集团	吉利星睿 AI 大模型	智能座舱 智能驾驶	吉利全场景 AI 大模型，已陆续应用在银河 L6、银河 L7 等车型上
	蔚来	NOMI GPT	智能座舱 售后服务	2024 年 4 月 NOMI GPT 正式上线，除了智能座舱的交互升级，NOMI GPT 还提供更加便捷智能的售后服务，如远程诊断、故障预警、预约维修等
	极氪	Kr GPT	智能座舱 智能客服	Kr GPT 在极氪 007 上首次上车，其核心功能主要体现在座舱方面，提供翻译、安排行程、写稿件等交互功能
	北京汽车	北汽 AI 大模型	智能座舱 智能驾驶	已在人机交互、智能驾驶、数据标注、销售等场景进行应用
	小鹏	小鹏端到端大模型	智能座舱 智能驾驶	小鹏端到端大模型包括深度视觉感知神经网络 XNet、规划大模型 XPlanner 和大语言模型 XBrain，已于 2024 年 5 月随 AI 天玑系统推送上车
	智己汽车	智己生成式大模型	智能座舱	智己 LS6 车机系统搭载了智己的生成式大模型，能够实现对用户需求的发散式满足，同时给予一定的意见反馈。该大模型还提供包括女友模式、孔子模式等多种不同的对话模式，除了在反馈的语言方式上进行区分，还提供了不同的知识背书

分类	企业名称	模型（部分）	主要场景	应用
国内企业	中国一汽	通义千问	数据分析	2024年1月，中国一汽与阿里云通义千问联合打造的大模型应用GPT-BI，是中国一汽首个落地的大模型应用
	一汽解放	盘古大模型	智慧办公智能客服智能研发	目前已经相对成熟且在实际应用中取得成果的场景包括文案和专题报告生成、洞察报告生成、辅助编程、产品造型创意、自动驾驶数据标注、智能客服、智能驾驶助手、智能员工助手等
	路特斯	路特斯AI大模型	门店销售	部分路特斯门店已经部署基于大模型及数字孪生技术研发的智能导购数字人，在智能座舱、自动泊车等方面亦有应用
	江淮汽车	盘古大模型星火认知大模型江淮端到端大模型	智能座舱智能驾驶	在智能座舱领域，江淮瑞风RF8首搭华为鸿蒙4.0系统和讯飞星火认知大模型，在智能驾驶领域，江淮自研端到端大模型
	岚图汽车	VCOS GPT	智能座舱	岚图汽车发布全新一代智能座舱，搭载VCOS GPT大模型，使岚图汽车的全新一代智能座舱的语音识别率达到了98%，而对话应答时间仅需550ms，车控相应时间达到了1秒的水平
	零跑汽车	—	智能驾驶	在导航辅助巡航方面，面对无高精地图的情况，通过多模态感知大模型识别道路红绿灯、斑马线、车道线曲率及障碍物等信息
	哪吒汽车	NETA"乾坤圈"	智能座舱	首搭上车哪吒L，"一车分饰五角"，包括语音秘书、座舱保姆、增程管家、全能保镖、智驾司机
国外企业	特斯拉	特斯拉端到端大模型	智能驾驶	特斯拉较早将端到端大模型应用到FSD
	丰田汽车	AgentAsk	车辆设计智慧办公	丰田将生成式人工智能技术应用在汽车设计环节，可以生成数字原型以进行模拟真实世界的测试，使工程师能够在开发过程早期识别和解决潜在的设计缺陷，从而节省大量时间和成本

分类	企业名称	模型（部分）	主要场景	应用
国外企业	大众集团	ChatGPT	智能座舱	大众智能语音助理 IDA 集成 ChatGPT，用户可以通过语音助手或方向盘按钮激活 IDA，进行各种操作和查询。系统会优先处理与车辆功能相关的命令，非功能性命令则由 ChatGPT 处理
	戴姆勒 - 奔驰	ChatGPT	智能座舱 生产制造	奔驰利用 ChatGPT 来提升其车载助手"Hey Mercedes"的能力，该工具已在美国市场的 90 万辆汽车中实现，在工厂内，该工具能够高效整合来自开发、制造和客户体验领域的质量数据，加快缺陷的识别和分析
	通用汽车	Google Cloud	智能座舱 生产制造	通用汽车利用 Google AI 聊天机器人强化 OnStar 服务，提升用户体验。在生产故障预测、机器人装配线等场景也接入了 GenAI 技术
	宝马集团	亚马逊 Alexa 大模型 Zapata AI	智能座舱 生产制造 智能研发	宝马利用亚马逊 Alexa 大语言模型打造了全新一代 BMW 智能个人助理。通过与工业 AI 服务商 Zapata AI 合作，利用生成式人工智能技术实现工厂调度优化，基于生成式人工智能的工具性能提高了 71%，显著提高了宝马的工厂调度效率，最大限度地减少了闲置时间，并有助于精确实现生产目标
	本田汽车	Amazon	智能营销	本田联合亚马逊广告品牌创新实验室，利用人工智能的生成能力为对其新款电动 Prologue SUV 感兴趣的消费者制作定制视频
	标致雪铁龙集团	ChatGPT	智能座舱	标致已将 ChatGPT 集成到其 i-Cockpit 中，可通过语音助手"OK Peugeot"激活。通过将 ChatGPT 引入汽车，标致希望改善语音助手提供的用户体验，使语音助手更具互动性、无缝性和用户友好性
	起亚	ChatGPT	智能座舱	起亚 EV3 搭载集成了 ChatGPT 的全新语音助手
	斯柯达	ChatGPT	智能座舱	斯柯达从 2024 年中期开始，将 Cerence 的汽车级 ChatGPT 作为许多客户的标准功能

6.2 数智技术赋能钢铁产业

6.2.1 钢铁行业数智化转型的基础日益夯实

钢铁行业数智融合基础逐步夯实。我国钢铁行业积极响应国家关于制造业数字化转型的号召，不断加大投入力度，逐步建立健全数智融合的基础设施。钢铁行业数字化转型正从经营管理层面，逐步深入生产控制主流程。作为工业生产运行的"大脑"的工业控制系统，正加速与大数据、人工智能等新一代信息技术融合，从"自动控制"向"智能决策与控制"演进，"人工智能＋工业控制"成为推动钢铁行业智能化升级的强劲引擎。中国钢铁行业协会数据表明，2024 年，95% 的企业将数字化转型融入企业发展战略，81% 的企业探索开展大数据模型应用，80% 的企业已建设智能集控中心。在智能化设备的应用上，钢铁行业同样取得显著进展，重点企业的机器人应用密度达 65 台（套）/ 万人。越来越多的机器人和自动化设备被引入钢铁生产流程中，替代人工完成繁重、危险或重复性的工作，这不仅提高了生产效率，还降低了人力成本和安全风险。此外，钢铁企业在生产制造执行系统（Manufacturing Execution System，MES）、能源管理系统和环保监测系统的建设上也取得了显著成效。截至 2024 年，90% 的企业已经建立了这些系统，为生产过程的精细化管理、能源的高效利用以及环境保护提供了有力支持。特别是 500 万吨规模以上的大型企业，它们已基本实现了管控衔接，即生产管理与控制层面的无缝对接，这进一步提升了企业的整体运营效率和响应速度。

钢铁行业数字化转型初显成效。在数智融合的推动下，钢铁行业的数字化转型已经初见成效。从 2021 年到 2023 年，钢铁行业及其延伸产业共有 31 个智能制造示范工厂、76 个智能制造优秀场景、7 个工业互联网试点示范项目入选工信部"智能制造试点示范"和"工业互联网试点示范"。这些示范项目和场景不仅展示了钢铁行业在数智化转型方面的积极探索，也为行业内的其他企业提供了可借鉴的经验和模式。截至 2023 年底，我国已有 31 家钢铁企业入选智能制造示范工厂。这些企业不仅在数智化转型方面取得了显著成效，还通过示范引领作用，推动了整个行业的数智化进程。它们的成功表明，数智化转型不仅能够提升企业的生产效率和产品质量，还能够增强企业的市场竞争力和创新能力。数字化转型的成效还体现在钢铁行业的生产效率、成本控制、产品质量等多个方面。通过引入智能化设备和系统，钢铁企业能够实现生产过程的自动化、智能化和精细化管理，从而提高生产效率和产品质量。同时，数智化转型还能够帮助企业实现成本的有效控制，降低能耗和物耗，提高资源利用率。

数智钢铁相关科技成果显著增多。在数智融合的推动下，钢铁行业的科技成果也呈现出显著增多的趋势。从 2016 年至 2022 年，钢铁智能制造领域相关的专利申请达到了 3 820 项，这一数字充分说明了行业在数智化技术研发方面的积极性和创新性。机器视觉等科技成果赋能钢铁行业取得显著进展。例如，在转炉火焰识别领域，基于深度学习算法的"火焰金睛"产品已实现对火焰溢渣、喷溅状态的精准识别，准确率达 99% 以上，并结合工艺模型进行氧枪自动控制，异常喷溅率降低了10%，单转炉每年可节省上千万元。机器视觉赋能应用已覆盖炼铁、炼钢、轧钢等钢铁生产全流程中近 100 个场景，可有效降低劳动强度 20%、提升工作效率 30%以上。

智能制造标准体系日益健全。在数智融合的推动下，智能制造标准的重要性也日益凸显。为了规范行业内的数智化转型行为，提高数智化技术的应用水平，钢铁行业开始重视智能制造标准的制定和推广。从 2020 年开始，中国钢铁工业协会便组织开展了智能制造领域的标准制定工作。截至 2023 年 10 月，已有 122 项标准（11 项行业标准、111 项中钢协团体标准）投入研制，54 项具有钢铁行业特征的智能制造标准发布实施。这些标准的制定和推广不仅为钢铁行业的数智化转型提供了有力的技术支撑和保障，还促进了行业内企业之间的技术交流和合作。智能制造标准的完善有助于提升钢铁行业的整体竞争力和国际影响力。通过制定和推广具有自主知识产权的智能制造标准，钢铁行业能够增强在国际市场上的话语权和竞争力。

综上，数智融合已成为推动钢铁行业转型升级的重要驱动力。通过建立健全数智融合基础、推进数字化转型、推动科技成果转化和应用以及重视智能制造标准制定和推广等措施，钢铁行业逐步实现从传统制造向智能制造的深刻变革。未来，随着数智技术的不断进步和应用场景的不断拓展，钢铁行业的数智化转型将迎来更加广阔的发展空间和更多的机遇。同时，我们也应看到数智化转型所面临的挑战和风险，如数据安全、技术更新换代等，需要行业内外共同努力应对和化解。相信在各方面的共同努力下，钢铁行业的数智化转型必将取得更加辉煌的成就。

6.2.2 钢铁数智化转型仍面临三重挑战

当前钢铁行业在数智化转型方面取得了一定的进展，但仍面临一系列挑战亟待解决。

行业整体数智化水平不均衡。钢铁行业的数智化转型呈现出明显的两极分化现象。一方面，像宝武、鞍钢、首钢等大型钢铁企业，凭借其雄厚的资金实力和技术积累，已率先推进智能制造，建立了自己的信息化公司，制订了详尽的数智化转型规划，并在实际应用中取得了显著成效。这些企业不仅实现了生产流程的自动化、智能化，还在供应链管理、客户关系管理等方面实现了深度数智化。另一方面，200万吨及以下的中小型钢铁企业，由于资金、技术、人才等方面的限制，大多仍处于基础建设或单项业务应用阶段，数智化转型进展缓慢。

系统集成不高，数据基础相对薄弱。在500万吨及以下的钢铁企业中，尽管有60%的企业实现了生产制造执行系统与过程控制系统的横向集成，但整体上仍面临从点到线再到面的集成挑战。行业内部对工艺机理模型的基础研究较为薄弱，缺乏原始理论与技术创新，导致一些关键技术、高端装备、配套系统依然依赖进口，无法实现自主可控。数据作为数智化转型的基础，其质量、完整性和可用性的高低直接关系到转型的成败。然而，当前钢铁行业的数据基础相对薄弱，数据孤岛现象严重，数据治理和分析能力不足，难以支撑深层次的智能化应用。

融合创新能力不足。钢铁行业在工业互联网、信息物理系统的研发与集成、业务系统向产业链前端延伸等方面的创新能力较弱。尽管大型钢铁企业已开始建设智能工厂，并获得了工信部的智能制造示范工厂评价，但大多企业仍处于局部探索阶段，缺乏成熟的行业解决方案。同时，智能制造研发人才的短缺也制约了融合创新的发展。

6.2.3　钢铁行业数智化的深化路径

面对上述挑战，钢铁行业必须坚定不移地走数智化转型之路，以人工智能技术赋能，推动行业向高端化、智能化、绿色化转型。

统一数据规范，构建高质量数据。高质量的行业数据是数智化转型的基础。钢铁企业应建立以数据支撑人工智能应用、激活数据要素价值为目标的数据管理体系。在数据采集方面，要确保能够准确、实时地采集设备数据，减少人工记录的过程数据，提高数据源头质量。在数据治理方面，应统一数据标准，构建以数据标准体系为核心的数据治理架构，实现数据资产化。在数据应用方面，要让数据成为人工智能算法模型训练的"养分"，通过高质量的数据训练出高精度、高可靠性的模型，为智能化应用提供有力支撑。

构建以大模型技术为核心的人工智能开发应用新范式。针对钢铁行业面临的需求碎片化、多样化等问题，以及传统模型开发成本高、升级难、安全性差等弊端，钢铁企业应积极探索以大模型技术为核心的人工智能开发应用新范式。大模型技术具有通用基础能力，能够结合行业知识和场景数据进行训练和微调，有效应对碎片化和多样化需求，并大幅缩减研发、定制、部署、调优等工程化过程中的成本投入。钢铁头部企业应联合高科技企业进行创新与研究，共同推进 AI 战略的实施。

开发"工业机理＋人工智能"融合模型。工业机理模型是描述工业过程中物理、化学和力学等规律的重要工具。在钢铁行业的数智化转型中，应将工业机理与人工智能相结合，构建融合模型。以工业机理为基础，基于历史数据进行残差预测，使人工智能模型参数可靠且接近真实工况；以工业机理为约束，对数据质量进行分析，使人工智能训练数据更准确。通过将工业机理模型与持续迭代优化的人工智能数据模型相结合，取长补短，使模型控制更精准、更易用。钢铁企业、研究机构与人工智能技术服务商应深入合作，研发基于钢铁行业的"工业机理 + 人工智能"融合模型，构建钢铁生产知识规则库和质量知识图谱等。

钢铁行业的数智化转型是一项长期且艰巨的任务。面对当前存在的挑战和困境，钢铁企业必须坚定信心、迎难而上，以数智化转型为突破口，推动行业向高端化、智能化、绿色化转型。通过加强政策引导和支持、加强人才培养和引进、发挥行业协会的桥梁纽带作用等措施，为钢铁行业的数智化转型提供有力保障。相信在政、产、学、研、用各方面的共同努力下，钢铁行业的数智化转型必将取得更加辉煌的成就，为制造业的高质量发展贡献更大力量。

6.3　数智技术赋能石化产业

6.3.1　数智技术赋能石化产业的主要领域

人工智能是新质生产力的关键支撑技术，人工智能赋能新型工业化有望引领新一轮工业革命，油气领域是对应用 AI 技术最为迫切和重要的领域之一。根据市场分析机构 Mordor Intelligence 研究，2024 年全球油气工业领域人工智能市场规模预计为 31.4 亿美元，到 2029 年将达到 57 亿美元，2024 年至 2029 年的复合增长率预计为 12.61%[3]。在世界能源结构转型的大背景下，人工智能赋能的新型工业化与油气行业的深度融合不仅能够推动传统产业转型，还能够加快新兴产业和未来产业发展，是新质生产力形成和发展的重要驱动力量，为油气行业带来了革命性的变革。AI 技术的融入不仅优化了传统作业流程，还打开了油气勘探和开发的新思路。

在油气勘探和开发领域，人工智能技术在地震勘探与地震数据解释处理、测井解释、油气层识别、钻完井、油藏动态分析与模拟、油气田地面工程等业务上均有一定程度的应用。比如，挪威国家石油公司与康斯伯格海事在海底机器人技术上展开深度合作，与挪威阿克集团合作开发世界上第一个无人操作海上勘探石油平台，与微软云 AI 平台合作开发数字化转型应用。壳牌利用微软云服务和人工智能技术来优化勘探和采油流程，加速数字化转型。道达尔与谷歌合作，利用人工智能和数据分析技术提升石油勘探和生产效率。巴西国家石油公司与 IBM 合作开发机器学习平台，用于优化钻井过程，减少非生产时间，提高石油和天然气产量。斯伦贝谢公司与 GeminusAI 公司合作，将物理方法与过程数据相结合，快速、低成本地创建高度精确的人工智能模型，以井筒数据综合解释技术和先进的岩石物理学理论为核心，覆盖钻井、测井、地质、生产、油藏、地球物理、非常规和岩石力学等 8 个专业领域 32 项分析技术，用途贯穿油田从勘探、开发到生产的整个生命周期，可为储层评价、油藏描述及工程作业提供一系列高质量的地质及工程参数，已完成上万井次作业。国内油气公司依托人工智能加快智慧油田建设步伐，中国海油在渤海湾利用云计算、大数据和人工智能技术，成功打造了国内首个海上智慧油田。中国石油则通过构建梦想云协同平台和一体化的测井处理解释软件，以及新一代多井评价软件，有效推进了油藏描述、模拟和多井测井解释的智能化。中国石化西北油田借助石化智云平台，实现了油田的现场可视化、生产自动化、油藏数字化、管理信息化和决策智能化，智慧油田建设取得显著成效。

在储运方面，主要通过图像及红外传感识别、数据分析和预测提升油气安全储运水平，做好用户季节性需求预测，以支撑调度决策。一是提供安全保障。油气站场、管道线路目前主要通过安装大量摄像头或采用防爆巡检机器来保障安全，比如七腾防爆巡检机器人能实现无人自主巡检、表计识别、气体检测、红外测温、跑冒滴漏检测、实时视频监控、实时预警等功能。二是通过预测分析支撑经营决策。将 AI 技术应用于运输储运过程中，通过分析温度、压力、流量和设备状态等关键参数，实现对负荷变化异常的预测和规律总结，可以为经营决策提供数据支撑。例如，在天然气储气库建设中，智能化技术被广泛应用于地下储气库和 LNG 接收站，通过智能监控系统和自动化控制技术，增强储气库的安全性与运行效率。结合完善的制度和操作规程，确保储气库的稳定安全运行。

在炼化应用方面，人工智能主要集中在提高生产效率、优化生产过程、预测设备故障、控制产品质量、环保管理与节约能源等方面。沙特阿美与西门子能源合作制定智能化能源管理方案，应用机器学习技术提升勘探、生产和运营效率，如地下储层精准预测，构建全自动数字化的炼化产品生产线，有效降低了生产成本与产品周期。康菲石油公司应用微软人工智能和物联网技术，实现高效生产管理、设备维护和资产优化。在国家智能制造战略部署下，国内炼化企业通过应用大数据、云制造、工业互联网等技术，建设了一批以经营决策、制造执行、过程控制3层模型为基础的智能炼化企业。这些企业在计划调度协同、生产智能化、智能仓储、机器人巡检、智能物流、智能化实验室、数字化交付等方面积累实践经验，推进了企业管理模式的创新和发展。

6.3.2 主要石化企业应用人工智能大模型动态

斯伦贝谢（SLB）开发了大语言模型，研究解决数据稀缺问题和应对特定领域的语言挑战[4]**的方法。**斯伦贝谢公司是全球最大的油田技术服务公司，在全球140多个国家设有分支机构。斯伦贝谢开发了大语言模型，对特定油气任务和性能进行定性测试，该公司在油气领域收集了3.3万个多样性数据集，用以训练模型和进行基准测试。训练结果表明，即使是对特定领域数据进行适当微调的小型模型，也优于在通用语料库上训练的大语言模型。

埃克森美孚与私营企业开发了专为石油和天然气行业服务的自定义大语言模型[4]。该模型使用了 PetroWiki、油气行业相关研究论文、开源工单数据和行业报告等内容进行训练，增强了当前模型的能力。该模型在数据处理、缩写处理及行业特定任务处理等方面都展现出了巨大潜力。

沙特阿美开发了两款大语言模型服务[4]。一是开发了一种TransLing语言模型，可以训练、微调和部署较小的大语言模型，可以与油气行业中的采购、仓储、工厂维护、供应链、财务、销售和营销业务进行自然语言交互，并从描述中查找业务事项和交易，生成准确的信息并输出。这些输出与用户叙述的上下文一致，可为使用者提供其所需的来自业务系统的信息，并可根据需求编写报告。二是开发了一种创新大语言模型框架，实现了对扫描存档文档中知识的提取、知识管理系统（KMS）

的搜索和检索功能的扩展，用来查找各类信息，并进行文档间的相似性比较，以实现信息的精准检索。该方法与传统方法相比更加高效，使企业能够充分利用数字档案中的信息。

阿布扎比国家石油公司利用大模型开展钻探、地质分析研究[4]。一是启动了第一个钻探专用的 GPT-4，该 GPT-4 能够从钻井数据中学习，从而准确有效地服务钻井过程。GPT-4 能够为混合结构、非结构化和多种表格形式的数据提供准确参考。它还具有处理和分析大量运营数据的能力，在识别运营异常或停滞方面价值显著。在钻井领域，这是石油行业第一个使用 GPT-4 的试点。结果显示，这个钻探专用的 GPT-4 能为钻井工程师提供高效、高质量且快速的钻井作业的方法和工具。二是采用 GPT-4 大语言模型分析地质文本描述。该模型成功地从非结构化文本中提取了有价值的地质参数及尺度，促进了对地下储层的岩石类型和渗透率的预测。

6.4 数智技术赋能能源产业

能源是经济社会发展的重要物质基础和动力源泉。目前，AI 大模型在能源领域的应用，引起了全球广泛关注。全球已有上百家企业推出了"AI+ 能源"产品，为新型能源体系描绘了新的前景。

6.4.1 人工智能技术赋能煤矿行业

煤矿智能化是煤炭工业高质量发展的核心技术支撑，将人工智能、工业物联网、云计算、大数据、机器人、智能装备等与现代煤炭开发利用深度融合，形成全面感知、实时互联、分析决策、自主学习、动态预测、协同控制的智能系统，实现煤矿开拓、采掘（剥）、运输、通风、洗选、安全保障、经营管理等过程的智能化运行，这对提升煤矿安全生产水平、保障煤炭稳定供应具有重要意义。通过智能化技术的应用，煤矿可以实现更精准的资源勘探、更高效的采掘作业、更安全的生产环境、更优的资源利用以及更科学的经营决策。这不仅能大幅提高煤矿的生产效率和安全性，还能显著改善煤矿工人的工作环境，推动煤炭行业向更安全、更高效、更环保的方向发展，为国家能源安全和经济发展做出重要贡献。

近年来，国家相继出台和发布各类政策、标准，加快、准确推进煤矿智能化建设步伐。 2020 年 2 月，国家发展改革委、国家能源局等八部门联合印发《关于加快煤矿智能化发展的指导意见》，明确提出了煤矿智能化发展的阶段性目标。到 2025 年，大型煤矿和灾害严重煤矿基本实现智能化，形成煤矿智能化建设技术规范与标准体系，实现开拓设计、地质保障、采掘（剥）、运输、通风、洗选物流等系统的智能化决策和自动化协同运行，井下重点岗位机器人作业，露天煤矿实现智能连续作业和无人化运输；到 2035 年，各类煤矿基本实现智能化，构建多产业链、多系统集成的煤矿智能化系统，建成智能感知、智能决策、自动执行的煤矿智能化体系。这一指导意见为煤矿智能化发展指明了清晰的路线图和时间表，极大地推动了煤矿智能化建设的进程。2020 年 12 月，国家能源局和国家矿山安全监察局发布了《煤矿智能化建设与管理暂行办法》，为煤矿智能化建设提供了具体的实施指南。该办法详细规定了煤矿智能化建设的基本要求、重点任务和管理措施，为煤矿企业开展智能化建设提供了明确的方向和依据。2024 年 3 月，国家能源局印发《煤矿智能化标准体系建设指南》，为煤矿智能化建设提供了技术规范和评价标准。这些政策、标准的出台，为煤矿智能化建设提供了全方位的支持和保障。它们不仅明确了煤矿智能化建设的目标和路径，还为煤矿企业提供了技术指导和评价标准，同时为政府监管和行业管理提供了依据。《2023 煤炭行业发展年度报告》显示："十四五"以来，建成了一批多种类型、不同模式的智能化煤矿，智能化采掘工作面由 400 多个增加到 1 600 个左右；煤炭数字产业营业收入、利润、研发投入等主要指标均保持了 30% 左右的增长态势，相关发明专利数量年均增长超 25%；在 5G 应用、自动驾驶、工业互联网操作系统等领域，走在工业行业第一方阵；以共享中心为代表的煤炭企业生产经营数字化管理系统普遍推广应用；以煤炭各领域数字化、智能化为主业的主板上市公司增加至 13 家。这些成果充分展示了煤矿智能化建设在近年来取得的显著进展，为煤炭行业的转型升级和高质量发展奠定了坚实的基础。

目前，**煤矿智能化已基本达到初级水平，全流程、全业务应用场景的人工智能赋能是未来煤矿智能化、少人化发展的核心方向**。近几年，随着对新型数字化、自动化煤机装备研发应用、新型网络化传感器研发应用、工业互联网信息基础设施部署等建设的投入，煤矿行业正在经历全面的、初步的智能化建设，一定程度上改变了传统煤矿的生产方式，减少了不必要的岗位工，初见成效。然而，初级智能煤矿主要构建的是以云为基础的信息系统架构，缺乏以人工智能为核心的煤矿应用场景赋能技术。2022 年，中国煤炭工业协会发布的《基于工业互联网的煤炭企业信息化基础设施建设白皮书（2022 版）》指出，目前煤炭企业信息化基础设施建设面临的挑战和问题主要表现为多数煤矿缺乏大数据、人工智能、场景化 App 能力，尚未引入云计算、大数据、人工智能等新技术，无法实现多生产系统协同、灾害风险预警化、决策科学化等真正意义上的煤矿智能化建设。2023 年，国家能源局发布的《关于加快推进能源数字化智能化发展的若干意见》对地质、采煤、掘进、主煤流运输、辅助运输、安全灾害、综合管控等煤矿各个作业场景的人工智能应用提出了具体要求。人工智能赋能煤矿是将人工智能思想、方法、模型与煤矿专业知识相融合，利用煤矿作业场景中产生的海量数据，构建机器学习、推理、决策算法模型，开发煤机装备控制、煤矿系统决策、煤企运营管理等多业务、多层级、多场景的智能 App，通过煤炭工业互联网架构，实现人工智能技术在煤矿作业场景中的真实应用，达到煤矿简单作业场景无人、必要作业场景少人、关键作业场景人机协同的煤矿智能化终极目标，真正建设形成智能、少人、安全、高效的现代化煤矿[5]。

煤矿工业机理人工智能模型和工业互联网平台是实现人工智能赋能煤矿行业的关键[6]。一方面，煤矿各工序涉及复杂的生产工艺和安全预警等工业机理，人工智能模型可基于大量的历史数据和领域的专业知识进行训练和优化，帮助理解和模拟煤矿工序中的工业机理。利用煤矿大数据和采煤专业知识，采用机器学习、因果分析、数学推导等建模方法，构建煤矿全流程不同工序场景的工业机理人工智能模型，通过开发和应用工业机理人工智能模型 App，可实现对煤矿各环节复杂机理的建模、优化和预测，为煤矿各安全生产业务提供更准确的预测和决策支持，从而提高生产效率、降低安全风险。另一方面，煤矿工业互联网平台是连接煤矿各工序的信息化系统，可集成煤矿各工序的数据，利用云计算和大数据分析等技术，通过将人工智能模型嵌入平台应用，实现煤矿各个环节的综合分析和优化调度。煤矿工业互联网平台为人工智能赋能提供网络基础、平台中枢、数据基础，实现煤矿各工序场景工业机理人工智能模型的管理部署、承载驱动、数据推理等人工智能应用。煤矿工业机理人工智能模型和工业互联网平台的结合，形成了一个闭环的智能化系统。通过在煤矿各工序场景中应用工业机理人工智能模型，可实现对煤矿生产过程的智能化分析和优化。煤矿工业互联网平台则提供了具有数据采集、存储和分析功能的基础设施，使得人工智能模型不仅可以获取实时数据并进行实时决策，而且可以利用平台历史数据进行模型实时优化和更新。因此，通过对工业机理的人工智能建模和优化，结合互联网平台的数据采集和分析功能，可以为煤矿人工智能赋能提供关键的技术手段和基础设施，推动煤矿向更高水平的智能化和自动化迈进。

6.4.2　人工智能技术赋能电力行业

电力行业是国民经济发展中关系国家经济和民生的最重要的基础能源产业，是世界各国和地区经济发展战略中的优先发展重点。它不仅在促进国民经济发展和社会进步中发挥着重要作用，也与人们的日常生活、社会的稳定相关联。电力人工智能是人工智能的相关理论、技术和方法与电力系统的物理规律、技术与知识融合创新形成的"专用人工智能"。

开放互联、多源协同、多能互补、能源与信息深度耦合的能源互联网将会是未来电力能源系统的主要形态特征。一是能源系统将更加开放，不同能源类型和不同地区之间的互联互通将成为常态，这有助于优化资源配置，提高整体能源利用效率。二是多种能源形式（如风能、太阳能、水能、核能等）将共同参与电力供应，各类能源之间需要高效协同工作，以确保供电的稳定性和可靠性。三是利用不同能源之间的互补性来平衡供需波动，例如，太阳能和风能在时间上往往具有互补性，可以联合调度以减少对单一能源的依赖。四是信息技术将与能源系统深度融合，实现智能化管理和控制，通过大数据分析和人工智能技术优化能源生产和消费模式。目前，社会整体的用电需求在快速增长，对电能质量的要求也在逐步提高，为降低碳排放，必须减少能源结构中煤炭的占比，同时变革电力系统的形态，采用集中式与分布式并举开发和利用新能源，这对整个电力网络系统的发电、输电、用电等环节来说都是巨大的挑战。综合各国电力行业的发展趋势来看，智能电力网络的开发和应用是应对当前挑战的必然选择。

数据驱动的人工智能技术是支撑新一代电力系统的重要手段。新一代电力系统的显著特征是采用高比例可再生能源、高比例电力电子装备接入电力网络、多能互补综合能源和信息物理深度智能化融合。随着电力的市场化发展，开放性、不确定和复杂化问题突出，机理方法难以建模；大电力网络广域互联和交直流混联需要以数据支撑的新的稳定运行机理。电力系统的监控和量测系统产生的数据，与外部相关数据融合，提供了良好的数据基础。能源电力领域的数字时代已经到来，能源生产、传输和消费各环节中多要素广泛接入和融合共享，形成一种新型的开放式和生态式系统，人工智能将为数字化的能源电力行业赋予新动能。与传统电力网络络相比，智能电力网络在自愈性、可靠性、兼容性、高效性、交互性等方面均具有显著优势，如表 6-3 所示。

表 6-3 传统电力网络与智能电力网络对比

特点	传统电力网络	智能电力网络
自愈性	不能及时定位故障发生地点，供电恢复依赖于人工	对电力网络进行实时监控，降低故障发生率；快速定位故障发生地点并自动隔离，避免大规模停电
可靠性	可靠性差，倾向于大面积停电	对电力网络运行状态进行实时监控和评估，可以显著提高抵御自然灾害和网络攻击的能力
兼容性	大规模集中发电，不能适应小型分布式电源的接入	允许大量小型发电设备和储能设备的接入
高效性	电力网络运行效率受人工、制度等多方面因素的影响	利用数字信息技术实现电力资源的动态优化配置，提高电力网络运行效率

特点	传统电力网络	智能电力网络
交互性	终端用户只是单一的消费者，用户与电力公司的信息互动很少	用户可以实时了解电价变化情况，合理用电，且可以利用不同时段的电价差进行电力交易，从单一的消费者转变成电力交易的参与者

　　人工智能在电力领域的应用正朝着新一代人工智能架构的方向发展，这一架构以电力大小模型、专业知识底蕴和角色智能体为基础，强调会推理、角色化和可复用等特点。电力大模型利用深度学习技术构建大规模神经网络模型，处理复杂的电力网络运行数据和预测未来趋势，如通过训练庞大的数据集提高电力负荷预测的准确性。电力小模型是针对特定任务开发的轻量级模型，能够在边缘计算设备上快速运行，实现实时决策和控制，如用于局部电力网络故障检测和隔离的微型算法。专业知识底蕴是结合电力系统的专业知识和运行规则，将领域专家的经验融入电力算法设计中，利用知识图谱等技术整理和表示电力网络的结构、设备和运行特性，增强模型的可解释性和鲁棒性。角色智能体具有自主学习能力和多模态融合感知能力，智能系统能够不断地从新的运行数据中自我学习和优化，适应电力网络环境和需求的变化，还能整合来自不同传感器和信息系统的数据，如图像识别用于监测设备状态、语音识别辅助调度通信等。人工智能技术通过配网运营智能体、配网运检智能体和配网调度智能体等角色智能体，与电力大模型和电力小模型相结合，实现对电力网络运行、检测和调度的全面智能化管理。同时，依托于通用知识、配网规范、故障缺陷、供服流程和典型经验等专业知识的积累，人工智能能够更准确地理解和处理复杂的电力网络问题，为电力系统的安全稳定运行提供有力支持。

　　人工智能技术已在发电、输电、变电、配电、用电和电力调度等多个环节得到初步应用，体现了人工智能技术在电力行业中应用方向的多元化。人工智能技术应用在电力的调度与管控中可以提升电力网络运行的效率和稳定性。智能电力网络利用人工智能技术，如自然语言处理和语音识别技术，有效应对日常运行任务，实现设备故障自主识别、停电影响区域智能计算和负荷精准估算，保障调度顺畅。AI 模糊决策模型通过大数据来预测电力网络运行趋势，优化运营，规避风险，特别是在微电力网络调度中发挥着关键作用，助力实现"双碳"目标。AI 驱动的智能巡检与监测系统大幅提升了电力网络的运维效率和安全性。智能电力网络通过部署巡检机器人、无人机和高清监控摄像头等先进设备，结合视频处理、图像识别和深度学习等人工智能技术，构建了一个全面的故障检测和诊断系统。这一系统不仅能实时监测设备和线路状态，还能在复杂环境下快速识别潜在问题，从而显著提高电力网络的运维效率。利用人工智能技术，如"BIM＋物联网＋AI"解决方案，可以实现对变电站运行状况的实时监控，及时发现异常并发出警报，确保工作人员能够迅速介入处理。人工智能技术的应用不仅提升了监测的精确度，还优化了设备布局，为电力网络的稳定运行提供了强有力的技术支持。人工智能技术在电力网络故障诊断与修复中的应用，实现了高效、安全的运维新模式。在电力网络设备的维护领域，人工智能技术的引入开启了自检和修复的智能化新篇章。通过人工智能技术，电力网络设备能够进行自我诊断，将检查数据实时传输至指挥中心，以便进行深入的大数据分析，准确判断故障并及时排除。带电作业机器人利用三维环境重建、视觉识别和运动控制等技术，能够自主完成引线定位、剥线、穿线等一系列复杂操作，有效降低了人工带电作业的风险，提高了作业的安全性和效率。这些智能机器人的出现，不仅实现了全天候、全地域的作业能力，而且在无法处理故障时能够及时报警，从而最大限度地减少了因故障导致的损失。

6.5 数智技术赋能电子产业

6.5.1 传统家电部署大模型逐渐成为行业热点

数智技术在电子产业中的应用是多方面的，它通过提供先进的数据处理能力和智能化解决方案，正在改变传统家电产业。消费电子是大模型产业落地最积极、推进最快的领域之一。软硬件结合是大模型的重要发展方向，大模型为设备装上"大脑＋五官"，特别是多模态大模型的性能不断增强后，手机、个人计算机、VR 头显、智能家电家居等新一代智能终端的出现，不仅提升了用户体验，也为企业产品带来了新的竞争优势。

在传统家电领域，大模型的部署成为一个探索热点，旨在通过智能化提升用户体验和家电的功能性。首先，大模型在家电领域的应用还处于早期阶段，许多企业正在尝试将大模型集成到家电产品中，如空调、电视等。这些尝试包括使用大模型来提升语音识别的准确性和理解能力，使家电能够更准确地响应用户的指令。例如，一些家电企业已经开始与技术公司合作，将大模型集成到其产品中，使家电能够理解更为复杂的语音指令。其次，大模型的部署面临着挑战，包括找到合适的应用场景和确保端侧智能的可行性。目前，大多数大模型的部署是在云端进行的，因为端侧的算力和存储能力可能不足以支持大模型的运行。但是，随着技术的进步，一些轻量级的模型可能会被部署到端侧设备上，从而减少对云端资源的依赖。

例如，长虹推出全球首款基于大模型的 AI TV。长虹推出全球首款 AI TV——Q10T MAX，搭载了行业首个沧海智能体，是一台"好用更好看"的智能电视，实现了电视在 AI 时代的升级迭代。作为全球首款 AI TV，长虹 AI TV 不仅在功能上做了加法，在操作上做了减法，更用 AI 颠覆了认知，推动电视行业进入 AI 时代。长虹 AI TV 能交流、能思考、会成长，可以深度理解用户意图，能跟用户自然对话，高效满足用户需求。长虹 AI TV 的亮点可以从下面几个方面来理解。一是人感交流，让用户随意问、随便聊。长虹 AI TV 可以结合上下文语义理解用户的逻辑，并进行无障碍沟通，实现多轮连续对话。这就是 AI 实力的展示和体现。二是超级搜索，它能迅速识别用户的语句，并从中提取关键要素，轻松找到用户想看的内容。三是持续进化，长虹 AI TV 拥有一套先进的、系统的技术架构，包括"AI 集群＋感知集群"，可提升交互体验；"大模型集群＋算力集群"，让电视工作效率更高，更加聪明；"思维链＋记忆体＋知识库"，实现主动学习、持续进化。长虹掌握现代新兴技术，借助 AI 将电视画质上限提升到新的高度。从画质感受来说，长虹 AI TV 应用了云帆 AI 影像画质大模型，可以通过万亿级数据算法来实时监测画质、优化画质。与之相匹配的 AI 全色、AI 像素提升等一系列画质提升技术，不仅能还原画质，更能超越原有画质，让用户有着无与伦比的沉浸式观看体验。亮度是提升视觉体验的关键。长虹 AI TV 能始终保持适宜的亮度，恰到好处，够亮但不刺眼。在 AI 的加持下，长虹将传统电视与大模型相融合，让电视"脱胎换骨"，提升了电视的用户价值。

又如，**TCL 的 AI 空调推动行业绿色变革**。如今，空调已经成为人们不可或缺的家电产品，但其高能耗问题一直困扰着消费者。如何在提供舒适体验的同时，实现节能降耗，已然成为空调行业的重要挑战。TCL 作为"AI 省电空调的发明者"，用超省电 AI 大数据模型算法，为行业带来了全新的节能解决方案。针对空调行业的高能耗痛点，TCL 小蓝翼真省电系列空调采用了设计与运行的双重节能技术。在设计节能方面，TCL 首创内机超大贯流风扇与外机超大轴流风扇，使 TCL 小蓝翼真省电系列空调的 APF 值高达 5.6，远超国家标准的 10%。在运行节能方面，TCL 小蓝翼真省电系列空调采用超省电 AI 大模型算法，能够对温度进行预判，实时优化空调的工作状态，避免过度除湿和过度降温，节能率最高可达 40%。TCL 小蓝翼真省电系列空调通过全新的软件算法实现 AI 节能，颠覆了传统空调仅依靠硬件节能的思维，将"设计省电＋运行省电"相结合，为消费者带来了更加智能、高效的节能体验。TCL 空调将 AI 技术全面赋能产品研发，将"真省电"变为现实。这不仅为消费者带来了切实的节能福利，也推动了空调行业的技术进步与变革。

6.5.2 新型智能电子产品出现

在电子产业中，数智技术的赋能作用逐渐显现。人工智能、大数据、云计算等技术不断成熟，智能电子产品得以快速发展并逐渐渗透到人们生活的方方面面。新型智能电子产品主要具备这几个特点。**一是智能化**。新型智能电子产品最大的特点在于其智能化。通过内置的人工智能算法和传感器，这些产品能够自主学习、自我优化，并为用户提供更加精准、个性化的服务。**二是便捷性**。随着技术的不断进步，新型智能电子产品在设计和操作上越来越便捷。用户只需通过简单的操作或语音指令，即可实现复杂的功能，大大提高了工作效率。**三是互联性**。物联网技术的发展使得新型智能电子产品能够实现设备间的互联互通。通过无线网络，这些产品可以实时交换数据和信息，为用户提供更加全面、实时的服务。**四是创新性**。新型智能电子产品在设计和功能上不断创新，以满足用户日益多样化的需求。从外观设计到功能实现，这些产品都充满了创意。

智能可穿戴设备趋于普及，包括但不限于手表、手环、眼镜甚至是服饰，并保持增长态势，应用场景不断拓展。当今，智能可穿戴设备不再只是一个概念，已成为不可或缺的科技伴侣。从最初的手表、手环，到如今的眼镜、服饰，甚至是更多形态的创新产品，智能可穿戴设备的种类日益丰富，应用场景也在不断拓展，它们正以前所未有的速度改变着我们的生活方式，并引领着健康科技的新风尚。在 AI技术的加持下，智能可穿戴设备有望在部分场景取代手机、计算机等硬件，颠覆现有的人机交互形态和范式。

智能手表不再只是一个时间显示工具，它正向"大健康"概念发展，逐渐成为一个集多种健康监测功能于一身的便携式健康管家。现代智能手表能够实时检测并传输心率、血压、血氧饱和度等多种体征指标，为用户提供全面的健康数据支持。一些高端智能手表甚至能够监测用户的睡眠质量，通过分析用户的睡眠周期和深度，为用户提供个性化的睡眠改善建议。这些功能的实现，离不开先进的传感器技术和智能算法的支持，智能手表能够精准地捕捉用户的身体数据，为健康管理提供有力的数据支撑。除了智能手表，智能耳机也在不断地改进和升级。**如今，智能耳机具备强大的互联能力和极佳的声场沉浸效果，**让用户能够享受到更加震撼的听觉体验。更令人惊喜的是，一些智能耳机还加入了体征监测等功能，如心率监测、运动追踪等，让用户在享受音乐的同时，也能了解到自己的健康状况。这种跨界融合的创新设计，无疑为智能可穿戴设备市场注入了新的活力。

智能家居系统正经历一场革命性变革，逐渐成为家庭自动化和智能化的标杆。它通过整合各种智能设备和互联网技术，实现了家庭环境的全面智能化管理，从而提升了居住的舒适度、安全性和能效。在这个系统中，从灯光控制、窗帘调节到空调温度设定，甚至是家庭安全监控与娱乐系统的操作，都可以通过智能手机、语音助手或智能面板轻松实现远程或自动化控制。智能家居系统不仅极大地提升了生活的便利性，还通过智能化的能源管理有效降低了家庭能耗，符合现代人对绿色生活的追求。此外，它还能根据用户的习惯和需求不断学习优化，提供更加个性化的服务体验。在这个智能化的时代，智能家居系统逐步成为现代家庭生活不可或缺的一部分，引领着未来生活的新风尚，让人们在享受科技便利的同时，也感受到了前所未有的生活品质的提升。

电子芯片作为智能电子设备的核心元件之一，其性能和功能的优劣直接影响着整个设备品质的高低和用户体验的好坏。 当前的电子芯片包含了光电芯片、显示驱动芯片、蓝牙芯片、传感器以及低功耗电池管理芯片等多种核心元件。这些元件的多元结构组合设计和集成整合模式，使得智能电子设备在性能和功能上都具备了卓越的优势和稳定性。同时，随着技术的不断创新升级，智能电子设备的性能也在不断提升，为用户带来更加便捷、高效、智能的使用体验。目前，随着智能电子产品的快速发展，对相应芯片的需求也在逐步增大。

华为麒麟 A1 芯片，内置麒麟智能引擎，助力 TWS 耳机实现降噪通话、智能交互等功能。 自 2016 年起，手机制造商们纷纷选择取消传统的 3.5mm 音频接口，这一变革不仅标志着智能手机设计进入新篇章，也悄然推动蓝牙耳机市场迅猛崛起。在这一趋势下，华为作为全球领先的科技巨头，推出了可穿戴芯片——麒麟 A1。该芯片不仅是全球首款获得蓝牙及低功耗蓝牙双模 5.1 认证的可穿戴设备专用芯片，更标志着华为在智能设备技术领域的又一次里程碑式突破。麒麟 A1 芯片凭借其卓越的集成度和出色的性能表现，重新界定了可穿戴设备的技术规范与标准。在4.3mm×4.4mm 的尺寸内，芯片集成蓝牙处理单元、音频处理单元、低功耗应用处理器及独立的电源管理单元，拥有更为稳定的连接性能、音频处理能力、抗干扰能力，同时支持智能人机交互，可带来沉浸高品质音乐的聆听体验和音画同步的游戏体验，实现高效能与低功耗的卓越平衡，为用户带来了前所未有的使用体验。这款芯片不仅被广泛应用于华为的无线耳机产品中，还将在智能手表、智能手环、智能眼镜等智能产品上发挥重要作用。它的出现不仅推动了智能设备技术的革新与发展，更为用户带来了更加丰富、多样、便捷的智能化体验。

三星 3nm GAA 芯片 Exynos W1000 的性能卓越提升，续航不断突破。 三星电子推出首款基于 3nm GAA（Gate-All-Around）制程工艺的可穿戴设备芯片 Exynos W1000。Exynos W1000 实现了性能的显著增强和芯片尺寸的精细缩减，为设备电池预留了更多空间，从而延长了设备的使用时间。在保持紧凑设计的前提下，Exynos W1000 具备强大的性能表现。首先，该芯片采用了全新的 CPU 架构，显著提高了处理能力，使得在处理多个任务时，应用程序的加载和切换更加迅速和顺畅。其次，Exynos W1000 内部集成了 Arm Mali-G68 MP2 GPU，极大增强了图形处理性能，提供了更加清晰和生动的视觉体验。其 2.5D 常亮显示（AOD）功能确保用户无论何时都能使用清晰、鲜活的界面。此外，芯片的连接性能得到了显著提升，内置的 LTE Cat.4 调制解调器和对全球导航卫星系统的支持，大幅提高了设备的网络连接能力和定位精确度。

云知声推出的 AI 芯片可以实现全屋智慧物联。 云知声秉承"连接万物，理解用户"的使命，致力于开发智能语音交互技术和智能物联网解决方案，专注于为智能家居行业提供全面的技术支持。通过 AI 芯片，云知声为智能家居的多样化使用场景注入了新的动力。云知声基于自研或第三方芯片推出了 3 代共 6 款集成了软硬件的全栈语音 AI 产品，其芯片和模组的出货量已经达到了数千万的规模。云知声的语音识别技术被广泛应用在智能家居的语音控制领域，而其视觉识别技术则使得智能家居设备能够执行人脸识别和图像识别等任务，实现对居住环境的智能化监控和管理。此外，云知声的 AI 芯片技术显著提高了视觉识别的准确性和处理速度。通过高效的智能控制系统，云知声进一步提升了智能家居系统的运行效率和智能化水平。云知声"向往云居"智能家居解决方案如图 6-2 所示。

图6-2　云知声"向往云居"智能家居解决方案（图片来源：云知声智能家居）

6.6　数智技术赋能装备产业

在装备产业领域，围绕设计、制造、施工、营销、运维等流程，通过大模型技术对海量异构数据、非结构化知识、多学科机理等进行分析和融合，提高制造精度与效率，聚焦设计、制造、装配、运维等场景，提高装备产业的设计协同效率、生产制造调度速度、运维服务质量，为经济社会的长远发展注入了新的动力。

6.6.1　数智技术深化智能制造装备的先进制造能力

在智能制造装备领域，围绕感知、控制、决策、执行等环节，通过数智技术加快先进工艺与制造装备深度融合，聚焦通用智能制造装备、专用智能制造装备、智能检测装备等，使智能制造装备适应更复杂、高精度、高速度、协同化的应用要求。

在通用智能制造装备领域，围绕数控机床、工业控制装备、智能物流装备等设施，针对自我优化、故障预测、自适应控制与维护等高难度作业需求，通过大数据分析、机器学习和深度学习等数智技术，提升信息感知、分析规划、纠错容错、网络集成、诊断修复等能力。华中数控发布的华中 9 型智能数控系统，使用 AI 数控助手、空间误差补偿、智能温度管控、智优曲面等智能化技术，具备自主学习、自主优化补偿能力，使新能源汽车涡旋压缩机零件加工精度比国外系统高 10%～20%。西门子和微软合作开发基于 GPT 的 PLC 代码生成工具，将大模型技术融入控制环节，推动下一代工业自动化技术变革。中控技术发布面向流程工业运行、优化与设计的大模型，通过使用运行、工艺、设备、质量数据等工业多源数据进行融合训练，为客户提供安全、高质量、高效益、低碳的智能化解决方案。浪潮信息开发了业界最大、品类最复杂的智能立体化仓库，通过物联网、RFID 等技术收集研发、生产、销售、物流等环节中产生的数据，运用大数据、人工智能等技术自动对入库物料进行拣货和配送，每小时出入库 1 000 箱，超快的进出库速度能够有效缩短产品的交付周期。

在专用智能制造装备领域，围绕汽车、航空、钢铁、石化等行业的成套装备，针对系统复杂、技术密集、精度极高的生产要求，通过数智技术加强对机组总成、工艺设计、机械结构的控制，达到了生产效率提升、成本和能耗降低、产品质量提高等目标。中国航空工业昌河飞机的总装集成智能装配装备，具有自适应加工、物料与工件自动识别、机器人装卸与自动对接装配、制造过程动态调度、运行管理与现场控制集成和数字化检测集成系统等功能，加速了直升机生产制造方式的数字化、智能化升级。东北大学王国栋院士团队通过自研 SEII 智能系统，开发了高精度、智能化的冷连轧成套装备，使用人工智能技术分析生产线全流程的传感器数据，建立生产线 CPS 边缘过程模型，以提高轧机的执行精准性，实现冷连轧成套装备质量、效率、能力、成本、资源等目标的灵活协调，生产效率和产品质量得到大幅提升。中石油独山子石化工厂的百万吨以上智能化乙烯成套装备，通过对实时生产数据的采集和分析，实现了控制参数的实时优化、裂解炉模型的在线校正、裂解气在线分析系统的故障诊断等功能，装置的双烯收率提高了 0.37%、综合能耗降低了 1.04%。隆基绿能的光伏组件智能成套生产线，其自主开发的 30 多个人工智能算法覆盖了从生产到管理的各个环节，使产品品质提升 43%，生产交付周期缩短 84%，单位能耗降低 20%。

在智能检测装备领域，围绕通用智能检测装备、专用智能检测装备、前沿智能检测装备等，通过数智技术实现融合感知、自主分析、实时反馈等功能，满足制造工艺实施、生产质量管控、设备运行管理、安全环境监测等智能检测需求。武汉卷烟厂开发的新型质量管理体系，通过物联网、人工智能、数字孪生等技术对生产全业务、全流程、全供应链的全生命周期数据进行采集和分析，实现了产品智能化质量检测和生产制造过程的数字化管控。华院计算开发的钢铁表面专用智能检测装备，融合了多模态大模型分析、多任务多尺度缺陷检测等多项技术，缺陷分类准确率达到 85%，比国外同类产品高出 15%，实现了对国外同类产品的替代。恒申集团的纺织产品外观专用检测装备，通过视觉检测实现对毛丝、绊丝、网丝、成型不良等问题的一体化检测，效率提升 2.5 倍，准确率由人工能达到的 96% 提升至 99%。复旦大学、上海科技大学与天津大学的联合科研团队开发的脑科学前沿智能检测装备，利用多流神经网络模型对汉语音调、音节的神经信号信息进行解码，该模型对单个被试的声调 - 音节的平均分类准确率达 75.6%，最高准确率可达 91.4%。

6.6.2　数字技术提升高端装备的全流程协同能力

在高端装备行业领域，针对设计、制造、施工、营销、运维等场景，通过数智技术提升设计与工艺的一体化水平、生产资源物料齐套率、运维效率和安全性等能力。

在设计环节，针对性能、经济性、结构安全以及整体运行效率等设计目标，通过数智技术分析全流程的设计数据和专家设计经验，实现设计与工艺的一体化协同工作，大幅提升设计效率和制造精度。英伟达开发的 cuLitho 计算光刻平台，通过计算机建模、仿真和数据分析等手段，以及人工智能技术预测、校正、优化和验证半导体装备光刻工艺的性能，已成功在下一代芯片技术的开发中使用。第四范式公司开发的流体动力大模型，能迅速寻找最小升力系数下的最优机翼设计参数，助力飞机气动外观设计及零部件设计组装，设计时间从几天降到十几秒钟，大幅缩短了设计周期，提升设计效率。中国船舶武昌造船厂按照设计制造一体化的要求，建设三维生产设计系统、虚拟制造仿真系统、工程计划管理系统、业财一体化系统等，贯通设计、工艺、制造、经营的数据流和业务流，实现了船舶制造的任务派发、工艺设计、生产计划、现场执行、质量管理、设备监控等的一体化。

在制造环节，针对按订单复杂定制化、交期管理严格、项目进度协同性强、零部件原材料成本波动大等制造特点，通过数智技术对业务流程和供应链数据进行分析，优化制造流程，大幅提升项目平衡配置能力和职能管理资源协同水平，提升生产效率、降低生产成本。振华重工利用浦语 InternLM 2.0 大模型开发制造交付Mult-Agent 智能体，能让项目管理人员、生产管理人员直接获取物料齐套信息，显著优化业务流程，优化物料的采购源头管控流程，提高物料齐套率和生产计划准时率，物料齐套率提升 15% 以上，人力成本优化 90% 以上。中车四方打造覆盖项目全寿命周期、业务全流程的数字化项目管理平台，建立项目进度、成本、质量三重制约评价模型，通过实时计算，实现效果自动评价；建立模拟生产及配送的预测模型，实现制造资源协同管理，降低制造费用；建立项目成本分析模型，依据实时进度及成本数据，实现项目收益趋势预测，为各层级管理者提供决策支持。ALVA Systems 公司开发的 AiR（AI+AR）航空装备装配指导应用，通过虚实融合的方式，将数字化装配工序叠加至作业现场，精准判断装配定位情况，确保装配作业的准确性和高效性。

在运维环节，针对控制复杂、环境多样、运行可靠等要求，通过数智技术对历史数据、实时监控数据和专业知识库进行分析，根据各种运行环境提供针对性解决方案，提升高端装备的运维效率和安全性。南方航空开发的南航天瞳 HORUS 系统，具备飞机运行状态实时感知、故障问题提前预警等功能，并通过 AR 的方式远程提供专家的故障维修建议，预警准确率在 98% 以上，故障定位时间平均缩短了 80%。中车四方通过大数据技术与用户检修运维业务的融合，建设了面向产品运维检修、配件供给、健康管理等场景的数字化服务平台，自主构建故障预警模型 300 余项，为动车组提供全天候的维保服务，百万公里故障率持续保持行业最低。三一重工依托车联网、人工智能、大数据等技术建设的搅拌车机群智能服务系统，对各搅拌车机群设备进行作业协同和作业指导，通过优化车辆调度策略和设备作业模式，提高设备利用率，保障设备安全，降低总体运营成本。

6.6.3 数智技术拓展工业机器人的复杂场景适应能力

在工业机器人领域，针对传统工业机器人只能用于标准化、重复性的作业场景的局限，聚焦技术创新、产品研制、场景应用等环节，通过数智技术提升工业机器人的实时环境感知、自主规划作业、人机高效协同等能力，系统推进工业机器人的深化应用。

在技术创新环节，针对自主性、自适应性的需求，通过数智技术提升工业机器人的核心零部件、控制系统、外设装置、安全管理等的智能化水平。东土科技开发的工业 AI 机器人控制系统，可以通过大模型将人类自然语言指令转换成机器人能够理解的运动命令，由人类语言来控制机器人工作，降低了开发难度和缩短了开发周期，优化生产效率。美国的 Figure 02 机器人，通过搭载的 GPT-4 多模态大模型、机载视觉语言模型，提升自主学习和优化能力，已用于工业制造、仓库物流等轻载搬运和分拣任务。奥比中光开发的大基线、长距离、高精度、高防护等级的双目 3D相机，专用于需要在复杂工况环境作业的工业机器人，通过机器视觉算法，提升工业机器人对工件的识别能力和对复杂作业任务的规划能力。华安泰开发的工业机器人自动监督系统，通过人工智能技术分析作业现场的监控视频，对人员进入工作区或机械臂运行进行异常报警提醒和安全联动控制，提升了生产安全管理和工业机器人事故预防的智能化水平。

在产品研制环节，针对功能多样性提升、交互协作门槛降低、应用场景柔性化等工业需求，加快协作机器人、复合机器人、自适应机器人、具身智能工业机器人等新产品的研制。新松公司开发的双臂协作机器人，通过机器视觉识别的物件分类或物件侦测、结合人工智能模型末端力控、位姿的精确估计等技术，能在复杂环境下实现准确执行目标任务，可用于汽车零部件、3C 电子、精密加工、新能源等工业领域。艾利特开发的复合机器人，将视觉、底盘、协作臂三大控制器算法融合统一，通过动态补偿系统自动检测车身因外部因素造成的姿态变换，并采用统一姿态算法动态输出末端位姿使协作臂精准工作，可用于复杂和动态工况的工业应用中。非夕科技基于仿人化的方式开发自适应机器人，通过高精度工业级力控、计算机视觉、人工智能等技术，使机器人能根据作业情况的反馈不断自适应和调整作业规划，从而在非结构化工业环境下完成复杂任务和精细动作，已用于新能源汽车的打磨、拧紧、精密装配等场景中。微亿智造开发的具身智能工业机器人创 TRON，通过传统机器人控制算法与人工智能算法的深度融合，能够在复杂工业环境中自主学习、决策并执行高度复杂任务，在不同工业应用场景中实现柔性切换。

在场景应用环节，针对不同生产设备与机器人间的协同工作、数据共享，通过数智技术对不同的工业机器人及其配套设备、智能化控制系统、传感器等进行集成和优化，打造基于工业机器人的智能制造系统，加快工业机器人的规模应用。三一重能叶片工厂通过将数字孪生技术、人机互联技术、自动化技术和 5G 通信技术相结合，利用自动引导运输车机器人，配合激光引导和视觉相机引导机器臂执行装配、打磨、喷涂等作业，工厂自动化率提升 50%，并入选世界灯塔工厂。青岛海信日立建成全球首个多联机领域的"灯塔工厂"，通过视觉系统与人工智能的结合，实现多工段集成自动化，以及工业机器人和加工机械协同作业、焊接机器人自适应焊接、物流机器人规划全链路物流和仓储、无人化包装等功能，提升了生产过程的自动化和智能化。

6.6.4　数智技术提高人形机器人的关键技术创新能力

在人形机器人领域，聚焦感知、决策、行动、肢体等环节的关键技术创新，通过大模型技术实现多模态信息处理、复杂任务决策、机器人自主行动等功能，大幅提升人形机器人的自主感知、认知、理解、行动等类人能力或高于人类的能力。人形机器人产业发展的"拐点"正在到来，将成为 AI 大模型深入物理世界的最佳载体。端到端多模态大模型与机器人的结合，将通用感知、规划和执行融为一体，使机器人具备环境适应和任务泛化能力。

在感知技术环节，针对对象识别、位置定位、场景理解、环境重建和状态监测等目标，大模型通过对多模态信息进行统一处理与灵活转换，为人形机器人提供丰富、稳定、准确的环境数据。北京字节跳动的端到端机器人操作模型 GR-1、斯坦福大学 Mobile ALOHA 机器人、谷歌 DeepMind 公司的 AutoRT 等，都通过视觉 – 文本多模态大模型弥合了语言符号指令与视觉感知信息间的差距。UCLA 提出的多模态智能大模型 MultiPLY 具备包括视觉、听觉、触觉在内的多模态感知能力，该模型能够与 3D 环境实现全面交互。

在决策技术环节，针对任务规划和推理分析等目标，通过大模型实现根据环境和任务需求的变化实时调整决策，并不断获取感知信息和行动优化决策，提高人形机器人的社交导航、物体导航、人机协作、多机协作等高级能力。One X 公司与 OpenAI 公司开发的人形机器人 EVE，可以对人类日常工作环境进行理解，并在与环境交互的过程中学习、纠正、收集数据，完成自主居家、助力办公等任务。北京大学的视觉导航技能 PixelNav 利用多模态大模型提取环境中的视觉语义、物体线索等多视角的感知信息，可以对任意类别的物体进行导航任务规划和策略推理。

在行动技术环节，针对导航、物体操作和物体交互等目标，通过大模型技术并根据操作对象和复杂操作要求实现运动与操作联合规划，提升人形机器人的协同控制、多机协作、人机协作等能力。谷歌 DeepMind 公司推出的机器人模型 RT-2，通过视觉 – 语言 – 动作大模型对网络和机器人的数据进行学习，将这些知识转化为控制机器人的通用指令。库卡机器人推出了 KMR iisy、KMR iiwa 等协作机器人平台，可以与人一起合作，并以毫米级精度在工件上作业。中国电信研究院李学龙教授团队提出了一种通过多智能体强化学习的大模型，大幅提升了机器人群体沟通和环境反馈的效率。

在肢体技术环节，针对高动态、高爆发和高精度等运动性能目标，通过人工智能技术提升机器臂、灵巧手等肢体的操作能力，加强对复杂任务的响应能力。奥比中光公司发布的机械臂大模型使机械臂能够理解并适应复杂场景，在多样化的环境中稳健执行任务。香港理工大学通过大模型技术实现更直观、灵活的人机交互，可以适应环境的频繁变化、不同类型的操作任务和非结构化的作业环境。中国科学院自动化研究所开发的灵巧手 Casia Hand，通过人工智能技术分析少量人类工具（物体）的使用示教数据，能自主使用工具完成通用性的操作任务。

6.7 数智技术赋能纺织产业

6.7.1 纺织行业创新发展成效显著

纺织行业是国民经济的传统支柱产业、重要的民生产业和国际竞争优势明显的产业。纺织服装是中国产业链最完整、国际竞争力最强的产业之一，在繁荣市场、扩大出口、吸纳就业、增加农民收入、促进城镇化发展等方面发挥着重要作用。纺织业包括棉纺织、化纤、麻纺织、毛纺织、丝绸、针织、印染业等，其主要原料有棉花、羊绒、羊毛、蚕茧丝、化学纤维、羽毛、羽绒等。纺织业的细分产业主要有服装业、家用纺织品、产业用纺织品等。自 2018 年以来，纺织机械行业深入推进产业升级，在新型、高效、低能耗、柔性化、自动化、数字化、智能化等多方面取得了不同程度的进展，技术创新和结构调整支撑了行业的稳定发展。

多年来，中国纺织制造能力和贸易规模均居世界首位。2023 年，中国纤维加工总量稳定在 6 000 万吨以上；营业收入 47 009 亿元，利润总额 1 802 亿元，同比增长 7.2%；在复杂的外部环境下实现出口总额 3 104.6 亿美元；全国限额以上单位服装、鞋帽、针纺织品零售额 14 095 亿元，同比增长 12.9%，增幅仅次于金银珠宝类；网上穿类商品零售额同比增长 10.8%。

纺织行业新技术、新材料、新产品持续涌现。我国高性能纤维产能占全世界的比重超过三分之一，2023 年出口额同比增长 14.4%。纺织机械自主化率超过 75%，出口额居世界首位，高端装备关键基础件国产化率超过 50%。产业用纺织品关键应用领域的国产化率显著提升，2023 年产量稳定在 1 900 多万吨。市场主体创新活力不断增强，2023 年，402 家纺织企业被认定为专精特新"小巨人"企业和单项冠军企业。

数实融合不断深化，推动产业流程再造、产业范式革新。在全球技术快速迭代的背景下，纺织行业作为传统制造业的重要组成部分，正面临着前所未有的挑战与机遇。对此，纺织行业加速数字技术应用创新，不断向工业互联网、柔性供应链等新场景拓展，智能制造、智慧营销等赋能行业的发展提质增效。截至 2024 年 3 月，行业两化融合发展水平达到 62.2。例如，盛虹集团的"虹云"工业互联网平台实现全产业链协同发展，产品跟踪率达到 100%，产能提高 8%。宁波慈星研发出全智能化工业机器人和"一线成型"的智能制造装备，提升自主作业效率。浙江桐昆集团基于"桐昆大脑"打造的聚酯纤维未来工厂，自动化程度高达 95%，实现生产过程的实时监控和智能调度，大幅提升了生产效率和产品质量。福建晟源纺织通过建设5G+ 智能制造产业园，实现了从原材料到生产成品主要工序的自动化、数字化、网络化无缝衔接。园区依托先进的生产设备和全流程数字化系统，构建了福建省领先的 5G 智能化纺纱生产线，显著提高了生产效率和产品质量。凯赛生物将 AI 技术引入了生物制造研发体系，助力研制成本更低、性能更好的新型纺织材料。

典型案例 1　杭州天富公司基于印染智造系统实现生产过程的数字化管理

面对印染企业在生产过程中普遍存在的运行效率低、能耗高以及管理方式较为粗放等痛点，并结合当前市场小批量、多品种的变化趋势，杭州天富公司成功研发了印染智造系统。系统全面覆盖了从染布、染纱、染棉到染成衣，再到印花与织染一体化的全过程，实现了生产过程的全面数字化管理。通过构建集成化的 ERP 管理系统，加强了企业在计划排产、质量控制、设备管理等核心业务方面的能力，实现了业务流程的优化和信息的实时共享。建立 MES 系统，实现了对定型机等关键设备的实时监控和精细化管理。采集染缸等设备的能耗数据，对能耗进行精准计量和考核，有针对性地采取措施以减少能源浪费。

典型案例 2　无锡物联网创新中心研制纺纱工业互联网平台，
实现纺纱环节的数字化赋能

　　针对纺纱企业人工巡检效率低、纱线质量控制较为被动、管理上较为粗放、招工难、缺少支撑平台等问题，基于纱厂小批量多品种、顾客需求多样化的特点，无锡物联网创新中心研制纺纱工业互联网协同制造管理创新平台，解决纺纱行业的问题。自研的"磁电"+"光电"传感器，能够实时监测锭子运动状态，甄别断纱等问题；粗纱停喂技术能及时自动化地触发停喂动作，减少粗纱浪费和皮辊缠绕等问题的发生；智能小车快速引导挡车工作业，提高巡检效率；通过采集全流程设备数据，部署大数据平台，实现全方位监控和数据分析等功能。纺纱的数字化赋能有助于企业生产精益化、管理透明化、决策数字化，推动企业降本提质增效。

　　人工智能技术逐渐成为驱动纺织服装行业革命性变革的关键力量。人工智能技术在纺织行业的应用环节包括产品开发的趋势预测与花型设计、生产运营的智能排产及质量检测、供应链物流的需求预测及路线优化、市场营销的内容创作和定价策略的确定、数字商务的 AI 代理及个性化体验的提供，以及门店运营的布局优化和劳动力管理等。通过在这些领域整合 AI，不仅提高了运营效率和降低了成本，还提高了顾客满意度并推动了可持续发展。例如，在棉纺织行业生产领域，目前企业最先进的生产线具备全工序自动化、全流程质量监控管理、设备健康管理、能耗管理、车间最优运营等功能，较常规生产线的生产效率提高 38%，能源利用率提高 21%，用工节约 80%，万锭用工在 10 人左右。在服装智能制造领域，生成式人工智能技术已全面深入服装生产的各个环节，使得设计研发、生产与供应链管理、精准营销和可持续发展等环节实现更高层次的自动化和智能化。据预测，到 2035 年，在生成式人工智能的推动下，制造业数字化率将突破 85%。

6.7.2　人工智能技术赋能纺织行业

　　传统服装制造以批量化生产和传统管理模式为主，在满足当下市场渠道多样和消费者需求多变等方面具有较大的提升空间，智能化改变了服装行业的生产效率和提升了服装行业的生产能力，生成式人工智能的应用可实现订单款式设计、自动板型工艺处理、自动排产计划、生产过程调度全流程的效率提升及深度协同，力求更高效、更精准更快速地满足消费者不断变化的消费需求。AI技术正在参与服装设计、生产、供应链、销售全流程环节，涵盖数字人分身、研发技术管理、计划排产管理、设备物联、智能生产管理、视觉质量检测等关键领域。通过集成生成式人工智能，在生产运营管理过程中发挥精准灵活的分析决策功能，增进企业理解和运用大数据的能力，促进管理层至执行层各阶段的智能化。此外，生成式人工智能还改变了传统依赖非结构化数据的工作流程，打破了部门的信息壁垒，使得信息传递更加高效、透明，确保操作的流畅性。生成式人工智能还可以实时查询和播报生产运营数据，助力管理层精准快速决策，实现数据可视化呈现，提升决策效率和系统交互体验。

一是智慧设计。AI+设计创新在纺织行业的应用，开启了个性化与智能化设计的新篇章。AI技术通过深度学习用户偏好、时尚趋势及色彩搭配原理，能够辅助设计师快速生成多样化的设计方案。它不仅能够模拟复杂图案与纹理，还能根据流行趋势进行预测，智能推荐设计元素，加速产品迭代。此外，AI还能实现虚拟试衣，让消费者在虚拟环境中预览服装效果，提升购物体验。纺织企业借助AI+设计创新，打破传统设计界限，激发无限创意，快速响应市场变化，满足消费者对个性化、高品质纺织品的追求。

典型案例3　嘉溢制衣使用AI工具3秒钟生成上身图

近年来，杭州嘉溢制衣有限公司（以下简称"嘉溢制衣"）积极拥抱人工智能技术，搭建联通衣影大模型，并将具应用于服装设计环节。衣影大模型面向行业收集了近200GB的优势图像数据，并进行了大量的筛选、标注工作，以求达到最好的设计效果。传统的服装设计环节，一个业务熟练的设计师每天最多只能设计3到4款服装，再进行打版、建模等一系列传统步骤，确定一款设计的上身效果至少需要两天左右的时间。应用衣影大模型，设计师导入灵感图后，

AI 工具可以生成 10 多种不同的款式，供设计师挑选、调整，只需要 3 秒钟，AI 工具就能生成上身图。使用大模型进行款式设计时，平均只需大模型修改十余次，就能得到较为满意的款式，极大减少了时间成本和人力成本。

典型案例 4　凌迪科技通过 Style 3D 生成 3D 服装

浙江凌迪数字科技有限公司（以下简称"凌迪科技"）的 Style 3D 解决方案结合了布料仿真技术和人工智能技术，为服装行业提供从设计到生产的全流程三维数字化解决方案。Style 3D 开发了一系列 AIGC 功能，包括 AI 款式分析、AI 样板生成、AI 板型生成、AI 材质生成、电商上图快速生成等。此外，凌迪科技 Style 3D 与诺睿科技强强联合，助力 AI+3D 数字研发体系与企业管理的纺织 ERP 系统之间的互通融合，加速服装行业的研发与管理流程的优化，为纺织服装企业构筑起更为高效、敏捷的业务发展模式。

典型案例 5　中国纺织信息中心开发 DPI SPACE 平台来提供创意设计服务

中国纺织信息中心推出 DPI SPACE 人工智能创意平台，以"人工智能纺织品花型设计生成技术"和"行业大数据"为核心，提供人工智能花型设计生成和管理系统的定制开发服务。平台采用先进人工智能技术进行图案创作，颠覆传统的图案设计模式，不断更新由人工智能产生的多元创新创意；同时，平台提供流行趋势指引和数据分析决策能力，有效地提升了纺织服装行业的设计效率和决策能力，体现时尚引导性。

平台使用的人工智能技术已为多家纺织服装品牌提供服务。在与服装品牌艺之卉的合作中，平台运用人工智能技术对我国非遗纹样进行设计，以苗族刺绣与玉兰花作为灵感来源，将人工智能创作的绘画作品应用在服装服饰上，实现了流行趋势、产品设计与数字科技的融合。

典型案例6　凯赛生物将AI技术引入生物制造研发体系

上海凯赛生物技术股份有限公司（以下简称"凯赛生物"）将人工智能技术引入其生物制造研发体系，专注于研制成本更低、性能更好的新型纺织材料，不仅提高了新型纺织材料的性能，降低了成本，还加快了研发和生产的效率。研发过程中，利用人工智能算法分析历史实验数据，确定优质纤维组合和配方。在生产过程中，人工智能技术用于实时监控关键参数（如温度、压力和湿度），并根据数据反馈自动调整生产条件，成功将实验周期时间缩短了30%，使研发团队能够更快地进行迭代和优化。

二是智慧检测。AI+智慧检测在纺织行业的应用正引领着前所未有的变革。通过集成先进的图像识别技术、机器学习算法与大数据分析技术，AI验布系统能够高效、精准地检测纺织品中的瑕疵、色差、纤维缺陷等问题，能够有效提高品质合格率和产品竞争力、减少原料浪费、降低补损率并节省人力成本。此外，AI巡检实现了厂区全方位全天候巡查检测，降低了人力成本和安全风险、提高了生产效率。这些智能化技术手段能够更好地满足消费者对高品质纺织品的需求，推动整个行业向智能化、高端化方向迈进。

典型案例7　东龙针纺应用AI瑕疵检测技术快速检测蕾丝花边瑕疵

面对织造企业人工检测招工难、漏检率高、原料浪费多的问题，特别是经编花边花型更换频繁、瑕疵种类多、面料具有弹性等检测难点，东龙针纺应用AI瑕疵检测技术，快速、高效检测出蕾丝花边的瑕疵，有效提高生产效率。通过对生产机台进行技术改造（增加相机成像及管理系统、图像采集及预处理系统），部署5G网络，开发面料算法，设计异常识别等模型，运用AI训练等云服务，实现织造过程检测、坯布瑕疵检测、印染布瑕疵检测、成品布瑕疵检测等。同时，东龙针纺地处福州长乐区，拥有众多纺织厂，且从事花边工艺制造的厂家也较多。瑕疵检测技术可复制性强，投入成本不高，可以快速复制推广给其他企业。

典型案例8　福建恒申集团应用视觉检测系统辅助在线产品外观检测

面对纺丝人工检测存在的检测时间长、检测效率低、易疲劳、用工难等问题，福建恒申集团通过外观视觉检测系统解决产品外观检测难题，提高产品合格率和生产效率。运用机器视觉设备代替人眼完成检测、测量和判断，实现对产品毛丝、绊丝、网丝、成型不良、油污、纸管破损等问题的一体化检测；检测时间由之前人工检测一车48锭丝饼需要5分钟提升到每锭2.5秒，整车检测仅需2分钟，效率提升了2.5倍，准确率由人工能达到的96%提升至99%。

三是生产优化。AI+生产优化在纺织行业的应用，极大地提升了生产效率和灵活性。通过对实时数据进行分析与预测，AI系统能精准调控生产流程，如络筒、倍捻、整经、织造等环节。同时，AI还能根据生产现场状态，灵活调整生产计划，实现按需生产。这不仅降低了库存成本，还加快了产品上市速度。以棉纺企业非常重要的一道工序——配棉为例，因原棉在性能上呈现的多样性和差异性，配棉工作需了解原棉的库存情况、物理性能、质量连续性和稳定性，计算量大，容易出现错误。多数企业依赖配棉师的经验完成这道工序，难以实现高效、精准配棉，直接影响企业用棉成本。配棉利用数字技术可极大提高工作效率，减少人工作业造成的质量波动、接替前后平均等级差异波动，以及配棉成本，同时可以保障产品质量的稳定性。有企业数据表明，通过系统自动化配棉后，同种产品用棉等级平均能够下降0.5级，配棉接替前后平均等级差异降低0.1级。特别需要注意的是，造成产品质量波动的各类因素都需要建立数据模型，除了配棉模型之外，还需要建立执行工艺标准与跟踪记录、纺专配件损耗数据跟踪模型、温湿度环境信息跟踪模型、员工状态跟踪模型等，真正实现智慧配棉还需要很长时间的研究和积累。

典型案例9　万事利丝绸用 AIGC 定制丝巾

杭州万事利丝绸文化股份有限公司（以下简称"万事利丝绸"）积极布局 AIGC 领域，自主研发 AIGC 设计系统，探索 AI 在生成花型上的应用，并建设了柔性智能生产链，全球首创"最快2小时拿成品且零污水"的 GBART 数字化绿色印花一体机。目前，万事利 AIGC 实验室建成了"50万+"花型数据库，集成了超300种算法组成的 AI 图像算法矩阵。为抢抓"奥运经济"机遇，万事利丝绸在支付宝上推出了巴黎奥运会主题的 AI 丝巾定制小程序，支持用户选定主题、用涂鸦笔签名或设计符号、添加祝福语或印章等，以生成个性化定制的丝巾图案。用户确认下单后，设计图被传输到万事利智能工厂，然后进行丝巾的快速无水化生产。用 AIGC 定制一条丝巾，从设计到完成生产最快只需要2小时。全新智造体验让设计变得便捷、高效、充满创造力，最大限度满足消费者的审美需求。

四是智慧供应链管理。AI+ 供应链管理在纺织行业的应用能够重塑从原材料采购到成品交付的全链条管理。AI 通过大数据分析功能和预测模型，能够精准预测对原材料的需求，优化库存水平，减少过剩与短缺风险。同时，AI 还能实现供应链各环节的无缝对接，提高信息透明度与协同性，快速响应市场变化。纺织企业采用 AI+ 供应链管理方式，能够显著提升运营效率，降低成本，增强供应链的韧性与灵活性，为行业的高质量发展奠定坚实基础。

典型案例10　上海不工软件服务客户智能排产

上海不工软件有限公司基于工业模型和 AI 算法为企业提供服务。该公司通过迅速计算交期和优化生产计划，帮助各个工业环节高效协作，避免了因信息不对称导致的生产效率下降。这样的技术应用在强化企业内部管理的同时，能够极大地提升客户满意度，使得整个供应链的响应速度显著加快。

五是市场预测。AI+ 市场预测在纺织行业的应用，为企业的战略规划和策略制定提供了科学依据。通过收集并分析海量的市场数据、消费者行为数据以及行业动态信息，AI算法能够构建复杂的预测模型，准确预测未来市场的趋势、消费者偏好的变化以及潜在的市场机遇。这种能力不仅有助于企业提前布局市场，抢占先机，还能优化资源配置，降低经营风险。借助AI+市场预测，纺织企业能够更加精准地把握市场脉搏，制定更加合理和有效的市场策略，从而实现可持续发展。

典型案例 11　Convertlab DM Hub 助力企业实现营销自动化精准触达

上海欣兆阳信息科技有限公司开发整合跨平台客户数据的 Convertlab DM Hub 营销自动化平台。该平台不仅能提供精准的客户画像，还能够在不同的渠道上无缝连接，降低营销成本的同时提升客户的生命周期价值。企业可以根据消费者的行为和偏好，更加精准地制定营销策略，满足市场的多样化需求。目前，这种智能化的营销手段逐步被越来越多的企业接受和采用。

6.8　数智技术赋能生物医药产业

人工智能对医疗医药领域的赋能，是以大数据为基石，运用机器学习、深度学习等先进的人工智能技术替代大量实验，优化并加速药物研发、智能诊断以及个性化治疗等流程。人工智能在医疗医药领域展示出了全新的应用模式，并在深度融合的过程中催生出了新的业态。人工智能医疗医药的快速发展和普及，有望提高医疗质量，助力解决医疗资源短缺、分配不均等民生问题，人工智能与医疗医药的结合正开启一个全新的智慧医疗医药时代。此外，大模型具备全病程管理和精准医疗潜能，而医疗是生成式人工智能最合适的应用窗口。加快人工智能在医疗医药全产业链的赋能，对于提高我国医疗医药工业发展效率和质量，缩小与发达国家的竞争差距，维护我国产业安全、人民安全乃至国家安全，具有重大的意义。

6.8.1 人工智能赋能药物研发

长期以来，药物研发遵循"双十定律"，即从新药研发开始到产品获批上市，平均耗时 10 年，投入成本约 10 亿美元。随着 AI 参与到药物研发环节中，大幅提升了各环节的效率。英国 Exscientia 的数据显示，人工智能技术将项目立项推进到临床前候选化合物敲定花费的平均时间缩短了近 75%，新药研发的成功率提高 2% 左右，间接节省了数百万美元。

在药物发现领域，基于 AI 工具分析的靶点发现可以挖掘海量的生物医学文献、基因组数据、蛋白质组数据等。对于癌症等复杂疾病，AI 工具可以整合不同来源的数据，包括肿瘤患者的基因测序数据、临床症状数据等，将在癌细胞中特异性高表达或者功能异常的蛋白质作为药物靶点，这种基于多组学数据的分析大大提高了靶点发现的准确性和效率。我国相关合作案例日益增加，如 2018 年正大天晴与阿里云、药明康德与 Insilico Medicine，2019 年先声药业与宝德、豪森药业和 Atomwise[7]，2022 年晶泰科技与辉瑞等 [8]。

在分子模拟领域，AI 工具利用计算化学和分子动力学模拟技术，构建生物分子（如蛋白质和核酸）的三维结构模型，并模拟它们之间的相互作用。以药物与靶点的结合为例，AI 算法能够预测小分子药物在靶点蛋白上的结合位点和结合模式。通过对大量化合物进行虚拟筛选，快速得到可能与靶点有高亲和力的化合物，减少了传统实验筛选的工作量。

在药物设计领域，生成对抗网络和变分自编码器等生成式模型可以根据给定的靶点结构和性质，自动生成具有潜在活性的新型化合物结构。例如，在设计针对特定酶的抑制剂时，AI 生成式模型能够创造出传统化学合成方法下难以想到的全新化学结构，然后通过进一步的评估和优化，提高药物的活性、选择性。

在结构 - 活性关系（Structure Activity Relationship, SAR）预测领域，AI 工具通过分析大量已知药物分子的结构及其生物活性数据，构建 SAR 模型。这个模型可以预测新设计的化合物的生物活性，帮助化学家优化药物分子结构。例如，通过调整分子中的某些官能团，根据 AI 模型预测的结果来提高药物对靶点的亲和力，降低对非靶点的副作用，从而提高药物研发的成功率。

在药物安全性评估领域，AI 工具可以基于已知药物的化学结构和毒性数据建立预测模型。对于新研发的药物，通过分析其化学结构特征，预测可能出现的毒性反应，如肝毒性、肾毒性等。这种预测可以在药物进入动物实验之前进行，提前发现潜在的安全性问题，避免不必要的动物实验和资源浪费。同时，随着人们同时服用多种药物的情况越来越普遍，药物相互作用成为一个重要的安全问题。AI 工具通过分析不同药物的化学结构、代谢途径和作用机制等信息，预测药物之间是否会发生相互作用。例如，预测两种药物在体内代谢酶水平上是否会相互竞争，从而影响彼此的疗效或出现毒性风险，为临床合理用药提供依据。

在药物代谢研究领域，AI 工具能够利用机器学习算法分析药物的化学结构和已有的药物代谢数据，预测药物在体内的代谢途径。这有助于了解药物在体内的转化过程，确定代谢产物的结构和性质。例如，通过预测药物在肝脏中代谢酶催化下的反应，研究人员可以提前评估代谢产物的活性、毒性等，为药物的优化和临床研究提供重要信息。

在临床试验领域，AI 工具可以分析电子病历、基因数据、临床症状等多方面的信息，精准地筛选出符合临床试验入组标准的患者。同时，AI 通过分析前期的临床研究数据和少量的早期临床试验数据，建立药动学药效学结合模型，预测不同剂量下药物的疗效和安全性。这有助于优化临床试验中的剂量设置，避免因剂量过高导致的毒性反应或剂量过低导致的疗效不佳，从而提高临床试验的成功率。此外，AI 工具通过分析大量的临床试验数据，预测临床试验的终点指标。例如，在心血管疾病的临床试验中，AI 工具可以根据患者的基线特征、治疗过程中的生理指标变化等因素，预测主要心血管事件的发生风险，为临床试验的终点评估提供更科学的依据。

在药物生产和质量控制领域，AI 工具可以分析生产过程中的各种数据，如原材料质量、反应条件、生产设备参数等，建立生产过程中的模型，优化生产工艺。例如，在药物合成过程中，通过 AI 算法找到最佳的反应温度、反应时间和反应物浓度等参数，提高药物的合成效率和质量。同时，AI 工具通过计算机视觉和机器学习等技术，可以对药物的外观、包装等进行自动检测，确保产品符合质量标准。另外，在药物的活性成分检测方面，AI 工具可以通过分析光谱数据、色谱数据等，快速准确地测定药物的含量和纯度，保证药品质量。

6.8.2　人工智能赋能医疗服务

人工智能正以革新性的方式赋能医疗服务，改变着诊断、治疗和医院管理的核心流程。通过高效分析大量医疗数据，AI 工具提高了疾病的早期检测精度，改进了诊断准确性，优化了治疗路径并提升了医疗资源管理效率，推动整个行业向更高效、更精准的方向发展。当今，医疗已经成为国际大模型的重要应用赛道，在近年全球120 起大模型相关领域融资事件中，15% 的大模型融资企业与医疗相关，占比第一。美国已诞生以 MedPaLM、BioMedLM、GatorTron 等为代表的众多医疗大模型。未来，医疗大模型有望从信息的理解和生成，走向更深层次的生命科学和临床实践，终端应用甚至能做到超越医生的水平。

人工智能在医疗影像分析中的应用极为广泛，特别是在癌症和心血管疾病的早期诊断中取得了显著成果。一是在医疗影像分析中，AI 工具在心脏病诊断方面表现突出。心脏病作为严重威胁人类健康的疾病之一，早期准确诊断至关重要。以著名的 Mayo Clinic 开发的 AI 系统为例，该系统能够通过对心电图（ECG）数据进行深入分析，精准检测出 10 种心律失常。其诊断准确率高达 93%，这一惊人的准确率几乎等同于经验丰富的资深心脏病专家的水平。这种 AI 辅助诊断工具的出现，为医疗领域带来了巨大的变革。它极大地提高了诊断效率，以往医生可能需要花费大量时间对心电图进行解读，而现在 AI 系统能够在短时间内给出准确的诊断结果。同时，它还显著降低了误诊和漏诊的可能性。误诊和漏诊可能会给患者带来严重的后果，延误治疗时机，而 AI 系统凭借其强大的数据分析能力和精准的判断，为患者的健康提供了可靠的保障。二是在早期检测中，AI 通过深度学习算法分析医学影像，可以在早期发现肿瘤和其他病变。例如，Qure.AI 开发的 AI 平台帮助医生提高了脑部 CT 扫描中的关键病变检测率，提升了 20% 的关键病变检出率。这些工具为放射科医生提供了第二道保障，大大减轻了工作负荷，同时提高了诊断的准确性。

人工智能在个性化治疗中的应用前景广阔。一是在医疗服务领域，AI赋能的个性化治疗发挥出超出预期的作用。标准化的治疗方案在应对癌症时具有很大的局限性，往往难以取得理想的效果。而人工智能则具备强大的分析能力，它可以深入细致地分析患者的基因数据、全面翔实的病历以及具有个体特征的生活习惯等多方面的信息，为每一位癌症患者量身定制出个性化的治疗方案，从而显著改进治疗的效果。二是人工智能辅助治疗工具在多学科合作中发挥关键作用。在英国，NHS采用的AI系统就是一个很好的例子。该系统整合了多个临床领域的数据，包括放射学、病理学、电子病历和基因组数据等。通过对这些来自不同领域的数据进行融合分析，AI系统能够为医生提供更加全面、准确的信息，极大地助力医生更准确地确定癌症患者的治疗方案。这个系统在实际应用中取得了诸多显著成效。一方面，它成功降低了误诊的发生概率。另一方面，该系统提高了多发性硬化症患者的诊断准确性。多发性硬化症是一种复杂的神经系统疾病，诊断难度较大。AI系统的应用使得医生能够更加准确地判断患者的病情，为患者提供更加有效的治疗方案。

人工智能在远程健康监测中具有重要的应用价值。AI赋能的远程健康监控系统在慢性病患者管理中发挥着关键作用。以心血管疾病患者为例，他们需要长期监控血压、心率等关键指标，AI工具可以通过智能穿戴设备和远程监控系统实时跟踪患者的健康状况，并提前预测潜在的健康问题。这样不仅可以减少患者到医院就诊的次数，还能为医疗机构节约资源。一是通过对日常行为的检测提升医疗质量。例如，对于心力衰竭患者，Cordio HearO推出的语音监控应用大大提高了医疗检测效率和质量。Cordio HearO是一种基于人工智能的语音分析应用程序，它可以通过检测心力衰竭患者的语音变化，提前预测健康恶化的可能。在一项涉及416名心力衰竭患者的研究中，该应用程序成功预测了76%的住院事件，平均提前24天发出警告[9]。研究发现，该系统能有效减少不必要的住院次数，帮助医生在病情恶化前采取干预措施。二是AI技术与智能穿戴设备相结合的健康监测效果显著。AI技术与智能穿戴设备相结合能在加强用户使用感的同时，提高医疗效率和质量。例如，

Oura Ring 和智能手表等设备已经被广泛应用于监测心率、睡眠模式和活动水平等数据。通过与 AI 系统的结合，这些数据可以为医生提供实时的健康状态报告，帮助他们更好地了解患者的日常生活和整体健康状况。这不仅减少了患者的自我报告次数，还显著提高了医疗决策的质量。

在医院管理方面，人工智能发挥着极其重要的作用。一是智能辅助决策系统利用机器学习和大数据分析技术，可根据患者病情、检查结果、治疗方案等内容，自动生成最佳治疗方案建议，为医院管理者和医生提供科学的决策参考，避免过度依赖个人经验导致的决策偏差。二是通过人工智能技术可以实现医疗数据的深度分析和挖掘。医院信息系统中分散的病历数据、检查数据等，经过人工智能的处理，能够得到关键信息，发现疾病的潜在规律、治疗效果与患者特征之间的关系等，帮助医院管理者更好地了解医院的运营状况和医疗质量，以便进行针对性的管理优化。例如，一些医院利用人工智能分析患者的就诊频率、疾病分布等信息，合理安排科室布局和分配医疗资源。三是人工智能助力医院的财务管理和成本控制。它可以对医院的各项费用进行实时监控和分析，预测成本变化趋势，帮助医院制定合理的预算和成本控制策略，提高资金使用效率。

在资源优化方面，人工智能的优势也十分明显。在医疗资源分配上，利用机器学习和大数据分析技术构建的预测模型，能够预测疾病发病率、疾病流行趋势以及医疗资源需求等，提前调整医疗资源分配策略。智能调度系统则根据实时数据和历史数据，如患者的病情、地理位置、预约情况等数据，自动分配医生、护士、检查设备等资源，提高资源的利用率和分配的合理性。在医疗物资管理方面，人工智能可以对医疗器械和药品的库存进行智能管理，通过分析历史使用数据和需求趋势，自动调整库存水平，避免物资积压或缺货。在医院的人力资源管理方面，人工智能可以根据医院的业务需求和员工的技能、工作负荷等情况，进行智能排班和人员调配，优化人力资源配置，提高员工的工作效率和满意度。

人工智能为医院服务领域带来了新的发展机遇，能帮助医院提高管理效率、医疗质量和资源利用效率，为患者提供更好的医疗服务。未来，随着 AI 技术的进一步发展，医疗服务将更加精准、智能和高效，AI 技术将帮助全球医疗体系应对日益复杂的人类健康问题。

6.8.3 医疗医药产业数智化转型趋势前瞻

从全球整体市场规模看，智能医药医疗市场规模正稳步扩大。根据 ReportLinker 预测，全球人工智能医疗医药市场规模将从 2023 年的 146 亿美元增长到 2030 年的 2 237 亿美元，年复合增长率为 47.6%。随着未来智能医疗产业在政策支持、人口老龄化、技术创新和市场需求等因素的共同推动下，Frost & Sullivan 预测中国人工智能医疗医药市场规模预计将在 2030 年超过 1.1 万亿元人民币 [10]。一是在医药研发领域，有效利用人工智能赋能医药研发已成为该行业投资的重心。人工智能药物发现市场在 2021 年已达到近 7.92 亿美元。据 Precedence Research 统计预测，全球人工智能医药研发市场在 2032 年达 97 亿美元，传统的制药巨头和投资机构都正在将人工智能医药看作未来医药产业发展的增长点 [11]。截至 2022 年底，全球约有 700 家人工智能辅助制药公司，其中美国约有 343 家公司（占 54.44%），我国约有 22 家（占 3.49%）。从人工智能药物管线来看，截至 2023 年 6 月 20 日，全球共有 26 家企业、约 51 个由人工智能辅助进入临床 I 期的药物管线 [12]，其中美国在人工智能药物管线布局上占据主导地位。二是在医疗服务领域，智能影像、智能器械等新一代医疗服务市场具有广阔的前景已成为业内共识。Nova One Advisor 预测 2030 年底，全球人工智能医疗影像规模将超 500 亿美元，年复合增长率达 35.9%。2021 年，我国人工智能医学影像市场规模达 8.2 亿元，预计 2025 年增至 137.6 亿元，复合增长高于全球人工智能医疗影像的平均增长水平。人工智能医疗器械的全球市场规模也已从 2016 年的 8 650 万美元增长至 2021 年的 5.06 亿美元，预计 2030 年增长至 1 108.2 亿美元，复合增长率为 35.7%[13]。

从关键国家布局形势看，部分发达国家的人工智能医疗医药融合具有先发优势。美国、英国、日本等发达国家已把发展人工智能赋能医疗医药作为提升国家竞争力、维护国家安全的重大战略。这些国家已建立整体人工智能医疗医药体系化发展框架与路径，进行了前瞻规划布局，建立了人工智能人才梯度标准，出台了促进人工智能与医药医疗融合发展的一揽子政策。

一是在美国，白宫于 2023 年发布了新版《国家人工智能研究与发展战略计划》，强调人工智能技术在医疗健康等多个领域中对国家安全和经济竞争力的重要性。食品和药物管理局已围绕医学影像等领域批准或授权超过 690 种智能医疗设备。卫生与公众服务部于 2023 年宣布了多个针对 AI 应用的战略，如推出算法透明度规则以提高电子健康记录中 AI 算法的透明度，该规则已覆盖 97% 的美国医院和近 80% 的医生办公室。美国国家卫生研究院在 2022 年和 2023 年分别投入了 1.75 亿美元和 2亿美元，用于推动包括癌症、阿尔茨海默病和孤独症等疾病领域的人工智能诊断研究。2023 年 7 月，人工智能制药上市公司 Recursion 宣布与英伟达建立合作伙伴关系，并获得英伟达 5 000 万美元的投资以加速开发生物和化学人工智能基础模型，为生物技术和制药公司提供新一代的药物发现服务。

二是在英国，英国 AI 战略同样强调 AI 在优化医疗服务方面的应用前景。2021年，英政府发布了为期 10 年的国家人工智能发展战略，提到通过 AI 技术的应用提高医疗效率，改善为患者提供的护理服务，并增强国家的科技领导力。英国政府已推出"国家医疗与护理 AI 健康奖"，为数字技术在医疗保健领域的创新提供资金支持。国家健康研究院发布的报告 *AI in healthcare: 10 promising interventions*，梳理了10 项有前景的 AI 技术，指导相关技术应用于心脏病诊断、癌症预测，以及其他慢性病管理中。英国政府还投资了 2.5 亿英镑用于建立 NHS AI 实验室，通过引入人工智能技术来提升医疗服务水平，并确保人工智能技术在未来 10 年内成为医疗服务的核心推动力。此外，英国 NHS 与 Google Health 合作开发了多个 AI 医疗项目，包括在糖尿病视网膜病变检测中使用人工智能技术提高诊断准确率等。

三是在日本，政府将人工智能视为未来医疗发展的关键，尤其在健康管理、诊断和医疗自动化领域。根据日本发布的《AI 国家战略》，人工智能技术在医疗领域的应用不仅有助于提高医疗质量，还能有效缓解日本人口老龄化对医疗系统带来的压力。厚生劳动省自 2017 年起通过一系列政策推动 AI 在医疗中的应用，包括给出了一个长期的发展路线图，涵盖影像诊断支持、基因组医学、外科手术辅助等六大重点领域。2018 年，日本批准了首个基于 AI 的软件医疗设备 EndoBRAIN，用于识别结肠病变。此外，AI 系统 Nodoca 能够在数秒内检测流感，而其他 AI 设备在心搏骤停预测和癌症内窥镜检测中展现出显著优势，例如癌症内窥镜检测 AI 的准确率达到 94%。此外，2021 年日本推出了"DASH for SaMD"项目，旨在加速 AI 医疗设备的审查和商业化进程，促进 AI 在健康监测和诊断中的应用。另外，厚生劳动省正探索人工智能技术在护理和痴呆症管理方面的应用，以应对社会老龄化挑战。

参考文献

[1] 潘睐 . 汽车芯片行业深度报告：电动化乘势而行，智能化浪潮之巅 [EB/OL]. (2024-01-01)[2024-12-01]. https://mp.weixin.qq.com/s/reVenN0mdramKEb6uD-bGA.

[2] 新华网 . 比亚迪发布整车智能战略，加速汽车工业智能化变革 [EB/OL]. (2024-01-17)[2024-12-01]. https://www.xinhuanet.com/auto/20240117/e9afe48141974f62bd4ee778150a494a/c.html.

[3] 王皓，蒋珊，施大鹏，罗佐县 . 油气行业如何在人工智能浪潮中乘风破浪 [EB/OL]. (2024-08-12) [2024-12-01]. http://www.sinopecnews.com.cn/xnews/content/2024-08/02/content_7102316.html.

[4] 中国石油中心 . 油气工业 AIGC 时代已经到来 [EB/OL]. (2024-06-11)[2024-12-01]. https://news.cnpc.com.cn/system/2024/06/11/030134283.shtml.

[5] 魏文艳 . 我国煤矿智能化发展及技术创新 [J]. 煤炭经济研究，2024, 44(8): 102-108.

[6] 付翔，秦一凡，李浩杰，等 . 新一代智能煤矿人工智能赋能技术研究综述 [J]. 工矿自动化，2023, 49(9): 122-131, 139.

[7] 美柏资本 . 行业研究 AI 赋能新药发现破解研发困局：盘点全球 25 家技术平台 [EB/OL]. (2020-09-08)[2024-12-01]. https://mp.weixin.qq.com/s/-hEPUn2smimzxT8OV7NQug.

[8] 晶泰科技 . 重磅分享：晶泰科技助力辉瑞加速抗新冠特效药 PAXLOVID 的研发 [EB/OL]. (2022-06-15)[2024-12-01]. https://mp.weixin.qq.com/s/dwvHv7NDS2dlIArJxk0DFA.

[9] CORDIO HEARO. AI-phone app detected worsening heart failure based on changes in patients' voices[J/OL]. American Heart Association, 2023(10): 1-15[2024-12-01]. https://example.com.

[10] REPORTLINKER. Global healthcare artificial intelligence growth opportunities[R/OL]. (2023-05-09)[2024-12-01]. https://www.globenewswire.com/news-release/2023/05/09/2664340/0/en/Global-

Healthcare-Artificial-Intelligence-Growth-Opportunities.html.

[11] PRECEDENCE RESEARCH. Artificial intelligence in diagnostics market size, share, and trends 2024 to 2034[R/OL]. (2023-05-01)[2024-12-01]. https://www.precedenceresearch.com/artificial-intelligence-diagnostics-market.

[12] DEEP PHARMA INTELLIGENCE. Artificial intelligence for drug discovery[R/OL]. (2023-02-16) [2024-12-01]. https://www.deep-pharma.tech/ai-in-dd-q4-2022.

[13] NOVA ONE ADVISOR. Hi-tech medical devices market size, share & trends analysis report[R/OL]. (2024-02-03)[2024-12-01]. https://www.novaoneadvisor.com/report/hi-tech-medical-devices-market.

[14] 景帅. 中国石化以三阶段模式推进数字化转型 [EB/OL]. (2024-07-12)[2024-12-01]. http://www.sinopecnews.com.cn/zhuanti/content/2024/07/12/content_7100551.html.

[15] 金融界. 华中数控：研制世界首台 AI 芯片数控系统入选科技进展 [EB/OL]. (2024-03-29)[2024-12-01]. https://stock.jrj.com.cn/2024/03/29231840061232.shtml.

[16] 科创板日报. 微软携手西门子开辟 AIGC 新场景工业软件有望进一步普及 [EB/OL]. (2023-04-17)[2024-12-01]. https://www.chinastarmarket.cn/detail/1324159.

[17] 证券时报网. 中控技术：发布流程工业首款 AI 时序大模型 TPT[EB/OL]. (2024-06-05)[2024-12-01]. http://www.stcn.com/article/detail/1223962.html.

[18] 中国企研. 昌飞公司：数字化转型赋能航空制造企业高质量发展 [R/OL]. (2024-06-05)[2024-12-01]. https://mp.weixin.qq.com/s/4rHAP_81w7V_FIHXazgt6g.

[19] 王国栋, 张殿华, 孙杰. 建设数据驱动的钢铁材料创新基础设施加速钢铁行业的数字化转型 [J]. 冶金自动化, 2023, 47(1): 2-9.

[20] 天山网. 独山子石化："智"插新质生产力"数字翅膀"[EB/OL]. (2024-04-26)[2024-12-01]. https://www.ts.cn/zxpd/xy/202404/t20240425_20605537.shtml.

[21] 武魏楠. 隆基绿能刘玉玺：可靠性与技术领先在未来竞争中更加重要 [J]. 能源, 2024(6): 33-35.

[22] 中国烟草. 阔步迈向智能制造 —— 持续推动产业优化升级 [EB/OL]. (2024-07-23)[2024-12-01]. http://www.echinatobacco.com/html/site27/mtsd/182743.html.

[23] 华院智能制造. 华院钢铁行业大模型发布赋能钢铁行业智能化发展 [EB/OL]. (2024-07-09)[2024-12-01]. https://mp.weixin.qq.com/s/dWTBd7Sxuylc2BfgHhmpJQ.

[24] 福州日报. 上下求索拓新路 —— 恒申锦纶产业链新质生产力发展观察 [EB/OL]. (2024-03-19) [2024-12-01]. https://news.fznews.com.cn/fzxw/20240319/0rl9e1JpY0.shtml.

[25] SCIENCE ADVANCES. 复旦 / 上科大 / 天大联合团队汉语言脑机接口新突破 [EB/OL]. (2023-09-19)[2024-12-01]. https://cloud.tencent.com/developer/article/2330796.

[26] TECHWEB. 台积电和新思科技将 NVIDIA 开创性计算光刻平台投入生产 [EB/OL]. (2024-03-19) [2024-12-01]. https://finance.sina.com.cn/tech/roll/2024-03-19/doc-inanviqy9594194.shtml.

[27] 新华网. 探索研究范式变革 AI 赋能流体问题解决 ——AI4S 探究流动的无尽可能 [EB/OL]. (2023-08-14)[2024-12-01]. http://www.xinhuanet.com/tech/20230814/1d172383dfd04198a3c bd48457564376/c.html.

[28] E-WORKS. 武昌造船：建设满足多型号产品精益建造要求的数字化产线 [EB/OL]. (2024-01-23) [2024-12-01]. https://articles.e-works.net.cn/erpoverview/article153240.htm.

[29] 上海长宁. 世界人工智能大会上，长宁这家企业获得最高奖项 [EB/OL]. (2024-07-05)[2024-12-01]. https://sghexport.shobserver.com/html/baijiahao/2024/07/05/1370544.html.

[30] 中国工业报. 中车四方股份轨道交通装备制造精益数字化管理平台建设与实践 [EB/OL]. (2024-05-29)[2024-12-01]. https://www.cinn.cn/p/300160.html.

[31] ALVA SYSTEMS. 工业 AI+AR，助力 "数据变现"[EB/OL]. (2024-06-26)[2024-12-01]. https://mp.weixin.qq.com/s/v_xb6bvBhJH_ZdgIrgGbPw.

[32] 经济参考报. 南方航空：科创 "引擎" 让飞机维修更高效 [EB/OL]. (2024-08-05)[2024-12-01]. http://www.ce.cn/cysc/newmain/yc/jsxw/202408/05/t20240805_39092684.shtml.

[33] 澎湃新闻. "数智化" 助力中国中车高质量发展 [EB/OL]. (2024-06-06)[2024-12-01]. https://www.thepaper.cn/newsDetail_forward_27658302.

[34] 三一集团. 数智化转型加速！三一重工引领行业创新升级 [EB/OL]. (2024-05-14)[2024-12-01]. https://www.sanygroup.com/news/13839.html.

[35] 中国工业报. 注智赋能，东土科技筑牢工业 AI 时代底座 [EB/OL]. (2024-11-13)[2024-12-01]. https://www.cinn.cn/p/345854.html.

[36] 界面新闻. "地表最强机器人"Figure 02 到底有多强？ [EB/OL]. (2024-08-07)[2024-12-01]. https://mp.weixin.qq.com/s/8xnBqfh4bm_yKmg-XrOaPg.

[37] 机器之瞳. 奥比中光发布全新双目系列 3D 相机 [EB/OL]. (2024-04-30)[2024-12-01]. https://mp.weixin.qq.com/s/sOaqdgQmeKigu7JMNfJ1ZA.

[38] VIKOR 华安泰智能. 华安泰视频 AI 智能分析预警系统 [EB/OL]. (2024-08-31)[2024-12-01]. https://mp.weixin.qq.com/s/xLe5FcSMO5rpNl6GO4QlNg.

[39] 新松机器人. 新松 "机器人 +AI" 全景式创新应用成果，闪耀世界机器人大会！ [EB/OL]. (2024-08-22)[2024-12-01]. https://mp.weixin.qq.com/s/uNwibvkaatmav7c2RpYmIA.

[40] 高工机器人. 一大波协作机器人多行业、全场景解决方案全球首发首展 [EB/OL]. (2024-09-24) [2024-12-01]. https://mp.weixin.qq.com/s/RQ2y9VvRgynA7zIiboauEA.

[41] 投资闵行. 非夕科技：以仿人化机器人点亮智造未来 [EB/OL]. (2024-06-17)[2024-12-01]. https://mp.weixin.qq.com/s/5PYTfhQ2W1FOcyu8I1RHCg.

[42] IT 时报. 工业机器人开始 "长脑子" 了 [EB/OL]. (2024-09-24)[2024-12-01]. https://mp.weixin.qq.com/s/9I-y0kc302Ni0emMprPzSg.

[43] 华声在线. 三一重能叶片工厂入选灯塔工厂 [EB/OL]. (2024-10-10)[2024-12-01]. http://www.hunan.gov.cn/hnszf/hnyw/sy/hnyw1/202410/t20241010_33471231.html.

[44] HISENSE 有信. 世界经济论坛正式全球官宣，海信拿下行业首座多联机灯塔工厂 [EB/OL]. (2024-10-08)[2024-12-01]. https://mp.weixin.qq.com/s/MBgSl1v1F42DV0TNBjBvvw.

[45] 中国信息通信研究院，北京人形机器人创新中心有限公司. 具身智能发展报告 (2024 年)[R/OL]. (2024-08)[2024-12-01]. http://www.caict.ac.cn/kxyj/qwfb/bps/202408/P020240830312499650772.pdf.

[46] 兰沣卜, 赵文博, 朱凯, 张涛. 基于具身智能的移动操作机器人系统发展研究 [J]. 中国工程科学,
     2024, 26(1): 139-148.

[47] 中国科学院自动化研究所. "Casia Hand 系列仿人灵巧手机器人" 获日内瓦国际发明展金奖 [EB/
     OL]. (2024-04-29)[2024-12-01]. https://mp.weixin.qq.com/s/1aBrKf04UJ9U95MJ_o-NBg.

数智经济的核心技术底座

芯片技术加速人工智能革命

第 7 章

智能技术的快速发展离不开芯片技术。从历史上看，人工智能的里程碑事件，如 IBM 的深蓝超级计算机战胜国际象棋大师卡斯帕罗夫，以及谷歌 DeepMind 的 AlphaGo 击败世界围棋冠军，不仅标志着 AI 算法的突破，也凸显了硬件技术革新的必要性。这些技术革新，尤其是高性能芯片的突破，为人工智能的持续进步提供了坚实的基石。目前，GPU 芯片、消费电子主控芯片和 AI 专用芯片的持续迭代，是人工智能应用创新的硬件基础。

7.1　GPU 芯片成为生成式人工智能发展的主要动力

7.1.1　GPU 成为人工智能计算的优选

在 AI 技术发展的早期阶段，CPU 是计算任务的主要承担者，承载着推动性能发展的关键使命。早期计算机发展中，CPU 作为主要计算单元，得益于其通用性、顺序处理能力、成熟的技术、系统控制功能、较高的成本效益，以及庞大的软件开发生态系统，得到了广泛的应用，满足了当时以通用计算为主的市场需求。英特尔和 IBM 是市场的主导者，IBM 的深蓝超级计算机是这一时期技术创新的杰出代表。深蓝的 CPU 专为大规模并行处理设计，每秒能分析超两亿种棋局，是当时的巨大技术成就。深蓝 CPU 的处理能力结合定制算法，使其在 1997 年击败了国际象棋大师卡斯帕罗夫。

随着人工智能对并行计算需求的增加，GPU 因其高并行结构在处理图形数据和复杂算法方面表现突出。GPU 一般指图形处理单元，又称显示核心、视觉处理器、显示芯片，是一种专门用于处理图像和图形相关运算工作的微处理器，通常被集成在个人计算机、工作站、游戏机以及移动设备中。GPU 最初的核心功能是加速渲染图像和视频，提高计算机处理图像的速度。

近年来，由于其并行计算的特性，GPU 也被应用于一些需要大量计算的领域，如机器学习、深度学习、数据挖掘、科学计算等。GPGPU 作为一种通用型芯片，由于具有并行计算能力强、计算能效比高、存储带宽大等特点，成为人工智能领域的重要工具。大模型所需的算力主要由 GPU、GPGPU、DSA 等芯片提供，GPU 的性能与数量将直接影响 AI 训练的效果和速度，而多 GPU 互联能力可进一步提升大模型训练任务下的并行计算能力，对高性能计算能力的产业需求正拉动 GPU 市场加速增长 [1]。

1999 年，黄仁勋带领英伟达推出了 GeForce 系列图形卡，以及并行计算平台和编程模型——CUDA。这是 GPU 在图形渲染领域之外的并行计算领域的首次应用，开启了计算技术新纪元。随着人工智能和机器学习领域对并行处理需求的增加，GPU 的优势逐渐凸显，成为 AI 计算的优选。英伟达的 GPU 在 AI 的推动下需求激增，从神经网络 AlexNet 的突破到 ChatGPT 等生成式人工智能的大爆发，英伟达的 GPU 扮演了重要角色。依托 CUDA 软件堆栈对 GPU 通用计算能力的不断挖掘，GPU 占据着绝对领先优势。现在主流的深度学习框架大多都基于 CUDA 进行 GPU 加速运算。

7.1.2 GPU 芯片行业中主要的国际头部企业

全球 GPU 市场规模在 2021 年达到了约 250 亿美元，预计到 2026 年将达到 550 亿美元，年复合增长率为 17%。对于像 OpenAI 这样的初创公司，在进行 ChatGPT 等大语言模型的大规模部署和训练时，GPU 往往是他们的首选硬件。GPU 不仅提供了强大的计算能力，也是一个支持多样化架构和拥有广泛开发生态的卓越硬件解决方案。英伟达凭借其强大的 GPU 和 AI 芯片技术，其产品已经成为现代数据中心和 AI 研究中的首选硬件加速器，被用来训练和运行包括 ChatGPT 在内的各种大语言模型。英伟达在 AI 芯片市场占据 70% 到 95% 压倒性份额，2024 财年收入达到 475 亿美元，同比增长 216%。

英伟达成立于 1993 年，是一家美国科技公司，总部位于加利福尼亚州圣克拉拉市，由黄仁勋、克里斯·马拉科夫斯基和柯蒂斯·普里姆共同创立。公司早期专注于图形芯片设计业务，随着公司技术与业务的发展，英伟达已成长为一家主营提供人工智能 GPU 芯片和软件生态的公司，致力于开发 CPU、DPU、GPU 和 AI 软件。英伟达自 1993 年成立伊始即研发 GPU 产品，并致力于构建和扩展其在 AI 基础设施生态系统中的领导地位。

GPU 芯片的性能提升极大地推动了 ChatGPT 等生成式人工智能的出现。2016 年，英伟达 CEO 黄仁勋向 OpenAI 捐赠了首台 Nvidia DGX 超级计算机，为 ChatGPT 的诞生提供了助力。2024 年，黄仁勋再次向 OpenAI 交付了世界首台计算机 DGX H200，推进了两家在 AI 领域的紧密合作。此外，通过投资超过 30 家 AI 初创公司，英伟达构建了一个强大的 AI 生态系统，不仅推动了英伟达自身的技术革新和市场扩展，而且为 OpenAI 等研究机构提供了坚实的技术支撑和丰富的资源，共同推进了整个人工智能领域的繁荣发展。

英伟达的人工智能芯片产品性能持续提升。1999 年，英伟达上市发布了第一款 GPU 产品——GeForce 显卡。近十多年，英伟达数据中心 GPU 从制程工艺到核心数量，各参数全方位提升。近 5 年，英伟达先后推出了 Volta、Ampere、Hopper 等针对高性能计算和 AI 训练的架构，以此为基础发布了 V100、A100、H100 等高端 GPU，芯片性能大幅提升。

2016 年，英伟达推出专为深度学习、高性能计算和图形加速而设计的 GPU V100。V100 基于 Volta 架构，集成 640 个 Tensor Core，提供最高 32GB HBM2 显存和 1 134 GB/s 的显存带宽，通过第二代 NVLink 技术实现多 GPU 高速互联。作为全球首款突破 100TFLOPS 深度学习性能的 GPU，英伟达 V100 在 AI 训练和推理任务中，吞吐量分别比 CPU 高出 32 倍和 24 倍，并且支持混合精度和虚拟化技术，极大地提升了 AI 运算的效率。

2020 年，英伟达推出了基于 Ampere 架构的 A100 GPU，成为人工智能大模型高速发展的技术基础。A100 GPU 开启了数据中心 AI 和高性能计算的新纪元。A100 GPU 集成了 540 亿个晶体管，采用台积电 7nm 工艺制造，拥有 6 912 个 CUDA 核心和 432 个 Tensor Core。支持 FP64、FP32、FP16、TF32 及稀疏计算，提供 40GB 和 80GB HBM2/HBM2e 显存，带宽高达 2.5TB/s，允许将单个

GPU 资源从硬件上分割为 7 个实例，优化资源分配和提高利用率，以更适应大规模数据集和超大规模计算。相较于前一代产品 V100，相较于其前一代产品 V100，其 Tensor Core 在处理稀疏模型时的性能提升了 2 倍。2021 年 9 月，A100 助力阿里云在 MLPerf 推理测试中突破纪录，被国内顶级云服务和系统制造商广泛采纳，显示出其市场和技术的领先地位。

2022 年，英伟达推出基于 Hopper 架构的 H100 Tensor Core GPU（后简称 H100），进一步巩固大模型技术基础。H100 集成了 800 亿个晶体管，采用 Transformer 引擎和 NVLink 互联技术以及专为英伟达加速计算设计的台积电 4nm 工艺，配备了第四代 Tensor Core 和 Transformer 引擎。与 A100 GPU 相比，其大语言模型的训练速度提升了 9 倍，推理速度提升了 30 倍，能效提高了 3.5 倍，总体成本减少至 A100 GPU 的 1/3，使用的服务器节点数也减少至 A100 GPU 的 1/5。H100 是英佛达面向服务器、超大规模计算机和类似市场的高性能加速器，助力所有深度学习应用程序全面升级。H100 是全球范围内性能出众的加速器，拥有革命性的引擎和高度可扩展的互联技术等突破性功能，可推动庞大的 AI 大语言模型、深度推荐系统、基因组学和复杂数字孪生技术发展。2020 年至 2023 年，英伟达占 GPU 市场份额分别为 84.7%、86%、86.4%、91.5%，英伟达能够打败 AMD、英特尔占据 GPU 市场垄断地位，核心原因是英伟达依靠技术领先、创新持续且快速地推出全球性能最优异的 GPU 产品。

2024 年 3 月，英伟达举办 2024 年 GPU 技术大会，推出全新的 B100 系列芯片。英伟达 CEO 黄仁勋在该会上宣布多款新产品和新技术，包括 Blackwell 计算平台、GB200 机柜和第五代 NVLink 互联技术等。其中最受关注的有 3 款产品。一是采用 Blackwell 架构的 Blackwell GPU 芯片（以下简称 B200），基于台积电 4nm 工艺，支持拥有多达 10 万亿个参数的 AI 模型，提供高达 20PFLOPS 的 FP4 算力，性能是 H100 的 5 倍。此外，B200 并不是单一裸片（Die）芯片，而是由两个裸片通过 10 TB/s 高带宽接口进行连接构成的。二是 GB200 超级芯片（以下简称 GB200），采用 NV 互联技术，由两个 B200 GPU 和一个 Grace CPU 组成，芯片间互联带宽达 900GB/s，聚合带宽 3.6TB/s。GB200 计算能力达 40PFLOPS，内存总容量达 864GB。相比于 H100，GB200 可以在大语言模型推理场景下提升 30 倍性能，同时成本和功耗降低至原来的 1/25。三是 GB200 NVL72 液冷机柜，由 27 组节点构成，其中 9 组为交换机、18 组为计算节点。单机柜共 18 颗交换芯片，36 颗 Grace CPU 和 72 颗 B200 芯片，可实现总计 720PFLOPS 的 AI 训练性能，或是 1.4EFLOPS（1 440PFLOPS）的推理性能。

英伟达在 AI 大模型训练领域实现从 2016 年 Pascal GPU 的 19TLOPS 到 2024 年 Blackwell GPU 的 20PFLOPS 的 1 000 倍单卡性能提升，这一巨大进步得益于多项技术创新：半导体制程技术的进步使得芯片更紧凑且晶体管数量大增；引入的 HBM 技术让数据访问和处理速度得到显著提升；Blackwell GPU 的创新双裸片设计通过高速互联提升了处理能力，混合精度操作降低了内存占用并保持了吞吐量，并且 Blackwell GPU 支持 FP4 新格式，进一步优化了性能和精度。此外，先进的动态范围管理算法和细粒度缩放技术让 Blackwell GPU 能够处理更大规模的模型和数据集，TensorRT-LLM 和 NeMo 框架的创新为 AI 模型训练提供了高效的实现途径。英伟达还通过提升片间互联和多机互联的速度及可扩展性，大幅减少了通信损耗，提升了系统的整体性能。所有这些技术的结合为 AI 技术的发展和应用提供了强大的硬件基础。

英伟达此次发布的新产品被称为最强人工智能芯片，在当前生成式人工智能技术快速发展的背景下，将持续提升芯片算力。考虑到先进工艺演进速度放缓和瓶颈问题，英伟达采用高速互联和系统级封装技术持续提升芯片性能。此次发布的 NV-HBI 技术巩固了英伟达在接口技术上的优势，B200 使用小芯片（Chiplet）技术将两个芯片结合成一个，在使用相同工艺的情况下实现性能倍增。此外，由于芯片功耗的提升，英伟达推出的 AI 整机使用了全新的液冷机架，将带领全球服务器产业转向液冷路线，液冷技术的应用将成为 AI 服务器下一步发展的重点。此外，英伟达通过软硬件更新来提升芯片能效 [2]。英伟达 GPU 路线如图 7-1 所示。

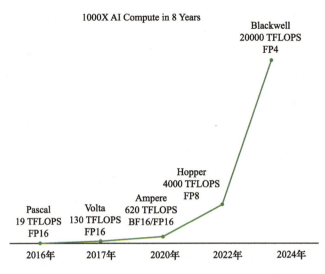

1000X AI Compute in 8 Years

Blackwell
20000 TFLOPS
FP4

Hopper
4000 TFLOPS
FP8

Ampere
620 TFLOPS
BF16/FP16

Pascal
19 TFLOPS
FP16

Volta
130 TFLOPS
FP16

2016年　2017年　2020年　2022年　2024年

图 7-1　英伟达 GPU 路线（数据来源：公开信息）

英伟达在 GPU 领域的主要竞争对手为 AMD，这是一家成立于 1969 年的美国半导体跨国公司，总部位于美国加利福尼亚州圣克拉拉市。早期的 AMD 主要是一家开发 CPU 的企业，2006 年，AMD 收购 ATI，成为首家同时拥有 CPU 和 GPU 产品的厂家。

在人工智能浪潮来临后，AMD 也在积极发展人工智能芯片，提升自家人工智能芯片产品的性能。2023 年 12 月，AMD 召开"ADVANCING AI"大会，发布了旗下 MI300 系列人工智能芯片。从 2020 年的为加速 FP64 及 FP32 计算而设计的第一代 CDNA 架构的 MI100，到为高密度计算而设计、具有领先的内存容量及带宽的第二代 CDNA 架构的 MI200 系列，再到如今拥有超过 1 500 亿个晶体管的 MI300X 芯片，该芯片的内存密度是目前市场领先者英伟达 H100 的 2.4 倍，内存带宽是其 1.6 倍。苏姿丰表示，这款新芯片在训练人工智能软件方面的能力与英伟达的 H100 相当，并且在推理方面的表现更好。该芯片提供了比竞争对手更大的内存容量，达到 192GB，可以减少某些任务所需的 GPU 数量，从而使 MI300X 芯片成为更具成本效益的选择。相比之下，H100 支持 120GB 的内存，因此需要更多 GPU 来运行推理。在定价方面 AMD 目前更具优势，主打提供更高的性价比，尤其在中端市场。这一策略帮助 AMD 吸引了一些注重预算的消费者。在相同性能水平下，AMD 的 AI 芯片通常价格更低。微软、Meta、甲骨文、戴尔和联想等客户都已经开始采用 AMD 的 MI300X 芯片。

AMD MI300 系列芯片性能持续提升。2024 年 6 月中旬，AMD 发布了其用于训练大模型的最先进 GPU Instinct MI300A。AMD 的 GPU Instinct MI300A 号称全球首款针对 AI 和高性能计算（High Performance Computing，HPC）的加速处理器（Accelerated Processing Unit，APU），在 13 个小芯片中遍布 1 460 亿个晶体管。在此期间，小芯片技术起到了关键作用，AMD 通过小芯片技术和先进封装技术使 AMD 首次将数据中心级 CPU、GPU 加速计算、AMD 无限缓存和 8 堆栈 HBM3 内存系统集成到单个封装中 [3]。这种模块化设计和小芯片技术的结合，使得不同芯片模块可以更专注于自己的功能特性，从而提高了整体性能和效率，将 ChatGPT 和 DALL-E 等超大 AI 模型的训练时间从几个月缩短到几周。

2024 年 6 月，AMD 公布 2026 年 AI 芯片路线图。AMD Instinct MI325X 加速器内存容量将从 MI300X 的 192GB 提升至 288GB，同时内存带宽也从 5.3TB/s 小幅增加至 6TB/s。AMD 宣称 MI325X 的内存大小和单服务器可运行模型参数规模均是英伟达 H200 的 2 倍，内存带宽、理论 FP16 算力峰值、理论 FP8 峰值这 3 项则是英伟达 H200 的 1.3 倍。AMD 将在 2025 年推出下一代 MI350 加速器系列的首款产品 MI350X。MI350X 将采用 3nm 工艺，基于 CDNA4 架构，同样包含 288GB HBM3E 内存，推理运算速度较现有 MI300 系列芯片快 35 倍。

7.2 消费电子芯片强化人工智能应用能力

随着生成式人工智能的火热，在消费电子产品中使用高性能人工智能芯片成为产业趋势，AI 手机和 AI PC 概念逐渐形成。

AI 手机概念出现得相对较早，主要是指在 SoC 中搭载 NPU 核、GPU 核，提升手机运行人工智能应用的能力。Counterpoint 和联发科发布的《生成式 AI 手机产业白皮书》指出：生成式 AI 手机是利用大规模、预训练的生成式 AI 模型，实现多模态内容生成、情境感知，并具备不断增强的类人能力，生成式 AI 手机存量规模将会从 2023 年的百万部级别增长至 2027 年的 12.3 亿部，渗透率从 2023 年的不到 1% 增长至 2027 年的 43%。目前 AI 手机应用主要是 AI 影像、智能通话、智能搜索三大类，重量级 AI 应用尚未出现。行业内大多将 SoC 芯片搭载 NPU、GPU 的手机称为"AI 手机"。

AI PC 是集成了人工智能技术的计算机系统，旨在通过智能化优化用户体验和提高工作效率。它不仅能执行传统的计算任务，还能通过集成的 AI 算法提供智能分析、预测和个性化服务。这些计算机能够学习和适应用户的行为模式，提供定制化的计算体验。AI PC 的核心组件包括高性能的 CPU 和 / 或 GPU，以支持复杂的 AI 计算。此外，AI PC 还可能包括专门的硬件和软件，这使得 AI 技术的应用更加广泛和高效。

7.2.1　龙头手机公司积极布局 AI 手机芯片

高通是最早在手机芯片上搭载 NPU 的主流厂商。2013 年，高通推出了一款模仿人脑神经网络的处理器 Zeroth，旨在通过机器学习提升移动设备的感知力和判断力。Zeroth 能够进行人脸和物体识别、图像分类，以及环境监控，标志着高通将 NPU 的概念引入了其产品线。

2015 年，高通将源于 Zeroth 的 AI 加速架构引入骁龙 820 中，骁龙 820 被广泛应用于 2016 年的多款旗舰智能手机中，如三星 S7/S7 edge 等。2017 年，高通发布骁龙 830 和 835，采用 10nm 工艺制程，集成了专为机器学习特别设计的处理器 Hexagon 682 DSP，支持 TensorFlow 和 Halide 等机器学习框架。骁龙 830 和 835 能够提供高效的 AI 计算，可以用于实时面部检测和识别，并且支持美图类软件的自动美容算法，能提高对焦性能，广泛应用于三星 Galaxy S8/S8+、小米 6 等多款手机中。2018 年，高通在骁龙 855 中为 Hexagon NPU 增加了 Hexagon 张量加速器，能够实现每秒超过 7 万亿次的运算。2020 年，高通骁龙 865 AI 性能相比上一代提升了 2 倍多，达到 15TOPS。在强大的算力加持下，AI 在智能终端上的应用也扩展到了游戏、拍照、交互等领域。比如在影像领域，第五代 AI Engine 将强大的 AI 能力作用于 Spectra 480 ISP，对图像数字信息进行去除噪点、高光抑制、暗光补偿等优化处理，让当时手机的拍照表现（尤其是动态范围表现）有了质的提升。高通人工智能产品路线如图 7-2 所示。

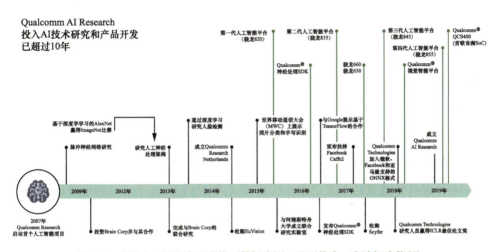

图 7-2　高通人工智能产品路线（数据来源：公开信息，赛迪智库整理）

在 2022 年，高通骁龙 8 Gen 2 通过其 Hexagon NPU 的微切片推理技术和增强的张量加速器将强大的 AI 计算能力融入影像、游戏、安全、音频和散热等多个关键应用领域，其自然语言处理能力提升 4 倍，能效提高 60%，使得终端设备在 AI 语音助手、游戏体验、影像拍摄与美化方面都更智能。基于骁龙 8 Gen 2，小米推出了离线版小爱同学，支持离线语音唤醒、对话、翻译等多项功能。

2023 年，高通在骁龙 8 Gen 3 中，又进一步升级了 NPU 的微架构以及相关能力，为持续 AI 推理带来 98% 的性能提升和 40% 的能效提升。骁龙 8 Gen 3 支持在设备上运行包括 Meta Llama 2 在内的多种生成式人工智能大模型，能够处理超过 100 亿参数的大模型，每秒可执行多达 20 个数据集。这使得用户无须依赖云端即可在本地设备上进行复杂的 AI 任务。三星 Galaxy S24、realme 真我和一加都搭载了该处理器。

苹果手机 A 系列芯片大规模升级 AI 算力。苹果公司在手机芯片中集成 NPU 的历史始于 2017 年。 2017 年苹果发布 iPhone X，搭载 A11 Bionic 芯片，这标志着苹果首次在移动设备中引入专门的 AI 处理单元。A11 Bionic 芯片中的 NPU 采用了双核设计，每秒能够执行 6 000 亿次运算，主要用于支持 Face ID 人脸识别和 Animoji 等 AI 功能。2018 年，苹果发布了全球首款 7nm 工艺制程的智能手机芯片 A12 Bionic，搭载于 iPhone XS，八核设计，能够实现每秒 5 万亿次计算，相比上一代提升了约 8.3 倍。这一代 NPU 为智能 HDR 算法和 Core ML 带来的图像识别、第三方 APP 垃圾信息处理等功能提供了强大的支持。2019 年，苹果推出 A13 Bionic 芯片，搭载于 iPhone 11，7nm 工艺，集成了 85 亿个晶体管，NPU 峰值算力提升到每秒 6 万亿次计算，支持面容 ID、三摄系统、AR 类 App 等机器学习应用。2020 年，苹果发布 A14 Bionic 芯片，搭载于 iPhone 12，采用 5nm 工艺制程，晶体管数量达 118 亿个，NPU 核心数翻倍至 16 个，每秒运算次数达到了 11.8 万亿次，机器学习速度提升了 70%，机器学习加速器令运算速度快了 10 倍，进一步提升了各种机器学习应用的性能。

苹果持续提升其手机的 AI 能力。 2021 年，苹果发布 A15 Bionic 芯片，采用 5nm 工艺制程，晶体管数量超 150 亿个，配备了 16 核神经网络引擎，每秒可以处理 15.8 万亿次运算，支持更高速的机器学习计算，实现了 iPhone 13 系列在计算和摄影方面的重大提升。2022 年，苹果推出 A16 Bionic 芯片，搭载于 iPhone 14，采用台积电的 4nm 工艺，包含 160 亿个晶体管，内含 6 个 CPU 核（包括 2 个性能核和 4 个能效核）、5 个 GPU 核，以及 16 个神经网络引擎。与前代 A15 芯片相比，A16 在 GPU 性能上提升了约 28%。2023 年，iPhone 15 Pro 和 iPhone 15 Pro Max 则采用了全新的 A17 Pro 芯片，A17 Pro 是业界首款采用 3nm 工艺的芯片，拥有 190 亿个晶体管，具备 6 核 CPU、6 核 GPU 和 16 核神经网络引擎。这款芯片在性能上相较于上代产品有显著提升，CPU 单线程性能提升了 10%，GPU 性能提升了 20%，神经网络引擎的处理速度是前代的 2 倍，每秒能够处理高达 35 万亿次操作。A17 Pro 还支持硬件加速的光线追踪和新的网格着色功能，使得搭载该芯片的设备能够运行复杂的应用程序和高级别的图形渲染任务。

在人工智能革命背景下，苹果和以高通为代表的安卓阵营的高端芯片厂商正引领着性能的升级，从传统的 CPU 性能驱动的摩尔定律进程，转向以 AI 算力增长为代表的新赛道。

三星积极推出 AI 手机芯片。 2011 年，三星正式推出 Exynos 系列自研芯片，包括 Exynos 4410、4212 等，这些芯片被广泛应用于三星的 Galaxy S 系列和 Note 系列旗舰手机中。2014 年，三星发布了 Exynos 7 Octa 处理器，这是一款 64 位 8 核处理器，采用 4 核 Cortex-A57+4 核 Cortex-A53 的 big.LITTLE 架构。2015 年，三星推出 Exynos 7420，采用了三星自家的 14nm 制程工艺，有效解决了功耗和发热问题，是当年安卓阵营中的顶级处理器。然而，三星在自研 CPU 架构 Mongoose（猫鼬）上遇到了挑战，后续的 Exynos 8890、Exynos 9810 等芯片在性能和功耗上未达到预期，导致三星在高端市场的竞争力有所下降。

三星在其自研芯片中集成 NPU 的历史始于 2018 年。 2018 年发布的 Exynos 9820 芯片是三星首次在移动处理器中集成 NPU，这款处理器采用三星自家的 8 nm LPP FinFET 制程工艺，被应用于 2019 年发布的 Galaxy S10 系列手机中。Exynos 9820 的 NPU 专门用于处理人工智能相关的任务，如图像识别、语音处理等，能够显著提升这些功能的处理速度和效率。这一举措使得三星的智能手机在 AI 应用方面，如智能相册分类、实时语音翻译、AR 体验等，有了更强大的性能。2019 年，三星发布了 Exynos 990，采用 7nm EUV 制程工艺，搭载了 8 核 CPU，包括 2 个三星第五代定制核（M5）、2 个 Cortex-A76 核以及 4 个 Cortex-A55 核。GPU 方面，采用 ARM Mali-G77 MP11，相比前代产品在图形性能和电源效率上都有所提升。此外，它还配备了 2 个双核 NPU，算力可达 10TOPS，这使得搭载 Exynos 990 的设备能够提供智能相机、虚拟助手和扩展现实等智能功能。例如，当检测到人脸时，图像信号处理器能够自动调整参数以适应光照条件和肤色。它还支持 LPDDR5 内存，数据传输速率高达 5 500Mbit/s，为 5G 通信、AI 应用、图形密集型游戏和超高分辨率视频等提供支持。尽管性能有所提升，但功耗问题依然存在，面临着来自高通骁龙和海思麒麟等对手的激烈竞争。进入 5G 时代后，三星在 2022 年初发布了 Exynos 2200，这是最后一款使用猫鼬架构的 SoC。但由于发热问题，该芯片并未得到市场的广泛认可。

2023 年，三星推出 Exynos 2400，进一步拓展 AI 能力。 CPU 部分采用三丛集十核架构，包括 1 个主频高达 3.2GHz 的 Cortex-X4 核心、2 个 2.9GHz 的 Cortex-A720 核心、3 个 2.6GHz 的 Cortex-A720 核心以及 4 个 2GHz 的 Cortex-A520 核心。与前代产品 Exynos 2200 相比，Exynos 2400 的 CPU 性能提升了 70%，而 AI 处理能力则提升了 14.7 倍。Exynos 2400 的 AI 部分由 1 个专用的芯片组和 1 个 NPU 组成，可以提供高达 26TOPS 的 AI 计算能力，支持多种 AI 场景的应用，如语音识别、图像识别、自然语言处理，支持移动光线追踪、渲染和反射等高级图形技术，可以为用户带来更逼真的游戏和视频体验。

7.2.2 AI PC 芯片成为行业新趋势

AI PC 主要指可以运行人工智能，配备整合 NPU 处理器的个人计算机（PC），具有存储容量大、计算能力强、交互模态以及承载场景丰富的优势。此外，AI 大模型目前覆盖的应用场景与 PC 高度重合，因此 AI PC 被称为"大模型的最佳载体"。

IDC 将 AI PC 的发展划分为 AI Ready、AI On 两个阶段：AI Ready 是指 PC 芯片计算架构的升级，集成 NPU 计算单元的 CPU 陆续推向市场，以更高能效比实现计算速度提升，并在运行过程中实现更高的稳定性和可靠性，但尚未搭载 AI 大模型；AI On 阶段具有完整的 AI PC 核心特征，并且在核心场景提供划时代的 AI 创新体验，使 AI PC 成为每个人的个人 AI 助理。目前 AI PC 市场整体处于 AI Ready 阶段并开始向 AI On 阶段过渡，大多数 AI PC 搭载的是轻量级的 AI 应用以及微软 Copilot 按钮，搭载联想内置大模型的 AI PC 预计于 2024 年 9 月发布。根据市场研究机构 Canalys 的预测，2025 年，兼容 AI 的个人计算机渗透率将达到 37%，2027 年，兼容 AI 的个人计算机将占据所有个人计算机出货量的 60%，如图 7-3 所示。未来 AI PC 的主要需求来源为商用领域，2027 年，AI PC 将有 59% 的需求来自商用领域。

图 7-3 2027 年，支持人工智能的 PC 出货量将达到 60% 的份额

（数据来源：公开信息，赛迪智库整理）

AI PC 前景受到广泛认可。国内外专业机构预测，2024 年是 AI PC 规模性出货元年，2024 年，全球 AI PC 整机出货量达到 1 300 万台左右。AI 笔记本电脑 /PC 需要高性能的 CPU + GPU + NPU，以及支持超高清多媒体的多元融合异构算力的 SoC 芯片来支撑。同时，AI 笔记本电脑 /PC 也需要依托云端算力提升本地性能，利用云端更强大的处理能力来丰富本地的 PC 使用场景。

国际市场调研机构 canalys 预计 2024 年全球 AI PC（其描述为具有 AI 功能的 PC）将占总 PC 数量的 19%，而到 2027 年将有 60% 的 PC 设备具备 AI 能力。值得注意的是，对 AI PC 的需求并非直接增加的新需求，而是作为传统 PC 的替代需求出现。因此，AI PC 芯片也正在成为重要的人工智能芯片方向。

高通为 AI PC 打造 X– Elite 芯片。高通作为全球手机 SoC 芯片行业的龙头企业，一直希望能够拓展其市场，进入桌面 SoC 领域。2016 年，高通就曾尝试推出搭载骁龙 835 的笔记本电脑。高通公司自 2018 年以来一直致力于实现其"AI 统一路线"的理念，旨在推动"AI 无处不在"的愿景，这一行动计划覆盖了云端、终端以及连接云端和终端的混合 AI 端。该计划旨在模糊云端 AI 和终端 AI 之间的边界，以便在合适的时候调用合适的芯片。高通致力于整合其在端侧 AI、高性能低功耗计算和 5G 连接等方面的优势，努力串联不同的终端（如手机、汽车、XR 等）、不同的计算架构（如 CPU、GPU、NPU 等），以及不同的生态系统（包括微软、Meta 和 Google 安卓等），以推动 AI 技术的广泛应用和深度集成。2018 年，高通推出骁龙 8cx 系列计算芯片，实现了核心等方面的自研，虽然市场表现一般，但也为高通的后续发展奠定了基础。

随着人工智能大模型的火热，在 2023 年 10 月的骁龙技术峰会上，高通宣布推出旗舰级 PC 芯片——骁龙 X Elite。骁龙 X Elite 芯片是一款基于 Arm 架构的桌面级处理器，使用台积电 4nm 工艺打造，和移动端的骁龙 8 Gen 3 工艺相同。本质是一款搭载了 NPU 核，具有低功耗人工智能大模型推理能力的 PC SoC 芯片。该 SoC 使用了高通自研的 Oryon 架构，未来还将陆续用于智能手机、汽车、XR、VR 等领域。高通表示，在单核性能方面，骁龙 X Elite 领先苹果 M2 Max 近 14%，功耗比苹果 M2 Max 低 30%；而对比 Intel 的酷睿 i9-13980HX，性能领先约 1%，功耗却低 70%。在骁龙 X Elite 上搭载的 Hexagon NPU 能提供 45TOPS 的峰值算力，对比 2017 年的高通初代 AI 核心，性能提升了 100 倍。此外，该芯片还搭载了 Adreno X1 GPU，支持 DirectX 12.1（Shader Model 6.7/DirectML）、DirectX 11、Vulkan 1.3、OpenCL 3.0，最多拥有 1 536 个核心，FP32 单精度浮点性能最高达 4.6 TFLOPS（每秒 4.6 万亿次计算）[4]。

在实际应用中，高通 Hexagon NPU、高通 Adreno GPU、高通 Oryon CPU 以及内存、传感器等核心共同构成了一个完整的高通 AI 引擎。这个引擎会根据应用的实际情况调用 NPU 核心、GPU 核心和 CPU 核心，以确保最合适的核心参与程序的运算。目前已有多家笔记本电脑整机企业发布了搭载骁龙 X Elite/Elite plus

芯片的产品，包括微软、联想、戴尔、华硕等，这些产品大部分都将在2024—2025年上市。

此外，**拥有独立的 AI 引擎有利于高通构建自身软件生态。**为加快开发者的开发与适配进度，高通设计独有的量化工具和软件开发工具包 Softhare bevelopment Kit，SDK)，在 Hexagon NPU 提供的人工智能硬件，以及用于模型优化和部署的高通 AI Stack 提供的统一的人工智能软件解决方案的帮助下，高通 AI Hub 支持开发者在多个产品类别上使用单个模型部署人工智能框架的能力。

英特尔推出 Lunar Lake 芯片以增强 PC 的 AI 性能。英特尔作为全球 PC 芯片行业的龙头企业，很早就开始在 SoC 芯片中添加 NPU 核心以增强人工智能大模型的性能。

2023 年，第一代 Meteor Lake 处理器增加了 NPU 核心，它通过与 CPU、GPU 配合来形成 3 层 AI 加速架构，提供了强大的人工智能体验。NPU 专为 AI 工作负载设计，能够在处理 AI 任务的同时提供高能效的计算能力，例如，它可以在本地笔记本电脑上原生运行生成式人工智能程序（如 Stable Diffusion），而无须依赖云端，避免了高延迟和连接问题。

NPU 在 Meteor Lake 处理器中通过 Foveros 3D 封装技术集成到 SoC 模块上，与低功耗 LPE-Core 等其他组件一起，实现低功耗运行处理单元。NPU 由多个引擎构成，包括两个神经计算引擎，它们可以独立处理不同的 AI 工作负载，或协同处理单一工作负载，每个引擎都包含推理管道和 SHAVE DSP 等计算组件。

NPU 在执行 AI 任务时，如使用 Stable Diffusion 进行图像生成，相比使用集成 GPU，会耗费更长的时间，但功耗明显更低，从而在效率上实现大幅提升。此外，NPU 支持多种数据类型，包括8位整型和16位浮点型，以支持量化的 AI 模型，进一步提高效率。

2023 年 9 月，英特尔在其 ON 技术创新峰会上发布 Meteor Lake 处理器，是英特尔首款基于 Intel 4 制程工艺打造的处理器，与之前的 Intel 7 工艺相比，Intel 4 的晶体管密度提升了 2 倍，同时在能效上实现 20% 的提升。Meteor Lake 采用了分离式模块架构，将整个处理器分为计算模块、I/O 模块、SoC 模块、图形模块，NPU 集成在了 SoC 模块（SoC Tile）上，其中 NPU 部分能带来优异的 AI 功能表现，并兼容 OpenVINO 等标准化程序接口。

2024 年，第二代 Lunar Lake 处理器进一步提升 NPU 性能。 6 月 4 日，英特尔前 CEO 帕特·格尔辛格（Pat Gelsinger）在 COMPUTEX 2024 上正式公布 Lunar Lake 架构的所有技术细节：CPU、GPU、NPU 性能提升，能耗降低，综合 AI 算力达 120TOPS（NPU+GPU）。英特尔表示 Lunar Lake 的 NPU 是面向 AI PC "最大的集成和专用 AI 加速器"，拥有 12 个增强的 SHAVE DSP、6 个神经计算引擎、能效优化的 MAC 阵列、2 倍带宽、支持原生激活功能和数据转换、用于大语言模型的嵌入标记，以及 48TOPS 的算力。

与首代酷睿 Ultra Meteor Lake 改变 CPU 的结构相比，完全为 AI PC 而设计的 Lunar Lake，采用了全新的架构设计。例如 P-Core（性能核）的 Lion Cove 架构、E-Core（能效核）的 Skymont 架构，性能堪比独显架构 Xe2 核显，NPU 数量从 2 颗增加到 4 颗，首次采用封装级内存（将 LPDDR5x 内存与计算模块封装在一起）。媒体报道英特尔采用了台积电代工：用 N3B 工艺代工计算模块（Compute Tile），台积电 N6 代工平台控制模块（Platform Controller Tile）。

在实际应用中，英特尔 AI PC 芯片的模式与高通类似。 英特尔采用与高通类似的 NPU+GPU 使用模式：NPU 核心可提升计算机在语音交互、图像处理等人工智能任务上的能力，提供本地快速响应能力，同时相较于云计算服务更为节能，有助于延长设备的续航时间；而对于更复杂的 AI 任务，则可能需要 GPU 和 CPU 协同工作，因为 NPU 可能不足以处理这些高强度的工作负载。在某些情况下，CPU、NPU 和 GPU 需要协同工作，以运行大型的语言处理模型。

苹果 M4 芯片搭载 NPU 以提升 AI 任务处理速度。 与英特尔等厂商不同，苹果并未将其 Mac 计算机系列明确标榜为 AI PC，只是强调其 M 系列芯片和 Mac OS 软件生态能够赋予 Mac 计算机强大的 AI 能力，提供实时语音转文本、翻译、文本预测、视觉理解等人工智能功能。

苹果很早就在 SoC 芯片产品中增加了人工智能核心。早在 2020 年，苹果就在其发布的 M1 芯片中搭载了神经网络引擎（Neural Network Engine），当时，苹果宣传该核心最高能"将机器学习的速度提升 15 倍，带来高效的机器学习处理能力"。但此后受制于应用不足，后续发布的 M 系列芯片产品中 NPU 能力一直未成为宣传重点。

2024 年 4 月，苹果发布搭载全新 NPU 核心的 M4 芯片。M4 芯片采用台积电第二代 3nm 制程工艺，集成 280 亿晶体管，最高提供 10 核心 CPU 和 GPU，此外还采用了带宽更高的解码和执行引擎、更深层的执行引擎和性能更强的新一代加速器。同时 M4 芯片还有更强的 NPU，运行速度达每秒 38 万亿次，苹果也表示"（搭载 M4 芯片的 iPad Pro）性能超过同类型 AI PC"。相较于前代 M3 芯片，M4 多核性能提升了约 20%，单核性能在 Geekbench 6 测试中得分约为 3 810 分，相较于 M3 提升了约 26%。此外，M4 芯片还集成了迄今为止 iPad 最强的媒体处理引擎，支持 H.264、HEVC 和 ProRes 等视频编码，并首次为 iPad 带来 AV1 硬件加速支持。在图形性能方面，M4 芯片的 GPU 在 Geekbench Metal 测试中的早期结果约为 53 800 分，相比 M3 GPU 的约 47 000 分有所提升。苹果 CEO 库克在发布会上表示，M4 芯片的能效功耗仅为 AI PC 处理器的四分之一。虽然具体对比的处理器型号未明确说明，但这表明 M4 在保持高性能的同时，也能有效控制能耗，提供更长的电池续航。

苹果对新款 M4 芯片的 AI 应用十分重视。苹果硬件工程高级副总裁 John Ternus 表示："搭载 M4 的新款 iPad Pro 是一个很好的例子，展示如何构建一流的定制芯片来设计突破性产品。M4 的高效性能及其全新显示引擎，使 iPad Pro 的轻薄设计和改变游戏规则的显示成为可能，而 CPU、GPU、NPU 和内存系统的根本改进，使 M4 非常适合用于 AI 应用开发。"

M4 搭载的 NPU 性能较上一代产品提升较大。目前，搭载苹果新一代 M4 芯片的产品主要是 iPad Pro，其 NPU 性能较苹果此前的神经网络引擎有显著提升，每秒可执行高达 38 万亿次运算，比其手机芯片 A11 上搭载的苹果首款 NPU 提升将近

60 倍。而且，基于 M4 的 iPadOS 还推出了 Core ML 等先进框架，供开发者进一步利用 NPU 实现多种人工智能应用。新款 iPad Pro 还支持云端解决方案，结合苹果的生态能力，可供客户运行多种生产力和创意应用，实现人工智能技术的落地。

总体上，随着 AI PC 概念的逐渐成形，人工智能大模型很可能依附消费电子庞大的市场和基数，实现算法、性能和应用领域的进一步迭代。

7.3 领域专用芯片在工业领域广泛应用

DSA 即 Domain Special Architecture，代表领域专用架构处理器。这一处理器具有很高的灵活性，用户可以根据实际需求将不同功能进行组合。

7.3.1 谷歌 TPU 等领域专用芯片支撑早期 AI 应用

谷歌在人工智能领域经验丰富。早在 2010 年初，谷歌就开始布局深度学习，随着技术的深入，谷歌对 GPU 等芯片的需求不断提高，2014 年，谷歌决定以约 13 000 万美元的价格购买 40 000 个英伟达 GPU。此后，谷歌逐渐意识到自行开发人工智能芯片成本更低，在 2015 年左右，谷歌开始开发自己的人工智能芯片。

TPU 一代是为机器学习 / 深度学习设计的专用 AI 加速芯片，曾支持 AlphaGo 击败李世石。谷歌于 2016 年推出第一代为神经网络推理任务而设计的专用芯片 TPU，采用 28nm 工艺制造，功耗 40W，主频 700MHz。通过 PCIe Gen3 x16 总线与主机连接，提供 12.5GB/s 的有效带宽。2016 年 3 月，使用 TPU 的 AlphaGo Zero 击败了当时的世界围棋冠军李世石。除了在 AlphaGo 项目中的应用，第一代 TPU 也被用于谷歌的搜索、翻译和相册等应用的机器学习模型中。

2017 年 5 月，谷歌发布第二代 TPUv2，这一代芯片通过 4 块 TPUv2 协同工作，助力 AlphaGo 击败当时的世界围棋冠军柯洁。第二代 TPU 能够实现 180TFLOPS 浮点运算的计算能力，同时其 HBM 也提升到了 64GB。在运行 AI 工作负载上，谷歌第二代 TPU 与同期的 CPU、GPU 相比，性能比传统的 GPU 高了 15 倍，比 CPU 高了 30 倍，每瓦性能亦提高了 30～80 倍。也是从第二代 TPU 起，谷歌引入了 Google Cloud，应用在谷歌计算引擎（Google Compute Engine，GCE）中，也称为 Cloud TPU，进一步优化谷歌搜索引擎、Gmail、YouTube 和其他服务的运行。同时，谷歌通过新的计算机网络将 64 块 Cloud TPU 相结合，推出了可扩展的云端超级计算机 TPU Pods，能够提供约 11.5 PFLOPS 的算力。

2018 年 5 月，谷歌发布第三代 TPU，该 TPU 能够帮助用户在 Google Cloud 上构建和训练机器学习模型。第三代 TPU 可实现 420TFLOPS 的浮点运算，以及 128GB 的高带宽内存，性能是第二代的 2 倍。第三代 TPU 的每个 Pod 由 4 096 个 TPU 单芯片组成，能够实现每秒 10 的 18 次方浮点运算，相当于 1 000 万台笔记本电脑的计算能力。而且每个 Pod 最多可以包含 1 024 个芯片，这为大规模并行计算提供了强大的硬件支持。这一代 GPU 可以用于物联网设备中，企业用户能够在 Google Cloud 上构建和训练机器学习模型，然后通过 Edge TPU 扩展到企业的边缘设备中运行。

谷歌 2021 年发布的 TPU v4 在性能上比 TPU v3 高 2.1 倍，性能功耗比提高了 2.7 倍，通过将 4 096 个 TPU v4 芯片整合到一个 Pod 中，谷歌能够构建出性能相当于全球最快的超级计算机"富岳"2 倍的超级计算机。这种扩展能力使得 TPU v4 能够支持大规模 AI 计算集群的构建，满足日益增长的计算需求[2]。谷歌 TPUv1—v4 的相关算力数据比较如表 7-1 所示。

表 7-1 谷歌各代 TPU 芯片与英伟达 T4 芯片相关算力数据比较[5]

特征	TPU v1	TPU v2	TPU v3	TPU v4i	英伟达 T4
单芯片峰值算力（TFLOPS）	92（INT8）	46（BF16）	123（BF16）	138（BF16）	130（INT8）
发布时间	2015 年第二季度	2017 年第三季度	2018 年第四季度	2020 年第一季度	2018 年第四季度
是否同时支持训练和推理	仅推理	训练和推理	训练和推理	仅推理	仅推理

特征	TPU v1	TPU v2	TPU v3	TPU v4i	英伟达 T4
单芯片网络连接速率 / (Gbit/s)	/	4×496	4×656	2×400	/
单个计算集群可联的最大芯片数量	/	256	1 024	/	/
芯片时钟频率 /MHz	700	700	940	1 050	585/ (Turbo 1590)
待机功耗 /W	28	53	84	55	36
芯片系统的热设计功耗 /W	75/220	280/460	450/660	175/275	70/125
芯片面积 /mm²	<330	<625	<700	<400	545
晶体管数 /10 亿	3	9	10	16	14
工艺制程	28nm	16nm	16nm	7nm	12nm
片上内存 / 最大内存	28MB/8GB	32MB/16GB	32MB/32GB	144MB/8GB	18MB/16GB
单芯片带宽 / (GB/s)	34	700	900	614	320 (EGC 无效)
矩阵乘法单元 (MXU) 的大小 / 核	1 256×256	1 128×128	2 128×128	4 128×128	88×8
单芯片核数量	1	2	2	1	40
芯片数 / 主机 CPU 配置	4	4	4	8	8

谷歌在 2023 年先后推出 TPU v5e 与 TPU v5p 两款芯片，旨在为训练前沿 AI 模型提供支持，加速其大模型 Gemini 的开发，以有效应对 ChatGPT 等对其业界领先地位的挑战。TPU v5e 芯片可为大语言模型和生成式人工智能模型提供比 TPU v4 芯片多 2 倍的训练性能和 2.5 倍的推理性能，而且价格不到上一代的一半，使企业能够以更低的成本训练和部署更大、更复杂的 AI 模型。TPU v5p 芯片则是谷歌目前功能最强大、可扩展性最强、灵活性最高的 AI 芯片，训练大语言模型的速度较

TPU v5e 有近 50% 的提升。目前谷歌将 TPU 通过云服务 Cloud TPU 的形式开放商用，TPU 提供 180TFLOPS 的处理能力、64GB 的 HBM 内存，以及 2 400 Gbit/s 的存储带宽 [6]。

2024 年 5 月，谷歌发布了第六代 TPU 芯片 Trillium，采用 7nm 制程工艺，支持多种人工智能框架和模型的高效运行。与第五代产品相比，第六代在算力上实现了高达 4.7 倍的提升，内存带宽翻倍，节能 67%。

谷歌围绕 TPU 通过系统技术不断提升数据中心的性能以及大模型的训练效率。TPU 作为谷歌自行设计的芯片，其生态、软件等方面几乎完全依赖谷歌，这限制了谷歌构建开发生态，但也使得其可以自由地使用多种新技术，包括光学技术 [7] 等，提升了整体数据中心的性能。

7.3.2　Meta 等企业通过领域专用芯片推动工业领域的 AI 应用

2024 年 4 月，Facebook 母公司 Meta 发布新一代 DSA 人工智能芯片，专为个性化推荐预测模型训练设计。该芯片是 Meta 训练与推理加速器（Meta Training and Inference Accelerator, MTIA）项目的新版本，MTIA 是 Meta 专门为 AI 工作负载设计的定制芯片系列，可以对 Facebook 和 Instagram 上的内容进行排名和推荐。该芯片使用台积电 5nm 工艺制造，与 2023 年 5 月发布的 MTIA v1 芯片相比，其性能有显著的提升。

亚马逊持续推出自研芯片产品用于云上大模型训练。2023 年 12 月，亚马逊云科技在 2023 re:Invent 全球大会上宣布其两个自研芯片系列推出新一代，包括 Amazon Graviton4 和 Amazon Trainium2。Amazon Graviton4 是目前亚马逊云科技性能最卓越、能效比最高的自研芯片，为云计算环境量身打造，支持多样化的云上工作负载。与 Amazon Graviton3 处理器相比，Amazon Graviton4 性能提升了 30%，独立核心增加 50% 以上，内存带宽提升超 75%，为在 Amazon EC2 上运行的工作负载提供最佳性能和能效。Amazon Trainium2 用于加速云环境中机器学习模型的训练过程，提高训练速度、降低成本及能耗。Amazon Trainium2

与 Amazon Trainium1 相比训练速度提升了 4 倍，能效比提升了 2 倍。Amazon Trainium2 能够在 Amazon EC2 UltraClusters 中扩展部署，最多支持 100 000 个芯片的大规模并行处理，极大缩短基础模型和大语言模型的训练时间，提供更加环保和经济的云服务解决方案。

特斯拉重点开发超级计算机和自动驾驶芯片。早在 2021 年 8 月，特斯拉就发布了超级计算机 Dojo 和云端计算芯片 D1。Dojo 是特斯拉开发的超级计算机，用于训练 FSD 系统。Dojo 的名字来源于日语"道场"，意为练习冥想术或者武术的练功房，借指人工智能模型训练。该系统由数千个节点组成，每个节点都包含 CPU 和 GPU，核心是用于机器学习操作的 GPU。特斯拉的 Dojo 旨在提高 AI 模型的训练效率和性能，减少对传统 GPU 供应商（如英伟达）的依赖。一个 Dojo 集群 ExaPOD 包含 3 000 个 D1 芯片，算力达 1.1 EFLOPS。根据特斯拉 2022 年公布的数据，云端计算芯片 D1 在自动标注、占用网络等自动驾驶任务上，相比英伟达同期主力芯片 A100，实现了数倍的性能提升。

特斯拉的硬件平台还包括其自动驾驶硬件系统（Hardware）。该系统经历多个版本的迭代，包括 HW1.0、HW2.0、HW2.5、HW3.0，直至 HW4.0。这些系统包括摄像头、雷达、超声波传感器和高性能计算芯片等设备，用于实现车辆的环境感知、决策和控制等功能。HW3.0 是特斯拉自研的 FSD 芯片，采用 14nm 制程工艺，具有 144TOPS 的算力。而 HW4.0 采用 7nm 制程工艺，由三星代工，其算力可能在 300TOPS ～ 500TOPS。

HW4.0 是 2024 年发布的特斯拉自动驾驶硬件系统。相较于前代产品，HW4.0 在芯片算力上有显著提升，最远探测距离可达 424m，支持 500 万像素摄像头。HW4.0 的自动驾驶芯片采用 7nm 制程工艺，由三星代工，CPU 内核从 12 个增加到 20 个，运行频率在 1.37GHz ～ 2.35GHz，采用 14nm FinFET CMOS 工艺，拥有超过 60 亿个晶体管，并且使用 LPDDR4 RAM，峰值带宽达到 68 GB/s。这款芯片设计注重性能和能效比，特别适合用来处理来自特斯拉汽车摄像头的图像数据。

7.3.3 其他新型 DSA 芯片的出现

超高算力成本促使模型企业寻求用更低成本、更低功耗、DSA 化的芯片进行模型的训练和推理。

Groq 公司推出专为 AI 推理设计的 LPU 芯片。而英伟达 GPU 擅长 AI 训练但在推理方面存在局限。 2024 年 2 月，由硅谷初创公司 "Groq" 推出的 LPU（Language Processing Unit，语言处理单元）芯片采用类似谷歌 TPU 的 ASIC 路线，专为大语言模型设计，用 SRAM 存储器替代英伟达 GPU 中价格高昂的 HBM 存储器。LPU 的优势在于推理速度，相较于英伟达 GPU 提高了 10 倍，成本却降低到英伟达 GPU 的十分之一。LPU 以每秒超过 100 个词组的速度执行开源大语言模型 Llama-2，该性能表现远超现有芯片产品。

使用开源 RISC-V 架构突破英伟达 CUDA 生态的行业壁垒。 Tenstorrent 成立于 2016 年，致力于利用开源 RISC-V 架构的灵活性和扩展能力，结合强大的合作伙伴网络、开源社区的深度参与，打破英伟达 CUDA 架构的生态垄断，改变 AI 芯片市场的高价位现状，推出经济、高效的替代解决方案。Tenstorrent 主要开发使用 RISC-V 架构的人工智能推理芯片，目前 Tenstorrent 共设计出 3 款芯片，其中 Jawbridge 是一款小型测试芯片，Grayskull 和 Wormhole 则是对外商用芯片，可覆盖训练和推理场景。Tenstorrent 拥有定制 Tensix 内核，专为神经网络推理和训练设计，每个 Tensix 内核包含 5 个 RISC-V 内核、1 个用于张量运算的数组数学单元、1 个用于矢量运算的 SIMD 单元、1MB 或 2MB 的 SRAM。此外，Tenstorrent 还集成了固定功能硬件，用于加速网络数据包运算和压缩 / 解压缩。

晶圆级人工智能芯片 WSE-3。 典型的 AI 芯片是在一块称为晶圆的硅片上制成的。作为制造过程的一部分，晶圆被分解成称为 AI 芯片的小块。一个典型的晶圆可容纳数百甚至数千个这样的芯片，每个芯片的尺寸通常在 $10mm^2 \sim 830mm^2$。英伟达的 A100 GPU 被认为是目前最大的芯片，尺寸为 $826mm^2$，可以封装 542 亿个晶体管。2024 年 3 月 13 日，芯片初创公司 Cerebras Systems 推出了全新的晶圆级芯片 Wafer Scale Engine 3，该芯片通过使用晶圆级工艺实现相同功耗下的更高性能。在相同的功耗和相同的价格下，WSE - 3 的性能是之前的纪录保持者 Cerebras WSE-2 的 2 倍。Cerebras Systems 表示，这款芯片基于台积电的 5nm 工艺打造，是一个 9 英寸比萨盒大小的芯片，包含 4 万亿个晶体管、90 万个 AI 核心、44GB 片上 SRAM，外部存储器为 1.5TB、12TB 或 1.2PB，峰值性能为 125PFLOPS Cerebras WSE-2 与英伟达 A100 的规格比较如表 7-2 所示。

表 7-2　Cerebras WSE-2 芯片与英伟达 A100 芯片规格比较

特征	Cerebras WSE-2	英伟达 A100	Cerebras 的性能是英伟达的倍数
芯片大小	46 225mm²	826 mm²	56 倍
核数量	850 000	6 912+432	123 倍
片上内存	40 GB	40 MB	1 000 倍
内存带宽	20 PB/s	1 555 GB/s	12 862 倍
互联带宽	220 Pbit/s	600 GB/s	45 833 倍

数据来源：公开信息，赛迪智库整理

7.4　计算架构出现重大变化以适应人工智能快速发展

7.4.1　计算架构向多元异构计算发展

传统计算架构运行逻辑难以满足人工智能的海量数据计算需求。 随着人工智能技术的发展，特别是大模型和复杂算法的出现，对计算资源的需求急剧增加。传统的 CPU 架构中，指令会有层次地逐条进行，适用于传统的编程计算模式。人工智能需要海量数据的运算而非逐条的程序指令控制，且在功耗限制下，难以通过提高频率来加快指令执行速度，无法满足人工智能大规模的运算需求。

CPU+xPU **异构计算逐步向多元化发展。** 早期异构计算架构由 CPU 和 GPU 组成，目前异构计算已经扩展到更多计算架构，如 CPU、GPU、ASIC、FPGA 等的组合。异构计算主要包含设备层和系统层。**设备层方面，** AI 服务器通过 CPU、GPU、FPGA、ASIC 等多种计算单元混合协作提升计算并行度和效率，以满足不同场景中的应用需求，实现计算效力最大化。**系统层方面**，数据中心使用 CPU、GPU、DSA 等异构计算单元提供多样化的算力服务，使用 DPU 提高数据中心网络通信性能，通过新型互联技术推动系统协同工作 [8]。

国外龙头企业形成了较为完备的生态。 Facebook 公司提出面向智能推荐系统模型训练的异构计算系统 Zion，集成 CPU、GPU、NIC 等。英伟达实现基于 DPU 的软件定义网络加速。AMD 完成对赛灵思的合并后，将其 CPU 与赛灵思的 FPGA 结合为 CPU+FPGA 的异构模式，将高性能计算能力带入更多领域。2022 年，微软向 OpenAI 投资 10 亿美元，用上万张英伟达 A100 GPU 芯片打造尖端超级计算机，最终支持 OpenAI 开发 ChatGPT。美国发布的 Frontier 超级计算机的设计采用了先进的 CPU 和 GPU 混合架构，其中包括 AMD 的 EPYCCPU 和 Radeon Instinct GPU，峰值性能超过 1.5EFLOPS。此外，英特尔、英伟达等企业均在推进对多样芯片异构加速库、编译器、工具链等异构软件生态的布局。如英特尔发布异构框架 OneAPI，实现跨 xPU 的全栈异构能力建设，抢占异构发展机遇。

国内企业不断推陈出新，将产品逐步应用于多个领域。 联想、浪潮推出弹性 AI 服务器，支持多种 AI 芯片加速卡，并可灵活切换多种互联拓扑，满足不同 AI 应用。蚂蚁集团研发了基于 CPU+FPGA 的 AI 云架构。快手构建提供人工智能服务的多元算力平台，集成 CPU、GPU、NPU 等多种算力资源。DPU 芯片厂商云豹智能与 AI 芯片厂商燧原科技共同研发和提供大规模高性能 AI 算力平台解决方案。寒武纪将 CPU+NPU 异构计算系统应用于智慧交通、智慧电力等场景。

不同架构芯片面临难以共同应用等挑战。 智算中心建设通常会在不同阶段采购不同厂商的人工智能芯片，但在同一个数据中心中，这些不同型号芯片所组成集群之间往往形成多个资源墙。在进行大模型训练时，难以把同一个数据中心中不同型号的训练卡集合为一个资源池，以得到更强的计算能力。因此，如何打破资源"资源墙"的限制，实现大规模异构混合训练，是业界迫切需要解决的问题。搭载不同架构芯片的软件工具、算子也难以兼容。各 AI 芯片厂商有自己的底层软件栈，彼此不兼容。这导致在进行大模型训练时，不同芯片的算子存在缺失等情况，使得训练效率低下、运行缓慢，并最终出现精度误差等问题。软件工具和算子不兼容还体现了大模型训练移植工作的较高成本和较大难度。

7.4.2 人工智能算力向边缘侧迁移，催生出边缘智能

计算模式正在从以云计算为中心的集中式智能向以边缘计算为中心的分布式智能逐步演变。随着 AI 向行业渗透，以传统云计算为中心的 AI 解决方案难以满足海量数据的存储和传输要求，也难以满足诸多对实时响应要求较高的应用场景的需求。近年来，随着网络带宽的增加和终端设备算力的提升，边缘计算逐渐成为学术界和工业界的热门话题。在云计算中，所有终端设备上产生的数据，通过网络传输到云端进行计算和存储。而在边缘计算中，数据的计算和存储都在边缘上（边缘服务器或者终端设备）完成，无须再通过网络将数据传输到云端上，从而避免网络传输带来的延迟[9]。

专用芯片、边缘智能终端为边缘智能提供坚实的硬件基础。边缘智能发展需要芯片、终端、网络等多层支撑协同。**芯片方面**，随着人工智能算法的日益成熟，业界开始设计制造专用芯片，其特点是数据处理能力强大、尺寸小、功耗低、价格便宜，可以应用到各种边缘设备上。英特尔、AMD、高通、苹果等公司陆续推出边缘端高算力性能的旗舰芯片产品。**终端方面**，2023 年，定制边缘服务器规模已达 2.4 亿美元，同比增长 16.8%，中国边缘计算服务器市场继续保持稳步上升，同比增长 29.1%。IDC 预测，2028 年整体中国边缘计算服务器市场规模将达 132 亿美元。AIPC、AI 手机、AI 工控等产品持续发展，为行业应用和消费侧的边缘计算提供了便利。云边协同技术通过运营商边缘、云边缘和工业边缘 3 种不同模式实现资源高效整合，为边缘计算提供强大的网络支撑。

人工智能大模型的平民化、小型化发展推动边缘智能发展。国内外的 AI 厂商均在大模型领域有所布局并持续迭代。2023 年 6 月，通过不断提高系统效率，Open AI 将原始版本 GPT-3.5-turb 的价格降低 25%。Open AI 的 text-embedding-ada-002（文本嵌入模型之一）的定价也有所降低，每 1 000 个数据集的价格为 0.000 1 美元，比之前的价格降低了 75%。在技术进步背景下，AI 大模型逐渐平民化，终端逐渐能够

以较低价格获得 AI 服务。垂直企业或行业大模型相比通用大模型，对算力的需求较低，人工智能将逐步向边缘侧或端侧倾斜，为边缘智能的普及和发展带来机遇。

边缘智能的低延迟、高安全性推动行业智能化发展。 边缘智能结合边缘计算和人工智能，在边缘侧进行实时、小数据的处理，开展 AI 模型的推理，实现智能检测，回传云端结果，形成云–边–端协同的架构。边缘智能可以有效解决 AI 在行业应用面临的海量数据处理、实时响应、数据安全等问题，为 AI 在更多行业应用奠定基础，尤其是在制造业、政府、零售、电信、医疗等重点领域，敏捷连接、实时业务、数据优化、应用智能、安全与隐私保护已经成为核心需求。因此，边缘智能将是推动行业数字化、智能化的关键。**在工业制造领域**，通过边缘智能开展智能质检，以实现降本增效。**在智慧交通领域**，通过边缘智能实现路况监测、路口交通控制、停车管理和违章抓拍等功能，提升城市交通效率。**在通信服务领域**，通过建设边缘云，为运营商拓展了云 VR、云游戏等创新业务空间。**在医疗领域**，边缘智能可应用在医学影像辅助诊断、基因检测、临床试验、医院内自助服务等场景中，提升医疗质量和效果。

7.5　前沿芯片技术支撑新型智能出现

7.5.1　量子计算

量子芯片是量子计算的核心，其利用量子力学的原理，能够进行超高速的计算和处理。 近年来，国内外在量子芯片领域取得了一系列进展。中国科研团队首次使用氮化镓创造量子光源，展示了氮化镓在量子信息技术中的巨大潜力，并成功量产了 1 500 批次量子芯片，提升了我国在全球量子科技领域的影响力。中国科学院交付了 504 比特的超导量子芯片，刷新了国内纪录，并通过云计算平台向全球开放。此外，中国科技大学团队在量子比特芯片研发方面突破技术限制，成功研制的量子芯片内部的量子比特数量达到了 20 个，基本领先于世界平均水平。IBM 发布了旗舰量子处理器 Heron，澳大利亚和微软的科学家开发了一种低温量子计算机芯片，能够处理数千个量子比特。英国牛津大学衍生公司 Oxford Ionics 宣布已制造出世界上性能最高的量子芯片。

量子计算具备更强的并行计算能力和更低的能耗。量子计算在随机电路采样、玻色采样等特定问题求解中展现出算力的优越性，研究机构正探索量子计算在抗量子密码、化学模拟、药物研发等场景中的应用。传统的机器学习算法在处理大规模数据集时，需要消耗大量的时间和计算资源，而量子计算机可以利用量子的并行性，在极短的时间内处理这些数据，从而大幅缩短算法的训练时间。量子计算机的另一个优势是能够处理经典计算机无法处理的复杂问题。例如，在化学模拟、材料设计等领域，量子计算机可以模拟分子的量子力学行为，为人工智能模型提供更精确的数据，从而提高预测和决策的准确性。另外，量子计算具有强泛化能力，量子计算机不仅可以加速算法训练和提高精度，还可以通过量子纠缠等机制增强人工智能模型的泛化能力。

各国积极推进量子技术在各个行业的应用。量子计算技术在人工智能、化工医药、材料模拟、教育科研、金融科技以及密码安全等多个领域显示出其独特的优势和极强的计算能力。尽管如此，量子计算的局限性依然存在，导致它还不能提供通用型的计算服务。在量子计算的商业化进程中，从国内的情况来看，虽然与国际上的 IBM 和谷歌等公司相比，我国在量子计算方面还存在一些差距，但仍然属于全球领先的梯队。2023 年 5 月，北京量子信息科学研究院的量子计算云平台已经在金融等领域进行了初步的应用测试，未来预计将在科研、能源等更多领域开展实际应用。

超导量子计算。超导量子计算作为当前最为热门的研究方向之一，利用超导电路来实现量子计算，其技术进展迅速，目前在各类技术路径中位居首位。超导量子计算的优势在于其低功耗、高速度，能在低温环境下运行以及便于操控。从事超导量子计算机研究的企业和机构有谷歌、百度、中国科学技术大学、IBM、Rigetti、IQM Finland、SeeQC 和 Quantum Circuits 等。2022 年，IBM 成功研制出了拥有 433 个量子比特的 Osprey 处理器芯片。2023 年 12 月初，IBM 推出了全球首个模块化量子计算系统 IBM Quantum System 2，以及公布了即将问世的量子处理器芯片 IBM Condor 和 Heron。其中，Condor 芯片拥有 1 121 个超导量子位，是市场上首款达到 1 000 量子位的量子芯片，也是目前所有技术路径中量子比特数最多的。

离子阱量子计算。离子阱技术借助电荷与电磁场相互作用的力量来操控带电粒子的运动，以此达到量子计算的目标。这种技术拥有诸多优势，包括较长的量子相干时间、高品质的量子比特、较高的量子比特制备和读出效率，以及能够在室温下运行等。到 2022 年，离子阱技术保持着双比特门操作的最高保真度。在量子比特性能方面，离子阱技术也取得了进展，实现了量子体积的新高，并且在全球范围内以其 SPAM 保真度领先。在该技术领域，一些具有代表性的公司有 Quantinuum、IonQ、Universal Quantum、启科量子和华翊量子等。

拓扑量子计算。拓扑量子计算是一种量子计算的形式，它依据拓扑物理学的原理来保护量子比特中的信息。这种计算方式不同于传统的量子计算，因为它不是通过量子纠缠来保护信息的，而是将信息编码在拓扑结构中，这有助于提高量子计算机的可靠性和稳定性，还增强了其容错能力。微软公司通过实现马约拉纳零能模和可测量的拓扑间隙，成功克服了生成拓扑量子比特的主要难题。目前，尽管拓扑量子计算展现出了巨大的潜力，但它仍然处于基础研究阶段，我们还无法确切地知道哪种系统最适合研究，或者这个研究方向是否值得继续探索[10]。

中性原子量子计算。在中性原子量子计算领域，单个原子通过激光冷却技术置于超低温环境中，形成了一系列的原子阵列。这种技术的一个显著特点是，尽管原子被冷却到超低温，但整个设备的其余部分无须冷却，且原子间的距离仅为微米级别，这使得整个系统设计紧凑。在这种量子计算模型中，量子信息被编码于原子稳定的低能级状态中，使得中性原子量子比特的寿命远超超导量子比特。近年来，中性原子量子计算领域的主要参与者已成功实现超过 100 个量子比特的操控，并且公司（如 ColdQuanta 和 Pasqal 等）获得了大量投资，加速了中性原子量子计算的商业化进程，使这些公司在量子模拟方面的优势日益凸显。2023 年 10 月，潘建伟院士领衔的团队利用光晶格中束缚的超冷原子，成功创造出多原子纠缠态，这一成果是实现和控制大规模中性原子纠缠态的关键进展，为开发新型高效能量子计算机打下了坚实的基础。2023 年 10 月，一个由哈佛大学、麻省理工学院以及中性原子量子计算机领域的领军企业 QuEra Computing 组成的研究团队，在 60 个并行排列的中性原子量子比特上展示了保真度高达 99.5% 的双量子比特纠缠门，标志着中性原子量子计算技术的进一步突破。

半导体量子计算。半导体量子计算的优点在于它能够与现有的 CMOS 制造工艺相整合，从而更容易地进行大规模的生产。与超导量子点相比，硅自旋量子点的体积要小得多，小到数百万分之一甚至更小。这种技术允许将数百万甚至数十亿个硅量子点集成到类似于先进微处理器的芯片上。利用成熟的晶体管制造技术，这些器件能够确保量子比特之间的精确匹配。由于具有小巧的尺寸、良好的可扩展性以及与现代半导体工艺的兼容性，半导体量子计算被视为实现大规模量子计算机处理器的有力候选。在这一技术领域中，英特尔是领先者，它利用最先进的晶体管制造技术，如 EUV 光刻和栅极及接触处理技术，在 12 英寸晶圆线上生产了含有 12 个量子比特的 Tunnel Falls 芯片，并且保持了 95% 的芯片良率。基于 Tunnel Falls 的下一代量子芯片预计将在 2024 年推出。

7.5.2　光计算

光计算可应对目前人工智能应用中面临的能耗和计算效率挑战，有望成为未来人工智能计算的主流方式之一。光计算利用光学器件折射、干涉等光学特性进行运算，具有高速、高带宽、低功耗的优势。神经网络计算中，约 90% 的时间和能耗都集中在矩阵乘法运算上。传统的深度学习算法依赖于经典计算机，通常需要使用嵌套循环的方式进行乘法运算。相比之下，光学技术适合以完全并行的方式进行高效处理矩阵乘法，这一点在神经网络计算中尤为重要。此外，光学硬件的运行速度接近光速，造成延迟的主要原因是光学系统的传播时间。并且，由于光的自然并行性和高速特性，光学技术在能量耗散方面也表现出色，这使得它在计算能力上具有显著的优势。未来随着硬件的发展以及人工智能技术的完善，这两个领域的交叉结合可能会在真正实用化应用方面产生突破。这些突破可能涉及处理大规模数据集、构建更高效的模型、开发更精确的算法，以及利用更多样的数据资源。未来，这种跨学科的合作可能会开启新的计算范式，为人工智能的发展带来革命性的影响。

7.5.3 类脑计算

类脑芯片模仿了人脑的架构和大脑的工作原理，在功耗和计算学习能力方面实现了显著提升。2019 年，清华大学施路平团队推出了全球首款异构融合类脑计算芯片，这款芯片结合了类脑计算和机器学习的特点，增强了各种系统的功能，为人工通用智能的研究与发展注入了新动力。2020 年，清华大学微电子所研发出了全球首款多阵列忆阻器存算一体芯片，其性能比现有的 GPU 要强两个数量级，标志着计算技术的又一次突破。2021 年 2 月，北京大学成功研制出当时国际上功耗最低的通用型 AIoT 唤醒芯片，该芯片在语音关键词识别率达到 94%、异常心电图识别率达到 99% 的同时，功耗仅为 148nW，展现了高效能与低功耗的完美结合。同年 12 月，新加坡科技与设计大学开发出了一种基于二维材料的新型人工突触，这种突触不仅能够显著降低硬件成本，还为实现高度可扩展的类脑计算开辟了新道路。2022 年 2 月，复旦大学李卫东团队开发出了多通道全无线神经信号记录芯片模组，为研究大脑机制提供了高通量和微负荷的神经元同步记录与分析系统，为神经科学研究开辟了新的路径。2022 年 5 月，清华大学设计出了全球首款面向智能机器人的类脑计算芯片，并配备了完善的软件工具链，进一步推动了类脑计算的实用化。到了 2023 年 10 月，IBM 推出了名为"北极（NorthPole）"的高性能类脑芯片，该芯片在能效和性能方面表现卓越。

类脑计算是未来打破"内存墙"的潜在技术之一。类脑计算基于仿生的脉冲神经元来实现信息的高效处理，在对功耗、延迟敏感的边缘计算领域具有极高的应用价值和巨大的潜力。相比于现有的人工智能主要计算技术，类脑计算借鉴了大脑基本运行原理，包括事件触发、近似计算、高度并行等符合通用人工智能需求的技术特征，在性能效率、低功率、低延迟、可伸缩性等方面具有显著优势。欧盟在 2013 年启动人脑工程计划，通过超级计算机技术来模拟人脑功能，以实现人工智能。韩国脑计划在多个尺度构建大脑图谱、加强人工智能相关研究。我国科技部 2021 年发布科技创新 2030—"脑科学与类脑研究"重大项目申报指南，围绕脑认知原理解析、认知障碍、有关重大脑疾病发病机理与干预技术、类脑计算与脑机智能技术及应用、儿童青少年脑智发育、技术平台建设 6 个方面进行阐述 [11]。

脑机接口技术通过在人脑神经系统与外部设备之间建立通信连接，实现了大脑与机器之间的直接信息交换和功能整合，拓展了大脑的功能。近年来，仿生义肢、意念控制机器人等脑机接口产品的不断涌现，为行动不便的人群带来了极大的帮助。在 2020 年 5 月，美国贝勒医学院的 Daniel Yoshor 研究团队在受试者的大脑视觉皮层内植入特殊的电极，然后通过精准的电流控制，依次激活不同的电极，在受试者的脑海中呈现指定的图像。这项技术的原理是绕过受损的眼睛或视神经，成功将视觉信息直接传给大脑，使盲人能够恢复部分视力。2021 年 4 月，美国 Neuralink 公司在猴子的大脑上测试脑机接口，使得猴子能够仅凭大脑思维来操控模拟乒乓球电子游戏。同年 5 月，斯坦福大学、布朗大学等组成的团队开发出了一套意念写字系统，该系统首次解码了与书写有关的神经信号，并实时显示它们，为瘫痪患者提供了一种新的交流方式。

7.5.4 生物计算

生物芯片是指在硅、玻璃等材质的基片上加工出微米至亚毫米级的微结构单元，用于配合相关器械完成生物实验的相关需求（如提取、扩增、分离或细胞的培养、处理等）。生物计算是一种由数百万个生物传感器组成的"芯片实验室"（Lab-On-Chip，LOC），其工作原理相当于把一间实验室的各种器械同时缩小，然后把需要整个实验室完成的一套流程集中到很小的芯片上。瑞士初创公司 FinalSpark 发布了全球首款生物处理器。据介绍，该款处理器是由人脑类器官的生物神经元驱动的，而且已开放了远程访问。FinalSpark 提出的 Neuroplatform 据称是世界上第一个提供体外生物神经元访问的在线平台，此类生物处理器据称"比传统数字处理器的功耗低至一百万分之一"。由于摩尔定律的终结，芯片厂商专注于增大功率、保持性能提升，在这一背景下，强性能附加低功耗的特点可能会是生物处理器的潜在优势。Neuroplatform 能够学习和处理信息，并且由于其低功耗，可以减小计算对环境的影响。

生物计算利用生物分子的信息处理能力进行数据运算和处理。生物体内分子间的信息交流高效且迅速，加上分子的高适应性、自组织能力和自我修复特性，为开发新型计算机系统创造了条件。与传统的基于硅基电子的计算机相比，生物计算机利用生物分子进行信息的存储和处理，具有更强的耐久性和适应性。生物分子的高度并行性和自适应性使得生物计算能够更加高效和快速地处理信息，在相关领域实现突破性的进展方面具有潜力。此外，生物计算的信息处理方式与人类大脑的处理方式相似，依赖于分子间的相互作用而非二进制计算，为研究生理学和心理学问题提供了更深层次的视角。然而，生物计算也存在一些缺点，例如由于生物分子的特性，其速度可能较慢，且准确性和可靠性难以保证。在应用方面，生物计算面临着控制和操作生物分子、生物分子不稳定以及在大规模计算中分子间相互作用等亟待解决的问题。

生物计算在医学、环保、能源等领域的应用前景广阔。在生物医学领域，生物计算能够用于基因组的测序、疾病的诊断以及新药的开发等多个方面。以基因组测序为例，生物计算中的 DNA 计算技术能够通过离子缩聚等方法实现高效、快速的测序，显著降低了测序的经费和时间成本，同时提高了测序的精确度。在仿生机器人领域，生物计算能够模拟人脑神经系统的信息处理方式，从而实现更高效的智能机器人控制。在环保和能源领域，生物计算利用蛋白质技术来优化太阳能电池，以更精确地模拟太阳能转化为电能的光电反应，进而有效提升太阳能电池的能量转换效率。

参考文献

[1] Dally W J , Keckler S W , Kirk D B .Evolution of the Graphics Processing Unit (GPU)[J]. IEEE Micro, 2021(41-6).

[2] B. Keller et al., A 17–95.6 TOPS/W Deep Learning Inference Accelerator with Per-Vector Scaled 4-bit Quantization for Transformers in 5nm[J].IEEE VLSI,2022(16-17).

[3] A. Smith et al.11.1 AMD InstinctTM MI300 Series Modular Chiplet Package – HPC and AI Accelerator for Exa-Class Systems[J].IEEE ISSCC,2024(490-492).

[4] Mahurin E .Qualocmm® Hexagon ™ NPU[C]//2023 IEEE Hot Chips 35 Symposium (HCS).0[2025-05-07].

[5] Norm Jouppi ,et al. TPU v4: An Optically Reconfigurable Supercomputer for Machine Learning with Hardware Support for Embeddings[J]. ISCA. 2023(1-14).

[6] Jouppi N P , Yoon D H , Ashcraft M ,et al.Ten Lessons From Three Generations Shaped Google's TPUv4i : Industrial Product[J].ACM, 2021.

[7] Barrus J. Cloud TPU machine learning accelerators now avail-able in beta[EB/OL]. (2018-02-12)[2018-03-31].https://chinagdg.org/2018/02/cloud-tpu-machine-learning-acceleratorsnow-available-in-beta/

[8] N. P. Jouppi and A. Swing.A Machine Learning Supercomputer with an Optically Reconfigurable Interconnect and Embeddings Support,[J].IEEE HSC,2023(1-24).

[9] 牛鑫 , 吕现伟 , 余辰 . 边缘智能 : 现状与挑战 [J]. 武汉大学学报（理学版）, 69(2)[2025-05-07].

[10] MediaTek. 生成式 AI 手机产业白皮书 [EB/OL].[2023-03-31].https://developer.mediatek.com/ai/664efa379ae7e51a90135fcb.html

[11] 周文豪 , 王耀 , 翁文康 , 等 . 集成光量子计算的研究进展 [J]. 物理学报 , 2022, 71(24):14.

数智经济的自主进化趋向

第 8 章

以人工智能驱动芯片技术进步为例

8.1 人工智能的奇点时刻和超级人工智能

8.1.1 科学界关于人工智能奇点的早期思考

从科技发展史来看，人工智能进化在两条路线上交叉进行，一是以芯片为底层的计算机硬件系统的发展，二是算法、机器学习、大模型等软件层面的进化，使计算机系统逐步获得"将庞大的数据转变成新的科学知识"的能力[1]。在这个发展过程中，冯·诺伊曼、艾伦·图灵分别从这两个维度对人工智能作了前瞻性探索和思考。

冯·诺伊曼是在数学、计算机科学和物理学领域有杰出贡献的科学家，被认为是现代电子计算机和博弈论的重要创始人之一。1945年，他提出的计算机体系结构（后被称冯·诺伊曼体系结构）是如今计算机设计的核心，该结构将计算机分为执行算术和逻辑运算的运算器、控制数据流的控制器、存储器，以及用于与用户进行交互的输入设备和输出设备，程序和数据都可以存储在存储器中，从而实现编程和存储的功能。这个创新为计算机的发展奠定坚实基础，也为人工智能实现提供必要条件。冯·诺伊曼预言，技术不断加速进步，将引发人类历史上某个关键的"奇点"（Singularity）。"奇点"这个概念，最早由冯·诺伊曼首先使用[2]，指的是一种假想的未来时刻，当人工智能超越人类智能并不断自我改进时，人类文明将面临不可预测的变化。

艾伦·图灵，英国数学家、逻辑学家，被称为"计算机科学之父"，是计算机逻辑的奠基者。1950年图灵在英国哲学杂志《心智》（*Mind*）上发表论文《计算机器与智能》，该论文是人工智能哲学的开山之作。这篇论文提出"机器能够思维吗"（Can machines think？）问题，图灵认为回答这个问题首先要定义"机器"和"思维"这两个概念，为了对机器能否思维问题提供客观标准，图灵设计了一个实

1　佩德罗·多明戈斯：《终极算法：机器学习和人工智能如何重塑世界》，黄芳萍译，中信出版集团，2017年出版，第XVⅡ页。

2　《来自未来的人：约翰·冯·诺依曼传》，作者阿南约·巴塔查里亚，译者岱冈，中信出版社，2023年9月出版。

验，即著名的"图灵测试"：人类仲裁者、人类和计算机分别位于不同的房间，人类仲裁者知道存在一台计算机 A 和一个人 B，但不知道哪个是人、哪个是计算机，人类仲裁者会向 A 和 B 提出问题，A 和 B 分别回答，人类仲裁者的目标是判断哪个是人、哪个是计算机。图灵认为计算机是能够思维的，计算机由控制器、存储器和执行部分构成，人脑构成大致如此，计算机的本质是机器的运动，通过信息输入、运算和输出等，可以得出最终的状态。他当时预言，"大约 50 年后，人们将有可能对存储容量达到 100 亿字节规模的计算机进行编程，使其在模仿游戏中表现出色，以至于一般提问者在提问 5 分钟后准确判断出是计算机的概率不会超过 70%"，也就是计算机系统将通过"图灵测试"，具有类人的思维能力。人工智能的发展历程验证了这个判断，2014 年在英国皇家学会举办的"图灵测试"大会上，俄罗斯团队研究的一款机器聊天程序尤金·古斯特曼（Eugene Goostman）模仿一名男孩，成功让 33% 的测试者误以为它是一个真人，成为历史上第一个通过图灵测试的人工智能程序。

8.1.2　关于超级人工智能的讨论

冯·诺伊曼、图灵关于人工智能发展的思考引发了持续的讨论。1965 年，图灵的同事、英国数学家古德在《关于第一台超智能机器的猜测》（*Speculations Concerning the First Ultraintelligent Machine*）论文提出"智能爆炸"（intelligence explosion）的概念[1]。他指出，"我们把超智能机器定义为具备超越所有聪慧人类智能活动的机器。如果将机器设计视为智能行为的一部分，那么可以预见，超级智能的机器将具备创造更先进机器的能力。这种情景可能会导致所谓的'智能爆炸'，使得人类智慧迅速变得相形见绌。因此，可以推断，首个超级智能机器可能成为人类制造的终极发明，前提是这台机器能够服从指令，并向我们揭示如何对其进行有效控制。"

1　Good, I. J. (1966). Speculations concerning the first ultraintelligent machine. In Advances in computers (Vol. 6). Elsevier. pp. 31-88.

2005 年，美国计算机科学家和技术乐观主义者雷·库兹韦尔（Ray Kurzweil）发表《奇点临近》，将人工智能奇点理论推向科技界的风口浪尖。库兹韦尔提出了一个创新性的理论——加速回报定律（也被称作库兹韦尔定律），该定律认为：信息技术的进展呈现出指数式增长的态势，从而带动存储容量、计算力、芯片尺寸和网络带宽等技术的迅猛扩张。摩尔定律便是这一理论的典型例证，它指出芯片上集成的晶体管数量大约每 18 个月会翻一次倍。数十年来，半导体行业的发展趋势与摩尔定律的预测相吻合。同样，信息技术其他发展指标，如网络带宽，也呈现出指数式增长。库兹韦尔指出，"对技术史的分析表明，技术变革是指数性的，与常识性的'直觉的线性观'相反。所以我们在 21 世纪将不会经历 100 年的进步——它将更像是 2 万年的进步（以今天的速度）。芯片速度和成本效益之类的'回报'也呈指数增长……几十年内，机器智能将超越人类智能，并导致技术奇点的来临——技术变化如此迅速而深刻，代表了人类历史结构的破裂。其含义包括了生物和非生物智能的合并、基于软件的不朽人类，以及以光速在宇宙中向外扩张的超高水平智能。"[1] 库兹韦尔预言，"2029 年，机器人智能将能够与人类匹敌；2030 年，人类将与人工智能结合变身混血儿，特别是脑机结合；2045 年，人与机器将深度融合，严格生物学意义上的人类将不复存在，奇点来临，人工智能将超过人类本身，并将开启一个新的文明时代。"

2024 年 4 月，斯坦福大学以人为本人工智能研究所（Stanford HAI）发布了《2024 年人工智能指数报告》[2]。报告指出，人工智能在图像分类、视觉推理和英语理解等任务上的表现已经超过了人类，凸显出人工智能在处理大数据和识别模式方面的显著优势（见图 8-1）。

以 GPT 为代表的大模型被普遍视为人工智能发展的重要技术突破，标志着强人工智能时代的到来，进一步引发了人类对未来人工智能的思考。2024 年 9 月 24 日，

1　Kurzweil, R. (2001). "The Law of Accelerating Returns". from http://www.kurzweilai .net/the-law-of ac-celerating-returns.

2　Artificial Intelligence Index Report 2024，https://aiindex.stanford.edu/report/.

OpenAI CEO 萨姆·奥尔特曼在社交平台上发表题为《智能时代》(*The Intelligence Age*) 的长文，指出"我们有可能在几千天内实现超级智能！如何实现下一次繁荣飞跃，可以用 6 个字来概括：深度学习有效。人类发现了一种算法，能够真正学习任何数据分布（或者说，产生任何数据分布的基本"规则"）。令人震惊的是，计算能力和数据越多，它在帮助人们解决难题时的表现就越好。"

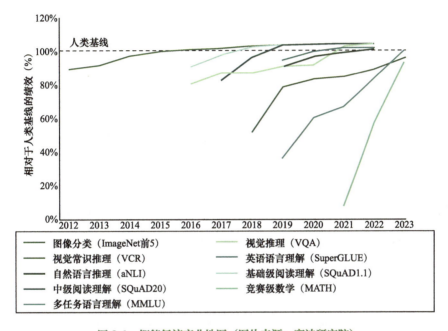

图 8-1　智能经济产业地图（图片来源：赛迪研究院）

我国学者认为，人工智能大模型集合了几乎是人类级别的"群体智能"[1]。大模型常以全网数据或知识为语料进行训练，这些语料以数据的形式被大模型所吸纳和储存，作为编码了人类知识的参数模型而存在，是容量巨大的"人类知识压缩器"。这形同于几乎被投喂了全人类知识后形成的"世界大脑"，集合了几乎是人类级别的群体"大智能"。由于大模型将包含所有可在网上免费获取的人类知识，这将使它们比任何人都聪明，展现出前所未有的"大智能"。另外，在训练过程中，大模型所使

1　肖峰《大模型与智能社会：基于历史唯物主义的探察》，《中国社会科学》2024 年第 7 期。

用的 GPU 也是互联为集群的，这为群体智能的运作提供了硬件基础。当个体使用大模型时，可以说是在与几乎等价于人类级别的群体"大智能"相连通，并将它转化为个体的知识劳动能力。正是因为凝聚了几乎是人类级别的群体"大智能"，所以大模型的智能水平才得到了空前的提升，能够为使用者带来强大的赋智效应，并使他们有机会成为智能社会的主体。

8.2　超级人工智能对经济运行的影响

8.2.1　人类经济活动正在形成"超级智能体"

人工智能大模型的快速发展，正在使人类社会的经济活动形成"超级智能体"。智能体的概念，最早出现在人工智能领域，马尔温·明斯基（Marvin Minsky）在1986 年出版的《心智社会》（*The Society of Mind*）一书中提出了此概念。明斯基将思维描述为由大量相互作用的智能体构成的复杂系统，每个智能体都执行特定的任务，并通过协作完成复杂的认知活动。这一思想为智能体的研究奠定了理论基础，推动了人工智能领域对自主决策系统的进一步探索。

2018 年，我国学者提出"超级智能体"（也称为网络智能体）的概念，超级智能体指以网络及"人－网－物"三元万物互联为基础的各类群体的智能行为，具有较为完整的网络化和智能化体系，一定的自感知、自学习、自决策、自执行和自适应能力，以及智脑和类人行为意识的全新形态的智能体[1]。从人类社会的角度来讲，70 多亿人接入一张庞大的互联网，目前有近一半人使用人工智能大模型；从自然世界的角度讲，有近千亿规模的终端设备接入互联网。这相当于在人类社会和自然世界逐步嵌入了一个神经层和大脑，使人类活动逐步智能化、信息化，呈现出超级智能体的趋势。

1　余少华，《未来网络的一种新范式：网络智能体和城市智能体》，《光通信研究》2018 年第 6 期。

从智能体的类别上看，可以是超大的（如全球经济智能体）、大型的（如国家智能体）、中等的（如城市智能体），也可以是中小型的（如企业智能体）。超级智能体的连接数量正在从百亿级迅速发展到千亿级、万亿级，从"人－网"二元互联发展到"人－网－物"三元甚至多元互联与融合，从地面的平面互联将发展到空间三维互联及外太空和星际互联。随着人工智能大模型的发展，超级智能体将有效集中全球 70 多亿人的智慧，把全世界人类的"松散"联系变成"紧密实时"连接，把地球上千亿级的、孤立的"死"物变成"实时相联"的物。

8.2.2 "自进化"产品的出现

自进化的概念源自人工智能领域，人工智能的自进化是智能系统发展的趋势。从 1997 年"深蓝"击败国际象棋冠军卡斯帕罗夫，到 2017 年 AlphaGo 击败围棋冠军柯洁，人工智能在与人类的对抗训练中不断进步，而脱胎于 AlphaGo 的 AlphaZero 则完全脱离了人类棋谱的束缚，通过自我学习、自我博弈、自主进化，精通了多种棋类游戏，在国际象棋、将棋和围棋游戏中分别击败了当时的世界冠军。在国际象棋中，AlphaZero 训练 4 小时就超越了世界冠军程序 Stockfish；在日本将棋中，AlphaZero 训练 2 小时就超越了世界冠军程序 Elmo；在围棋中，AlphaZero 训练 30 小时就超越了与李世石对战的 AlphaGo。

近年来，大语言模型基于深度学习技术，在各领域取得显著进展，进一步促进了人工智能系统的自进化。大语言模型的自进化是一个循环往复的动态过程，由经验获取、经验精化、模型更新、模型评估 4 个环节组成，很好地模拟了人类通过反复实践、总结、巩固、迁移来学习成长的过程，在每一轮循环中都实现自我更新和提升。自我进化有望赋予大语言模型更强的自主学习能力，是实现通用人工智能的一个有前景的途径[1]。

大语言模型的自我进化是人工智能领域发展的重要方向。随着越来越多的产品部

---

1 *A Survey on Self-Evolution of Large Language Models*，https://arxiv.org/abs/2404.14387.

署应用大语言模型，产业界进一步提出"自进化"产品概念。华为在 2024 年华为全联接大会上提出自进化产品（Auto-Evolving Products）的概念。在智能化时代，产品将具备自主学习、持续迭代、适应变化的能力，能够自优化和自演进，例如，自动驾驶汽车随着使用时间的增加，智能方面的表现将越来越好。产品从数字化到智能化的转变将极大地改变市场竞争格局，每个企业都需要思考如何将智能化能力融入自己的产品中。

自进化产品是指那些能够根据外部环境的变化和内部性能的反馈，自动调整和优化自身结构、功能和行为的产品。这类产品通常具备高度的智能化和自主性，能够通过内置的算法和机制，实现自我学习、自我修复和自进化。自演进产品的核心在于其能够持续适应和满足用户需求，同时降低对人工干预的依赖。自演进产品具备以下几个特点。**一是具备自主学习能力。**自演进产品通过机器学习、深度学习等人工智能技术，产品能够从大量数据中提取出有用信息，识别模式和规律，并据此优化自身行为。例如，自演进的推荐系统能够根据用户的浏览内容、购买历史以及在推荐页面的停留时间，不断调整推荐算法，了解用户的喜好以提供更加个性化的服务。**二是自我修复功能。**自演进产品能够自我诊断和修复问题，减少因故障导致的停机时间。这种自我修复功能通常依赖于先进的传感器和诊断算法，能够实时监测产品的运行状态，一旦发现异常，便自动采取措施进行修复或通知维护人员。例如自演进的工业机器人在检测到机械故障时，能够自动调整参数或请求维修，确保生产的连续性。**三是自我优化性能。**自演进产品能够根据使用情况和环境变化情况，不断优化自身性能。这种优化不限于单一指标，而是涉及多个维度，如能效、速度、精度等。例如，自演进的电动汽车电池管理系统能够根据驾驶习惯和路况，实时调整电池充放电策略，延长电池寿命并提高续航能力。**四是高度的适应性。**自演进产品具有高度的适应性，能够应对复杂多变的环境和需求。通过灵活的模块化设计和可重构的硬件架构，产品能够在不影响正常运行的情况下，快速调整自身结构和功能。例如智能家居系统能够根据居住者的习惯和偏好，自动调整灯光照明强度、空调温度和安全设置，提供更加舒适的居住环境。

总而言之，数智经济时代的自进化产品突破了产品只是被人利用的手段并受动于人的局限，成为具有主体性的工具，集伙伴、助手、代理于一身，具有感知、理解、推理、规划、学习、交流、移动和操作物体等全过程能力，可以独立执行复杂的任务。自进化产品进一步发展还可能成长为高度自主的智能实体，是突破传统产品工具边界的新产品形态，是与主体性交织融合的"能动产品"。通过"云端协同"，物理世界的大部分实物产品都将具备人工智能能力，进化为全新的"具身智能"产品，成为大模型的杀手级应用，带动新的产业革命。

8.2.3 "自进化"工厂的出现

世界经济论坛与麦肯锡咨询公司于 2018 年 9 月夏季达沃斯论坛上联合提出了与"灯塔工厂"相关的倡议。灯塔工厂被誉为"世界上最先进的工厂"，其旨在选出具有榜样标杆意义的"全球工业 4.0"示范者，代表全球制造业领域智能制造和数字化的最高水平。每次工业革命都有决定性的突破诞生，过去是蒸汽机、电力带来的大规模生产、计算机带来的自动化，而现在，大数据驱动的机器智能开启了第四次工业革命。

随着人工智能的成熟，灯塔工厂正在追求更高层次的决策（或称"认知自动化"）。数智技术正在助力制造业变革，每一家新的"灯塔工厂"都在推动生成式人工智能的应用。与任何进展一样，知义式人工智能的成熟也是分阶段的。首先，应用智能来维持稳定的运营流程，例如使用人工智能来实时设置流程参数。其次，正确识别出问题，实施修复措施，例如，针对机器性能不佳的情况提出纠正措施，或者建议调整配方以补救输入材料中出现杂质的情况。最后，它将发展到完全的"自我修复"制造和供应链运作。大多数灯塔工厂已经实现了前两个目标，正在加速实现第三个目标，即支持"黑灯工厂"运营概念的技术成果，工厂将在生产率、质量和服务水平方面实现更高水平改进，新的工厂人员将更像增强型技术人员，而非现在的操作人员。发展到这一步也是有风险的，这就是为什么施耐德电气等公司正在进行"信任培训"，在移交控制权之前，设计明确的方法来提高每项人工智能建议的置信度。

未来的智能工厂将进一步借助更先进的人工智能和机器学习技术，实现更高级别的自主决策。工厂设备可以通过数据分析、预测模型和算法自主进行调整和优化，实现更快速、精准的反应。英伟达 CEO 黄仁勋认为，未来的工厂将是机器人工厂，机器人可以协调一大堆机器人来制造本身就是机器人的汽车。

2023 年，英伟达、苹果、Adobe 和 Autodesk 等公司联手成立了 OpenUSD 联盟，正在对未来工厂的发展产生影响。该联盟旨在推广 OpenUSD 文件格式，使其成为创建和分发 3D 内容的未来标准。OpenUSD 正在成为开源的通用场景描述框架，被英伟达称为"元宇宙的 HTML"，是实现具有互操作性的 3D 应用程序和项目的基础，其应用涵盖从视觉效果到工业数字孪生的各个领域，如连接电影和动画流程，创建真实精确的实时数字工厂、仓库、城市甚至地球数字副本等。英伟达长期以来使用 OpenUSD 作为推动 Omniverse 平台的基础，特别是通过数字孪生概念支持工业元宇宙（完全虚拟的数字资产，可以反映现实世界物体的每个细节，包括物理特性）。Omniverse 是一个支持实时协作和模拟的平台，允许艺术家和工程师以虚拟方式大规模设计和重建虚拟世界。技术金字塔如图 8-2 所示。

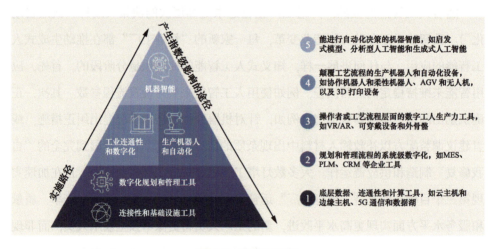

图 8-2　技术金字塔

目前，工业企业正在竞相将其工作流程数字化，这增加了对启用 OpenUSD 的 3D 软件生态系统的需求。Omniverse 让开发人员通过 OpenUSD 利用生成式人工智能增强他们的工具，同时允许企业构建更大、更复杂的全球规模模拟，作为其工业应用的数字测试场。例如，科技公司用它测试和模拟协作机器人；亚马逊用它模拟车队将仓库数字化；汽车厂商（如梅赛德斯）用它来模拟自动驾驶汽车；宝马用它模拟新的电动汽车生产线，将全球工厂网络数字化；Deutsche Mind 用它创建铁路网络的数字孪生；甚至还有公司用它创建地球的数字孪生，即地球的气候系统等。

8.2.4 "自进化"企业组织的出现

人工智能大模型展现出自我进化的技术特征。同样，企业组织的发展历程也呈现类似特征，随着人工智能技术深入赋能，未来的企业组织将会是一个自进化的组织。主要特点是反应敏锐、自驱完善、螺旋上升、有机生长，就像一个生命体。自进化的组织会极灵敏地感知市场和做出反应，找到创新方向，指引战略升级。

伴随着超强能力的智能体、数字员工的出现，在未来的自进化企业组织中，人工智能等数智技术将显著降低传统专业活动的门槛，员工可基于共同目标、自下而上形成"边界模糊、创新性强"的微型组织，打破传统的刚性组织结构。未来三五个人甚至 1 个人就能创业。例如，风靡全球的文生图公司 Midjourney，拥有超过 1 000 万名社区成员和 1 亿美元营收，2022 年只有 11 名员工，其中包括 1 名创始人、8 名研发人员、1 名法务人员、1 名财务人员。

8.2.5 "自主经济"具有明显的"飞轮效应"

人工智能的发展将对经济运行产生深刻影响，自进化产品、自进化工厂的出现加快了这一趋势。提出收益递增现代理论著称的经济学家布赖恩·阿瑟（Brian Arthur）提出了"自主经济（The Autonomy Economy）"的论点，以描述超级人工智能出现后的经济运行特征。尽管人类主导的经济可能永远都不会消失，但一个完全由机器运营的平行经济正在形成，日益开放互联的全球经济朝着实时的方向发展，并且趋于自动化运转。得益于芯片传感器、物联网设备、互联网、数据提供商，数据成为一种不断增加供给的资源，人工智能大模型利用这些数据，对其进行优化，用来在实体世界执行动作。更高阶的人工智大模型甚至可能会相对独立地完成需要智力和体力的工作，从"智能助理"进一步发展为"智能代理"。作为智能代理的大模型将具有部分的主体属性，具有一定程度的自主性和学习能力，能够根据环境的变化和经验进行适应和进化。它不仅能执行任务，还能做出决策和规划等，由此出现非工具化或工具的主体化趋势。这些技术将促进经济整体自主运行，并人工智能变得越来越"聪明"。

从技术层面看，"自主经济"具有明显的"飞轮效应"。英伟达 CEO 黄仁勋指出，人工智能技术进步的反馈循环已经形成了一个强大的"飞轮效应"。这个循环指从 CPU 向 GPU 的转变，从人工设计软件到机器学习软件的转变。它促使我们创造出更先进的人工智能，而这些人工智能又反过来助力我们设计出更高效的计算机系统。这一系统以惊人的速度进化，进而催生出更加强大的人工智能，人工智能领域将迎来令人瞩目的突破性进展[1]。

从宏观层面看，经济学家罗宾·汉森通过研究历史上的经济和人口数据，推测出过去社会中经济呈倍数增长所要经历的时间：在洪积世狩猎采集社会下经济增长翻倍需要 224 000 年，在农业社会下需要 909 年，在工业社会下则需要 6.3 年。在汉森的模型中，当今时代是农业社会和工业社会发展模式的混合体，世界经济实现倍数增长的速度还不能达到 6.3 年这个平均时长。但如果出现另外一种完全不同的经济增长模式，类似于农业革命和工业革命时期的飞跃式发展，那么世界经济便会以每两周的时间翻倍增长。[2]

1　《用 AI 构建 AI，未来模型能力将爆发式增长！黄仁勋最新访谈：进展速度是摩尔定律的平方》，
　　https://baijiahao.baidu.com/s?id=1810710628176161923&wfr=spider&for=pc.

2　《超级智能》，作者尼克·波斯特洛姆，译者张体伟、张玉青，2015 年中信出版股份有限公司出版。

8.3　人工智能驱动半导体产业加快发展

人工智能技术新一轮爆发式发展正在改变全球半导体产业的格局。半导体产业链包括上游、中游及下游，如图 8-3 所示。全球芯片产业主要格局如下。

一是在上游的芯片设计环节，美国主导全球芯片设计产业，中国取得一定进展。美国的芯片设计公司，如苹果、英特尔、AMD、英伟达和高通等，都是全球产业中的龙头企业，美国公司在设计能力和知识产权库方面具有明显优势。

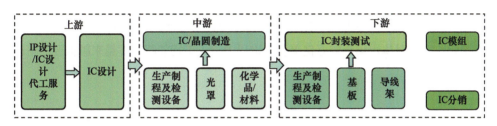

图 8-3　半导体产业链图谱[1]

二是在中游的芯片制造环节，中国台湾是全球芯片制造重镇，韩国拥有重要的芯片制造商，中国大陆通过龙头企业努力提升芯片制造能力。台积电是一家半导体制造公司，占据全球超过 50% 的市场份额，尤其在 7nm 及以下制程工艺上具有领先地位。韩国的三星电子是另一家主要芯片制造商，尤其在存储芯片（如 DRAM 和 NAND）方面拥有显著市场份额。中国大陆的中芯国际等企业，正在 14nm 及以下制程工艺上加大投资，但与台积电和三星相比仍存在差距。

三是在下游的封装及测试环节，龙头企业主要集中在中国。中国台湾的日月光、矽品、PTI 都是在全球封装测试市场中具有领导地位的企业。中国大陆的长电科技、通富微电等企业也在半导体封测市场上占据一席之地。除此之外，全球第二大的半导体封测公司 Amkor 位于美国，在先进封装技术领域也具有强大的竞争力。位于韩国的三星电子也具有强大的封装及测试能力，主要为其内部的芯片制造提供服务。

四是在芯片制造设备和材料供应领域，由美国和日本主导。 应用材料（Applied Materials）和科磊（KLA）等美国公司，以及日本东京电子（Tokyo Electron）在市场上占据重要地位。日本在半导体材料供应方面占有重要地位，尤其在光刻胶、硅片和其他关键材料上具有优势。

当前，在人工智能大模型领域，万卡通用算力将成为标配，大模型参数的指数级增长使得人工智能服务器的需求激增，人工智能服务器的迭代使得内存带宽、存储容量的需求增大，算力和高性能存储芯片成为半导体产业链的关键节点，也推动了芯片装备的需求增长。根据 IDC 的预测，随着行业向人工智能、计算基础设施、汽车、高带宽内存和 Chiplet 的转型，2029 年半导体市场销售额将接近 1 万亿美元。在半导体市场迈向万亿美元的进程中，人工智能将发挥越来越重要的驱动作用。

8.4　人工智能促进芯片设计流程智能化

8.4.1　新思科技推出生成式人工智能芯片设计工具

新思科技（Synopsys）是全球提供 EDA 解决方案的龙头企业，占全球 EDA 市场的份额超过 30%。2020 年，新思科技推出首个用于芯片设计的人工智能应用程序——DSO.ai (Design Space Optimization AI)。DSO.ai 借助机器学习技术在设计空间中寻找最佳点，优化性能、成本、质量和其他关键指标，同时满足所有约束条件 [2]。

2023 年 11 月，新思科技进一步推出生成式人工智能芯片设计工具——Synopsys.ai Copilot。该工具是新思科技与微软公司的合作成果，通过整合 Azure OpenAI 服务，将生成式人工智能能力导入半导体设计流程，以应对日益复杂的芯片设计工程挑战 [5]。Synopsys.ai Copilot 可以与设计人员日常使用的各种新思科技工具集成，实现交谈式智能交互。随着半导体产业不断追求更快、效率更高的优化算力，芯片设计的复杂性也在不断提升，预计到 2030 年，该行业将面临 15% 至 30% 的芯片设计工程师劳动力缺口，生成式人工智能驱动的设计可以帮助应对这些挑战。

8.4.2 楷登电子打造由 AI 驱动的"芯片到系统"EDA 方案

楷登电子（Cadence）是一家专门提供 EDA 解决方案的公司，其在 EDA 领域全球市场份额超过 25%，仅次于新思科技。2023 年的中国 EDA 市场中，楷登电子所占市场份额达 32%，位列第一。面对人工智能的快速发展，楷登电子认为，芯片复杂度将在下个十年增长 100 倍，而采用先进工艺节点设计的芯片数量将增加 4 倍，基于传统设计流程，需要大量半导体人才才可能达到设计目标。但是，半导体人才短缺不是短时间可以解决的。为了应对挑战，人工智能驱动的 EDA 解决方案成为"首选"，通过人工智能赋能和优化 EDA 方案，提升芯片设计生产力，这是芯片设计的未来[1]。

2022 年，Cadence 推出由 AI 驱动的"芯片到系统"EDA 工具平台 Cadence Jed，如图 8-4 所示，包括 Verisium 验证、Cerebrus 物理实现、Optimality 系统优化、Allegro X AI 系统设计、Virtuoso Studio 模拟开发设计等五大平台和分别对应的 AI 加持的 EDA 工具[3]。通过 Cadence Jed 平台，设计流程可从大量数据中通过自主学习，不断优化，进而最终减少设计人员人工决策时间[4]。高通公司表示，他们借助 Cadence 的 Verisium AI 验证平台，将验证时间缩短至原来的二十分之一。除了在设计领域人工智能得到普及之外，PCB 和封装领域也迎来更大范围的人工智能自动化，Cadence 的 Allegro X AI 已在 300 多家客户中得到使用，英特尔在 PCB 设计上使用 Allegro X AI 后，实现了 4 倍到 10 倍的效率提升。

---

1 Cadence：应对生成式 AI 变革 打造"芯片到系统" AI 驱动 EDA 全平台，https://m.laoyaoba.com/n/884189。

第一个全面的"芯片到系统"生成式人工智能组合

Cadence Cerebrus™ 数字设计	Virtuoso工作室 模拟/自定义 设计	Vsrisium 调试与验证	Allegro X AI 印刷电路板 设计	Optimality 多物理场优化	AI-Driven 平台

Cadence联合企业数据与AI (JedAI) 平台

Conformal 形式等效检查	innovus数字实现	Spectre 蒙特卡洛仿真	Xcelium回归仿真	AI-Driven 工具
tempus 静态时间分析	Liberate库特征	Cadence DFM 生产设计	Jasper正式验证	

图 8-4　Cadence Jed

8.4.3　英伟达发布芯片设计大模型 ChipNeMo

芯片设计领域应用人工智能之后，数据生态系统逐步形成，这些数据集涵盖芯片设计领域的代码、规格、寄存器传输级（Register Trausfer Level，RTL）、仿真等多样化信息，能为生成式人工智能应用培养出更精确、更高效的模型。英伟达是提供全栈计算的人工智能公司，主要开发方向是 CPU、DPU、GPU 和 AI 软件的开发，为建筑、科研、制造等各行业提供支持。2023 年，英伟达在 arXiv 上发表论文，论文中提到了一个以自家内部数据为基础训练而成的定制大语言模型——ChipNeMo，可以帮助工程师完成与芯片设计相关的任务。ChipNeMo 的训练流程如图 8-5 所示。

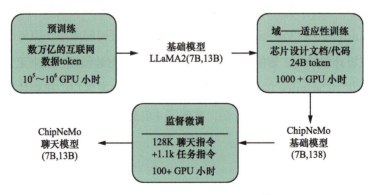

图 8-5　ChipNeMo 的训练流程 [6]

ChipNeMo 主要有 6 个特点。一是 ChipNeMo 基于 Transformer 架构，这种架构在自然语言处理领域取得了巨大成功，尤其是在处理复杂序列数据时。对芯片设计来说，Transformer 的强大特征提取能力能够更好地理解和优化设计中的各类数据。二是 ChipNeMo 可以应用于芯片设计的多个阶段，从前端设计、逻辑综合，到后端布局布线。它能够通过学习大量历史设计数据来预测设计瓶颈、优化布局、提高信号完整性等，从而显著缩短设计周期。三是高效处理大规模设计数据，芯片设计涉及处理大量复杂的设计数据，ChipNeMo 利用英伟达的高性能计算能力和 AI 技术，能够快速处理和分析大规模设计数据，提供实时反馈和优化建议。四是支持多任务学习，ChipNeMo 支持多任务学习，即在一个模型中同时处理多个相关任务。这使得模型能够共享知识，提高在不同任务中的性能和泛化能力。例如，它可以同时优化功耗、性能、面积等多个设计指标。五是加速设计迭代，通过自动化和智能化的设计流程，ChipNeMo 能够帮助设计团队更快地完成设计迭代，缩短产品开发周期，这对需要快速上市的新一代芯片产品来说尤其重要。六是集成与扩展性，ChipNeMo 可以集成到现有的 EDA 工具链中，并通过 NeMo 框架进行定制和扩展。用户可以根据特定的设计需求调整模型和算法，以获得更好的优化效果。

ChipNeMo 的应用场景主要有 3 个。一是自动布局布线，ChipNeMo 可以在布局布线阶段，通过优化元件的布局和布线路径，降低信号延迟、提高芯片性能，并降低功耗。二是电路设计优化，在电路设计的早期阶段，ChipNeMo 可以帮助工程师优化电路设计，预测潜在的设计瓶颈，并提出改进建议。三是功耗和面积优化，ChipNeMo 能够帮助设计团队在保证性能的前提下，优化芯片的功耗和面积，使得设计更加高效和经济。

8.4.4　DeepMind 公司推出人工智能芯片设计工具 AlphaChip

2024 年 9 月，Google DeepMind 在一篇《自然》增刊文章中介绍了他们用于设计芯片布局的新型强化学习方法—AlphaChip[1]。类似于 AlphaGo 和 AlphaZero 学习围棋、国际象棋和将棋的方式，AlphaChip 通过一种新颖的"基于边缘"图神经网络，学习芯片组件之间的关系，并能够在不同的芯片上进行泛化，从而使 AlphaChip 能够改进芯片设计的每一个布局。AlphaChip 可在数小时内生成超过人类平均水平，或是与人类专家相当的芯片布局，完全不需耗费数周或数月的人力，如图 8-6 所示。

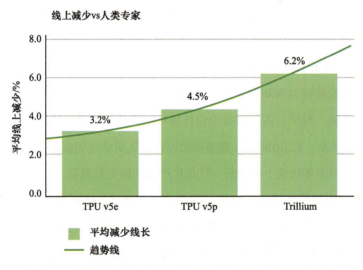

图 8-6　AlphaChip 数小时内生成芯片布局超过人类平均水平

　　谷歌认为，一直以来，人类使用芯片来训练强大的人工智能模型，如今，AI 也可以反过来用于加速并优化芯片设计。AlphaChip 有潜力优化芯片设计周期的每一个阶段，从计算机架构到制造，并将彻底改变智能手机、医疗设备、农业传感器等日常设备中的定制硬件芯片设计。AlphaChip 已被用于设计谷歌定制 AI 加速器 TPU 的最近三代超人芯片布局，以及全球多地从数据中心到手机的芯片。

1　Addendum: A graph placement methodology for fast chip design，https://www.nature.com/articles/s41586-024-08032-5.

8.5 人工智能推动芯片制造智能化

8.5.1 英伟达应用人工智能助力芯片制造工艺优化

计算光刻技术是芯片制造的基石。半导体制造过程中，计算光刻是最密集的工作负载，每年耗费 CPU 数百亿小时。芯片生产的关键步骤之一，就是耗费 3 000 万小时的 CPU 时间来计算典型的掩模集，因此半导体代工厂通常会建立大型数据中心。2024 年，英伟达与台积电和新思科技合作，合作开发 cuLitho 计算光刻平台。cuLitho 应用了加速计算和生成式人工智能，为半导体规模化开辟了新的领域，相比于当前基于 CPU 的方法，极大地改进了半导体制造工艺。

英伟达 cuLitho 库通过软件对整个光刻过程进行建模和仿真，实现了计算效率的提高[8]。英伟达表示 cuLitho 的优势已经在台积电生产过程中显现，两家公司共同实现了曲线流程速度提高 45 倍，传统的曼哈顿式流程提高近 60 倍。英伟达开发了应用生成式人工智能的算法，以进一步提升 cuLitho 平台的价值。在通过 cuLitho 实现的加速流程基础上，新的生成式人工智能的工作流程速度还能额外提高 2 倍[7]。

8.5.2 英特尔工厂推进芯片生产线管理智能化

英特尔是全球领先的半导体和计算技术公司，致力于推动计算技术的发展，尤其在微处理器、芯片组、存储设备和通信等领域。半导体的制造过程十分复杂，涉及几十个掩膜层、数百个工艺步骤、数千台设备，每台设备都配备几十到几百个独立传感器，每片晶圆又涉及几十到几千个芯片。每片晶圆包含几十亿个晶体管和导线，需要经过几百项电气和物理测量，并且多个晶圆厂的周产量可达好几万。这种复杂性导致采用先进制造技术的半导体的制造过程会产生数百 PB 的数据。一直以来，半导体公司都是产生和分析数据的主要企业。英特尔一直在开发和使用基于人工智能的算法，包括机器学习、深度学习、计算机视觉和图像处理、先进的多变量统计、运筹学等，应用领域涵盖集成电路技术开发和大批量制造的方方面面。

英特尔认为，目前人工智能的发展上升期至少会持续到下一个十年。在整个半导体制造领域，原厂委托制造（Original Equipment Manufacture，OEM）、EDA供应商、数据基础设施提供商对人工智能的认知也在不断提高。英特尔已部署人工智能系统，实现完全自动化并部署到多个工厂，大幅提高了生产力：一项过去每个工厂每周需耗费46小时完成的任务，如今已压缩至不足60秒。AI的发展速度会比工业革命快得多，"AI无处不在"的愿景将变成现实[1]。

8.5.3　台积电推出智能对话机器人tGenie协助管理

tGenie是台积电2023年开发的生成式人工智能系统，是一个基于人工智能的设计辅助平台，旨在提升半导体设计的效率和质量。tGenie利用人工智能和机器学习算法，帮助工程师在芯片设计过程中进行各种优化，例如布局规划、电路验证、时序分析等。这一平台可以加速设计流程，减少人工干预，降低开发成本并提高芯片的性能。**tGenie的典型应用场景有4个。**一是芯片布局优化，通过该平台，工程师能够自动生成最优的芯片布局设计，大幅减少设计时间，同时提高布局密度和性能。二是时序优化与验证，在芯片的时序设计中，tGenie可以预测可能的时序违例，并提供修正建议，从而减少时序设计的迭代次数，并确保最终产品的可靠性。三是功耗优化，设计高效能、低功耗的芯片时，tGenie能够分析设计中的功耗瓶颈，并提出改进方案，以达到最佳的功耗性能比。四是电路验证与故障分析，tGenie可以在设计早期阶段进行电路验证，快速识别并修正潜在设计错误，减少后期调试次数和修复的成本。

tGenie系统只是台积电推动人工智能管理革命的一环。随着人工智能系统逐步在生产端的导入，有望降低晶圆制程成本，系统化提升不同厂区对制程实时的监

1　人工智能在英特尔半导体制造环境中的重要价值，https://www.intel.cn/content/www/cn/zh/customer-spotlight/cases/high-value-ai-semiconductor-manufacturing.html.

控。通过智能化运作平台，工程师可以同步检测上百万张制程管制图的异常行为，一旦遇到异常，智能诊断平台立即通过人工智能技术比对找到原因，快速进行机台修复。台积电正在实现全球同质晶圆厂区智能化，力争稳坐全球逻辑集成电路龙头地位。

8.6 人工智能缩短半导体新材料的研发周期

8.6.1 DeepMind 研发的 GNoME 模型加快新材料研发步伐

从石器时代到青铜时代、铁器时代，再到如今的数智时代，人类文明各个演化阶段都和材料紧密相关。人工智能产业链包括服务器、交换机、光模块及相关芯片等，这些与基础新材料息息相关。例如，从计算机芯片、电池到太阳能电池板，都离不开结构稳定的无机晶体。半导体材料主要是上游芯片制造环节的基础材料，按工艺环节可分为制造材料和封装材料。前端制造材料主要包括硅片、溅射靶材、CMP 抛光液和抛光垫、光刻胶、高纯化学试剂、电子气体、化合物半导体等；后端封装材料主要包括封装基板、引线框架、陶瓷封装体、键合金属线等。

新材料的研发非常困难，传统材料实验方法基本是以经验、理论为基础的"试错法"。其过程为：基于理论知识或经验→预测目标材料化学成分、物理状态→目标材料配比→制备→分析性能表征→根据结果调整配比→获得满足需求的材料。可见，新材料发现、开发和应用依赖经验和需要反复试错，具有不可预知的偶发性，时间和经济成本不可控。从发明到应用极其缓慢，制约了技术与产业的发展。随着人工智能和自动化技术的发展，传统"试错法"材料研发模式正逐步转变为"AI+Automation"高通量精准研发模式。

2023 年 11 月，Google 下属 DeepMind 公司发布了 GNoME 模型，GNoME 的全称为 Graph Networks for Materials Exploration，是一个用于新材料研发的模型，利用深度学习技术，可以在极短时间内预测新材料的稳定性，极大提高材料研发的速度和效率。在过去 10 年中，全世界各国的科学家用计算机模拟的方法发现了 28 000 种新材料。人类利用传统实验的方法发现了大约 20 000 种稳定性材料，在使用人工智能辅助发现材料之前，人类发现的稳定晶体数量总共达到了 48 000 个。但是，借助人工智能材料发现工具 GNoME 模型，科研人员在短时间内发现了 220 万种新晶体，这相当于人类科学家近 800 年的知识积累，其中 38 万种新晶体具备稳定的结构，成为最有可能通过实验合成并投入使用的潜在新材料[9]。

8.6.2　微软推出新材料生成模型 MatterGen

2023 年 12 月，微软推出生成式人工智能工具 MatterGen，可根据所需要的材料性质按需预测新材料结构。2024 年 1 月，微软与美国能源部下属的西北太平洋国家实验室合作，利用人工智能和高性能计算，从 3 200 万种无机材料中筛选出了一种全固态电解质材料，完成了从预测到实验的闭环，该技术可助力下一代锂离子电池材料的研发。微软表示，人工智能技术的突破将极大地改变电池的工作方式，原本需要数年时间完成的事情，现在两周内就能完成。

8.7　人工智能助力芯片封测技术升级

封测行业作为半导体产业链中的重要一环，历经了数十年的发展与变革。从早期的手工作坊式生产到如今的自动化、智能化封装测试，封测行业一直在适应和推动着芯片技术的进步。人工智能技术应用不限于芯片本身，还可用于封测过程的优化。通过机器学习和数据分析技术，可以对封测过程中的海量数据进行实时监控和分析，提前预警可能出现的缺陷和故障。

8.7.1　机器视觉技术提升缺陷检测效率

机器视觉技术在缺陷检测中的优势主要体现在 4 个方面。一是高精度，机器视

觉系统可以捕捉并分析人眼难以察觉的微小缺陷，通过高分辨率摄像头和先进的图像处理算法，确保检测精度。二是高效率，机器视觉可以实现高速实时检测，尤其适用于流水线生产环境，大大提高了生产效率，突破了人工检测的瓶颈。三是更具稳定性和可重复性，机器视觉系统能够确保检测结果的稳定性和一致性。四是数据记录和分析，机器视觉系统可以自动记录和存储检测数据，方便后续的分析和追溯，有助于优化生产工艺和提高产品质量。利用机器视觉技术，自动化检测设备可以快速识别芯片制造过程中的微小缺陷，如光刻胶缺陷、晶圆划痕等，大幅提升了检测的速度和准确性。

英特尔采用的是机器视觉和机器学习的自动缺陷分类解决方案。随着英特尔在半导体新技术和新工艺上的深入研发，缺陷检测和分类技术变得更为重要。生产出来的半导体会用于车辆、医疗设备和安全工具的产品，这些应用都要求半导体质量高和可靠。然而，传统芯片制造商依赖人工进行缺陷分类，费时费力、耗时长、成品率低、成本耗费高。不仅如此，通过人工视觉检查来感知某些缺陷也超出了人类的能力。而英特尔推出的利用机器视觉和机器学习的高灵敏度自动缺陷分类，可以提高早期缺陷检测率，加强分类的准确性和一致性，使得工厂能够快速识别和纠正缺陷，极大限度地提高了机器容量，加快了对高质量产品的处理。

英特尔在多种制造场景中使用了机器视觉和机器学习，甚至将其应用在了其他更复杂的场景。在制造过程中，通过从多个通道收集图像，计算多个特征，从标准形状描述符到复杂的信息模式属性，这些属性不仅用于缺陷分类，还用于提供产生特定缺陷模式的机制。为晶圆制造开发的大容量自动缺陷分类解决方案使用了英特尔 Xeon 处理器，并通过更多的分类类型获得了更高的准确性[10]。不仅如此，英特尔还使用机器视觉和机器学习来重新利用现有的图像，并识别测试工厂中的缺陷。英特尔的自动缺陷分类解决方案在规模和准确性水平上提供了更快的制造过程、更多的产量，能快速分析产生问题的根本原因。如今，英特尔以更高的精度测量和分类其工厂中生产的大多数晶圆，与此同时，成本并没有增加，也不需要对员工进行专业技能和培训。

8.7.2　人工智能引擎提供测试的最佳方案

随着芯片不断迈向先进工艺技术节点及其设计规模的扩张，测试领域正面临着前所未有的复杂度和挑战。采用先进工艺导致了自动测试设备（Automatic Test Equipment，ATE）成本的急剧上升，主要受到高引脚数、快速接口和深度模式存储器对高性能测试硬件的需求影响。此外，芯片功能的不断扩展也带来对更多逻辑的测试需求，进而需要更多的模式和测试器内存，导致测试成本持续增长。面对复杂的半导体测试挑战，人工智能展现出其潜在的价值。与传统的方法相比，人工智能可以更快、更准确地生成测试模式，确保高覆盖率，同时还能大幅度减少所需的时间和资源。

在芯片测试中，人工智能技术一般会通过以下 6 种方法提供最佳决策方案。**一是自动生成测试用例**，AI 可以分析历史测试数据，自动生成新的测试用例，确保覆盖以前未测试的场景。AI 也可以通过创建系统的模型，生成最有可能发现缺陷的测试用例。**二是优化测试流程**，AI 可以根据代码的复杂性、历史缺陷率等因素，自动为测试用例分配优先级，确保最重要的测试最先执行。其也可以根据测试资源的可用性和测试需求，动态调整资源分配，提高测试效率。**三是预测性分析**，通过分析代码更改和历史测试结果，AI 可以预测哪些模块最有可能出现缺陷，从而对这些模块进行集中测试。其也可以评估测试未覆盖区域的风险，帮助测试团队更好地决定是否需要增大测试覆盖率。**四是自动化回归测试**，AI 可以识别代码更改对现有功能的潜在影响，自动选择最相关的回归测试用例，从而减少不必要的测试。**五是自然语言处理**，AI 可以通过解析需求文档，自动生成测试计划和测试案例，减少手动编写的工作量。其也可以利用自然语言处理技术，理解需求的细微差别，从而生成更精确的测试用例。**六是持续学习和改进**，随着测试的进行，AI 可以不断学习和调整测试策略，提高测试方案的准确性和覆盖率。

新思科技推出用于半导体测试的人工智能应用程序 TSO.ai，为半导体测试提供最

佳解决方案。缺陷覆盖率、模式计数（与测试成本直接相关）和运行时数是在评估来自自动测试模式生成（Automatic Test Patcern Generation, ATPG）工具的结果时需要考虑的 3 个关键指标。TSO.ai 是半导体行业第一个自主的人工智能应用程序，可以降低当前复杂设计的成本，缩短产品上市周期[11]。TSO.ai 通过 AI 引擎在大型测试搜索空间中自动搜索测试的最佳解决方案，减少了测试向量的数量和自动测试向量生成（Automatic Test Vector Generation, ATVG）的迭代次数，通过智能参数收敛减少了周转时间，大大降低了测试成本[12]。ATVG 是一种在硬件设计验证和软件测试过程中，自动生成测试向量（测试输入集）的方法。测试向量用于验证系统或程序的功能和性能，以确保其符合设计规格和需求。在硬件设计中，特别是芯片设计和验证过程中，自动测试向量生成至关重要。其主要应用包括：在设计阶段，通过自动生成测试向量来验证设计逻辑的正确性；通过生成测试向量以覆盖尽可能多的故障模式，从而提高故障覆盖率；通过自动生成的测试向量帮助验证设计在各种边界条件和极端情况下的行为。TSO.ai 通过众多设置创建了一个巨大的搜索空间，测试指标、用户目标和设计特征之间的关系很复杂，人工智能引擎不断分析这些元素之间的相关性，不断缩小搜索空间，得到最佳结果和实现更高的覆盖率，并提供高效的解决方案。芯片测试速度明显加快，成本大幅下降，测试数量减少 50%。

参考文献

[1] 皇华电子元器件 IC 供应商 . 半导体芯片产业链上中下游企业分析 [J/OL]. 电子工程专辑，2023-05-15[2023-05-15]. https://www.eet-china.com/news/202305151711.html.

[2] SYNOPSYS. Synopsys DSO.ai 技术白皮书 [R]. Mountain View: Synopsys, 2024[2024-01-01]. https://www.synopsys.com/zh-cn/ai-chip-design/dso-ai.html.

[3] 汪晓煜 . 生成式 AI 驱动芯片设计新范式——Cadence 在 ICCAD 2023 的技术演进 [C]// 2023 中国集成电路设计年会论文集 . 南京：中国半导体行业协会，2023: 1-5[2023-11-15]. https://new.qq.com/rain/a/20231115A07U3R00.

[4] 耀创科技 . 基于 JedAI 平台的 AI 驱动芯片设计方法研究 [J]. 集成电路应用，2022, 39(10): 45-

48[2022-10-13]. https://www.u-c.com.cn/news/20221013.html.

[5] MICROSOFT. GitHub Copilot 技术文档 [EB/OL]. (2023-08-01)[2023-12-01]. https://learn. microsoft.com/zh-cp/github/copilot.

[6] ICSPEC. 新思科技与微软达成生成式 AI 芯片设计合作 [N/OL]. 半导体行业观察，2023-11-17(02)[2023-11-17]. https://www.icspec.com/news/10509.

[7] LIU M, ENE T D, KIRBY R, et al. ChipNeMo: Domain-Adapted LLMs for Chip Design[EB/OL]. arXiv, 2023-10-31[2023-12-01]. https://arxiv.org/abs/2311.00176.

[8] JIANG X, CHAI Z, ZHAO Y, et al. CircuitNet 2.0: Machine Learning Dataset for Chip Design Validation[C]// International Conference on Learning Representations. Vienna: ICLR, 2024: 1-12[2023-12-01]. https://openreview.net/forum?id=3wKZJ0D7lV.

[9] MERCHANT A, BATZNER S, SCHOENHOLZ S S, et al. Scaling deep learning for materials discovery[J]. Nature, 2023, 624(7990): 80-85. DOI:10.1038/s41586-023-06735-9.

[10] 聚时科技 . 工业 AI 视觉检测系统技术白皮书 [R/OL]. 上海：聚时科技，2021[2023-12-01]. https://www.matrixtime.com/technology/.

[11] TUV E, KIM J, PATEL R. Faster, More Accurate Defect Classification Using Machine Vision[R]. Santa Clara: Intel Corporation, 2018: 1-15.

[12] INTEL. Faster, More Accurate Defect Classification Using Machine Vision [R/OL]. Santa Clara: Intel Corporation, 2018-11[2025-04-14]. https://www.intel.com/content/ dam/www/public/us/en/documents/white-papers/faster-defect-classification-machine-vision.pdf.

数智经济的安全治理需求

第9章

数智安全投入成为数智经济增长重要动力

9.1 数智安全概念的提出

9.1.1 信息安全、数据安全、网络安全、人工智能安全的发展历程

20世纪50年代，科技文献中开始出现"信息安全"一词，至20世纪90年代，"信息安全"一词陆续出现在各国和地区的政策文献中。[1] 信息安全一般指为数据处理系统建立和采用的技术、管理上的安全保护，保护计算机硬件、软件、数据不因偶然和恶意的原因而遭到破坏、更改和泄露。1992年3月，欧盟理事会通过"关于信息系统安全领域的第92、242、EEC号决定"，这是欧盟较早的信息安全政策，也是"信息安全"一词出现在政策文件中的较早例子。1994年2月，中国出台《中华人民共和国计算机信息系统安全保护条例》。2000年，美国发布《政府信息安全改革法》，规定了联邦政府部门在保护信息安全方面的责任，建立了联邦政府部门信息安全监督机制。2011年，中国、俄罗斯、塔吉克斯坦、乌兹别克斯坦四国共同起草《信息安全国际行为准则》，提交给第66届联合国大会，这是从联合国层面推进全球信息安全治理的积极尝试。目前，信息安全已成为全球总体安全和综合安全最重要的非传统安全领域之一。

20世纪60年代起，一些国家逐渐意识到自动数据处理潜藏的巨大风险，开始探究如何保护个人数据安全。1970年，德国黑森州颁布世界上第一部针对个人数据保护的法律；在国家层面，瑞典、美国、德国、法国等立法规范个人数据利用，保护个人权利。1981年，欧洲委员会通过《个人数据自动化处理中的个人保护公约》，该公约是数据保护领域第一个具有法律约束力的国际文书。1995年，欧盟制定《计算机数据保护法》；2018年，欧盟出台《通用数据保护条例》，该条例成为数据安全领域的代表性立法。目前，全球近半数国家和地区系统化开展数据安全工作。2021年，我国的《中华人民共和国数据安全法》开始施行，对数据的收集、存储、使用、加工、传输、提供、公开等环节，以及数据分类分级保护制度等方面做出了明确规定。

20世纪90年代以来，互联网在全世界普及应用，网络带来的诸多安全问题成

为信息安全发展的新趋势和新特点，信息安全开始向网络安全聚焦。"信息安全"概念仍经常使用，但"网络安全""网络空间安全"概念开始与"信息安全"并举。2002 年 7 月，经济合作与发展组织理事会通过《信息系统和网络安全准则：发展安全文化》，其中提到了"网络安全"概念。2003 年 2 月，美国制定《国家网络安全战略》，开创"网络安全"领域战略之先河。2017 年，我国发布了《国家网络空间安全战略》，正式对外表明国家在"网络空间发展和安全的重大立场"，阐明了国家网络安全工作的基本遵循。

随着新一代人工智能在社会各领域的广泛运用，其技术不足等局限产生的负面效应逐渐显现。例如，在金融领域，存在金融人工智能增加监管难度、引发金融风险等问题；在军事国防领域，人工智能军事化运用颠覆传统战争形态，各国人工智能军备竞赛加剧国家对抗，在系统失控风险下，全面智能化的军事系统存在着大规模故障的安全隐患；在消费领域，经营者利用算法权力进行"大数据杀熟"，损害了消费者利益。新一代人工智能运用产生的安全风险不仅影响人工智能的健康发展，还在诸多应用领域引发紧迫的安全问题，严重危害公民个人安全、社会安全与国家安全。2023 年以来，全球人工智能安全治理的力度大幅加大，治理进程不断加速，形成了各国政府主导、国际组织积极推进、科技企业协同治理的多方参与格局。2023 年 1 月，美国商务部国家标准与技术研究院发布《人工智能风险管理框架》，旨在对人工智能系统全生命周期实行有效的风险管理。2023 年 10 月，美国发布总统行政令《安全、可靠和值得信赖的人工智能开发和使用》，明确了美国政府治理人工智能的政策法律框架。2024 年 9 月，我国发布《人工智能安全治理框架》，提出了包容审慎、确保安全，风险导向、敏捷治理，技管结合、协同应对，开放合作、共治共享等人工智能安全治理的原则。

9.1.2 数智安全出现的背景：数智技术重塑安全格局

随着数智技术与经济社会各领域深度融合，信息、数据、网络安全形势变得日益严峻，特别是人工智能应用带来了新的安全风险。从产业发展来看，以 ChatGPT

为代表的人工智能大模型技术，引领人工智能实现从特定任务的弱智能到广泛适用的强智能的跨越，颠覆式变革了传统应用场景，为千行百业的发展注入了强劲动力，但随之而来的安全风险也愈演愈烈。全球开放应用软件安全项目组织 OWASP 发布了关于大语言模型应用的风险评估报告，详细列出 10 项主要风险，涵盖了诸如提示注入攻击、数据泄露以及未经授权的代码执行等问题。从技术发展上看，"类人"的通用强智能使得人工智能具有很强的逻辑分析、记忆存储、理解判断、推理演绎和内容生成能力。但这种技术的发展也可能降低网络犯罪的难度，使得攻击者能够利用这些模型进行大规模散布钓鱼邮件、植入恶意软件等网络违法行为，显著加剧数智经济社会的整体安全态势威胁。从社会影响上看，生成式人工智能技术引起人们对个人隐私保护和 AI 被滥用等潜在问题的普遍关注。2023 年 6 月，16 位匿名人士起诉 OpenAI 及微软，认为他们在未经允许的情况下使用并泄露了个人隐私数据，索赔金额高达 30 亿美元。

总而言之，生成式人工智能的出现，使得传统的信息、数字、网络空间安全问题更加复杂，上述传统领域安全表现出了脆弱性。径点科技（AvePoint）于 2024 年发布的人工智能和信息管理报告显示，美国 45% 的公司在运用人工智能的过程中遭遇意外的数据泄露。经济合作与发展组织统计分析，由于生成式人工智能技术的发展，2022 年至 2023 年，国际主流媒体有关人工智能导致的事故的报道次数激增了 10 多倍，如图 9-1 所示。

同时，人工智能也为传统安全行业的发展提供了新机遇。在行业实践中，以安全大模型为代表的"AI+ 安全"范式在非结构数据分类分级、智能降噪安全运营、智能安全检测等安全相关领域，展现出了超越人类能力的潜力，网络安全厂商纷纷入局拥抱人工智能。例如 2023 年 RSA 大会上，谷歌推出 Google Cloud Security AI Workbench。微软推出基于 AI 的安全辅助工具 Microsoft Copilot for Security。Palo Alto Networks 网络安全公司提出精准 AI 理念。以智能降噪安全运营服务为例，传统的安全运营中心在处理安全事件时，人工干预比例非常高，达到了 93%。然而，随着安全大模型的引入，这些中心的数据处理能力显著增强，提升了 6 倍。同时，误报率下降了 70%，而对安全事件的响应时间也从原来的 2 到 3 天缩短至 16 分钟到 5 小时。未来，人工智能将极大地变革网络安全，为网络安全行业发展带来强劲的动力，同时成为数智经济的一个新增长点。

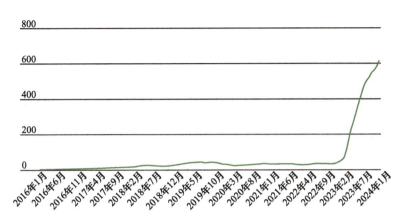

图 9-1　2016 年 1 月至 2024 年 1 月国际主流媒体报道的人工智能相关事故增长趋势

（图片来源：经济合作与发展组织）

9.1.3　数智安全概念解析

以 ChatGPT 为代表的生成式人工智能通过大模型赋能引发了新一轮智能化浪潮，随着大数据、人工智能等数智技术从多层次时空尺度上与社会、经济系统的各个功能结构模块产生深度耦合，一些学者提出了"数智安全"的概念。

从定义上看，数智安全是涵盖了信息安全、网络安全、数据安全和人工智能安全的综合性安全概念，不仅包含传统的信息安全、数据安全、网络安全，还进一步扩展到人工智能安全，具有更广的内涵和更深的层次。从范畴上看，数智安全强调传统不同领域安全的贯通，在数字化、网络化、智能化的环境中，统筹保障数据的保密性、完整性、可用性以及人工智能和算法的可信赖性，防范和应对各种网络安全风险。数智安全范畴如图 9-2 所示。从背景上看，在数智时代，现实世界和网络空间的界限越来越模糊，面对数智时代下各种安全风险，运用系统观念构建数智安全新格局，是保障国家经济社会健康发展和社会平稳运行的必要举措[2]。

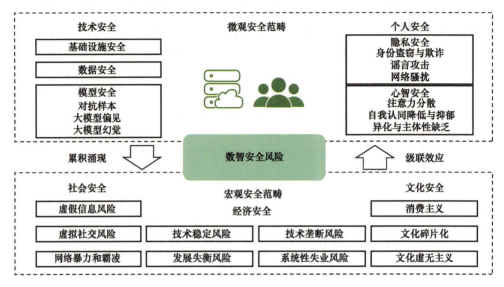

图 9-2　数智安全范畴（图片来源：中国科学院）

图 9-3　数智安全框架（图片来源：清华大学软件学院）

2022 年，清华大学开设"数智安全与标准化"课程，标志着数智安全的探索进入理论和实践层面[3]。课程给出了"数智安全"的广义解释，即在网络空间中，采取必要措施，实施于基于物理环境和网络设施等信息基础设施的、以数据和人工智能技术为核心的数智化业务系统，使其处于安全的状态。数智安全框架为 4 层结构，如图 9-3 所示。

9.2　数智安全投入是发展数智经济的重要内容

9.2.1　传统的安全投入经济学

1931 年，美国学者海因里希（W.H.Heinrich）在《工业事故预防》（*Industrial Accident Prevention*）一书提出了安全工作的动机，认为安全生产的企业生产效率更高，事故的直接经济损失占 1/5，即"1 元事前预防 =5 元事后投资"，这一理念至今仍是安全经济学中的核心思想之一 [1]。

在上述理念影响下，全球信息安全、网络安全行业快速发展。根据 IDC 提供的数据，2023 年，全球网络安全解决方案和服务支出预计达到 2 190 亿美元，相比 2021 年增长 12.1%。未来，在网络攻击持续威胁、企业对安全混合工作环境的需求，以及对数据隐私和治理的需求的推动下，预计到 2026 年，与网络安全相关的硬件、软件和服务的投资将达到近 3 000 亿美元。根据 Gartner 的预测，2024 年全球信息安全终端用户支出将达到 1 839 亿美元，2025 年全球终端用户在信息安全方面的支出预计将达到 2 120 亿美元，比 2024 年增长 15.1%。2023 年至 2025 年全球信息安全终端用户支出如表 9-1 所示。

表 9-1　2023 年至 2025 年全球信息安全终端用户支出（按细分市场划分）

部分	2023 年支出（百万美元）	2023 年增长率（%）	2024 年支出（百万美元）	2024 年增长率（%）	2025 年支出（百万美元）	2025 年增长率（%）
安全软件	76 574	13.6	87 481	14.2	100 692	15.1
安全服务	65 556	13.6	74 478	13.6	86 073	15.6
网络安全	19 985	6.2	21 912	9.6	24 787	13.1
总计	162 115	12.7	183 872	13.4	211 553	15.1

数据来源：Gartner(2024 年 8 月)

9.2.2　数智时代的安全投入更加重要

2024 年 7 月，日本、印度、英国、美国等国家的用户的 Windows 系统计算机开机后出现蓝屏故障。蓝屏故障也叫 Stop 代码问题，当发生严重问题时，Windows 系统会自动关机以保护系统。这起事故的原因是微软公司采用的 CrowdStrike 公司的安全产品与 Windows 系统发生兼容性问题，导致全球数百万台 PC 终端出现蓝屏故障，无法正常使用 Windows 系统，这场全球性的危机预计影响数百万用户。可见，数智安全对国家经济发展十分重要，既能促进经济出现新的增长点，还能够避免安全问题带来的经济损失。

2024 年 10 月，包括图灵奖获得者杰弗里·欣顿（Geoffrey Hinton）和约书亚·本希奥（Yoshua Bengio）在内的 24 名人工智能专家联合在《科学》杂志上发表《人工智能飞速进步时代的风险管理》（*Managing extreme AI risks amid rapid progress*）。文章指出，人类正在投入大量资源来使人工智能系统变得更强大，但在安全性和减轻危害方面却投入得远远不够。未来能力更强大的人工智能系统可能会发动迄今未见过的攻击模式。例如，人工智能系统可能会假装服从或利用安全机制中的弱点来达到特定的目的。与增强 AI 不同，这些挑战不是靠简单的扩大算力和改进模型就能解决的。它们需要研究上的大突破，所以及时且大量的研究投入是必要的，安全研究必须成为人工智能的核心领域之一。各国政府应采取行动管理人工智能带来的风险，建议分配至少三分之一的人工智能研发资金用于确保人工智能系统的安全性和合乎伦理的使用。

9.3　数智经济需要关注的新兴领域安全

9.3.1　大模型安全

以大模型为代表的生成式人工智能加速发展，人工智能大模型成为数智经济时代的新型信息基础设施，"模型即服务"成为常态，人工智能赋能经济社会中的千行百业，同时也带来了一系列风险挑战。

一是大模型"幻觉"风险。 幻觉问题指大语言模型在生成内容时，可能会造成不符合现实情况或与原始输入无关的虚假信息。这不仅影响到模型的可靠性，还可能对法律、金融、医疗等专业领域产生严重后果。例如，在法律领域，如果大语言模型错误地生成一份法律文件，这份文件可能会被视为无效或带有误导性的。在金融领域，如果大语言模型错误地预测股票市场走势或提供了虚假信息，这可能会导致投资者遭受巨大损失。在医疗领域，如果大语言模型错误地诊断了患者的疾病或提供了不正确的治疗建议，这可能会对患者的健康造成严重的后果。

二是大模型遭遇攻击风险。第一，提示词（Prompt）注入攻击。需要注意的是，注入攻击一直是计算机领域非常常见的一种攻击手段。提示词注入攻击是通过"覆盖"开发者的提示以达到攻击的目的，因为大语言模型无法区别对待开发者的提示和用户的提示。攻击者通过精心设计的输入来直接或间接操纵受信任的大模型时，大模型会忽略预设定的审核准则，执行黑客指令。**第二，模型拒绝服务。**当攻击者在大模型上进行资源密集型操作时，就会发生模型拒绝服务，导致服务降级或产生高成本。由于大语言模型的资源密集性、用户输入的不可预测性、模型输出的不唯一性等特征，针对大语言模型的漏洞攻击会被放大。**第三，模型盗窃。**模型盗窃涉及对专有大模型的未经授权的访问、复制或泄露，从而导致经济损失、声誉损害。例如，竞争对手渗透到公司的服务器并窃取他们为自然语言处理任务训练的专有语言模型。被盗模型被重新利用或进行逆向工程以供未经授权的使用，从而使竞争对手在开发竞争产品或服务时获得不公平的优势，而无须投资从头开始训练此类模型所需的研发工作。**第四，供应链漏洞。**大模型的供应链漏洞会影响训练数据、机器学习模型和部署平台的完整性。例如，依赖于未经验证来源的预训练模型，攻击者可以利用模型的功能来对敏感数据进行未经授权的访问，或在该模型系统上执行恶意代码。2023 年 3 月，OpenAI 披露了一个 Redis 开源库中的错误，导致 ChatGPT 服务中其他用户的个人信息和聊天标题被泄露。2023 年 4 月，ChatGPT 被爆出严重的泄露问题，部分用户能够看到其他用户的姓名、邮箱地址、聊天记录标题以及信用卡最后 4 位数字等。**第五，不安全的输出处理。**当对大模型输出内容没有足够的验证、净化处理，便将其传递给下游组件或系统时，就会存在漏洞风险。

这些漏洞一旦被滥用，便会引起特权升级或远程代码执行等问题。**第六，不安全的插件设计**。不安全的插件设计扩展了大模型的能力，但由于设计不当而引入了漏洞。大语言模型平台允许第三方开发人员创建和集成插件以扩展其功能。如果一个设计不良、存在安全漏洞的插件被上传到该平台的市场，在安装后，该插件就会使整个系统面临潜在的攻击，例如未经授权的数据访问，从而损害整个生态系统的安全。

三是大模型应用风险。一方面，**过度代理**。大模型的过多功能、权限或自主权导致过度代理，从而允许针对意外输出采取破坏性行动。例如，在金融交易系统中部署了具有过高自主性的大语言模型，它会根据市场数据做出交易决策，并在没有人工监督的情况下执行高风险交易。如果模型的决策有缺陷或被操纵，这种过度的代理可能会导致重大的财务损失或市场不稳定。另一方面，**过度依赖**。当系统或个人在没有充分监督的情况下依赖大模型时，就会发生过度依赖，从而导致错误信息的传播或不安全代码的合并。例如，随着用户对人工智能的逐渐熟悉，对模型的依赖可能会妨碍他们学习新的技能，甚至导致他们丧失重要技能。随着错误越来越难以被普通人发现、大家对模型普遍越来越信任，用户就越不可能去挑战或验证模型给出的结果。

9.3.2 根技术安全

以大模型为代表的人工智能赛道上，根技术是决胜的关键。在数智经济时代，需要关注支撑人工智能发展的根技术安全。

一是芯片等硬件底层安全。芯片是人工智能大模型运行的底座，是数智经济生态建设的核心基础。芯片涉及复杂的全球供应链网络，任何一个环节限制都可能影响整体产出。面临的主要风险体现在 3 个方面。**第一，关键技术"卡脖子"风险**。美国实施了一系列针对高科技出口管制和技术封锁的措施，通过对关键供应链节点的控制，对其他国家产生"牵一发而动全身"的效应。**第二，供应链风险**。芯片公司很少独立完成一种芯片的设计，超大规模的成电路芯片中通常会集成第三方的 IP 核，第三方 IP 核极有可能在设计或制造过程中被植入恶意逻辑、硬件木马，以达到窃取他人信息、扰乱和破坏对手控制系统等目的，而且在正常的测试中难以发现植入的恶意逻辑和硬件木马。**第三，芯片安全漏洞风险。**芯片在设计、制造、应用过程中可能存在固有物理缺陷，这些缺陷会导致安全漏洞，攻击者利用进行各种形式的攻击（如侧信道攻击、故障攻击等）来窃取或篡改数据。这类安全问题通常更为隐蔽和难以修复。近年来，Intel、ARM、AMD 等芯片厂商生产的芯片被陆续曝出"熔断"（Meltdown）、"幽灵"（Spectre）和"骑士"（VolJokey）等芯片级漏洞。这些漏洞主要产生于芯片设计缺陷，攻击者可利用这些漏洞获取用户安全密码、核心密钥，以及直接运行非法程序等，导致全球数十亿计算机都暴露在极大的安全风险中。

二是数据安全。数据是人工智能的原料，数据集对大模型的训练和优化至关重要。大模型数据集也称为训练语料，指直接作为模型训练输入的数据，包括预训练、优化训练过程中输入的数据，可以是文字、图片、音视频资料等。面临的主要风险体现在 3 个方面。**第一，数据集的自主可控风险。**生成式人工智能大模型训练数据集的主导权大部分被西方掌控。**第二，数据集的确权风险。**主流大模型的训练数据集来源渠道包括网页、论文、文献等，但收集时未经作者同意，涉及侵犯个人合法权益风险。如 RedPajama-data-v2 数据集中，对个人邮箱等敏感信息未做数据脱敏处理。国外大模型公司深陷诉讼风波，数据确权问题愈演愈烈。2023 年 1 月，几位艺术家以 Stability 人工智能、DeviantArt、Midjourney 未经其同意使用受版权保护的图片而向法院起诉；2023 年 6 月，畅销书作家 Mona Awad 和 Paul Tremblay 向 OpenAI 公司提起版权诉讼，涉及版权侵权、不正当竞争、违反注意义务、不当得利等问题。截至 2024 年 4 月，据不完全统计，美国大模型领域实际在诉案件共有 19 起，其中 14 起为版权侵权案件，核心争议便是未经授权利用他人作品进行模型训练。**第三，训练数据中毒风险。**数据中毒是指在模型训练过程中引入恶意或有偏见的数据，导致模型学到错误或有害的信息，涉及操纵数据或微调流程以引入漏洞、后门或偏见，从而损害大模型的安全性、有效性。这种完整性攻击会影响模型做出正确预测的能力。例如，攻击者可以将训练数据的标签错误地分配给不同的类别，这样，模型在训练过程中会学习到错误的分类规则。举一个最简单的例子，在一个猫狗分类任务中，将猫的图片标签为狗。

三是算法安全。 算法是人工智能的"智慧之源"，被视为人工智能的"大脑"，是指导计算机执行特定任务的一系列指令的集合。它是人工智能实现智能化处理的基础，决定了人工智能系统能够理解和处理信息的深度和广度。如果算法活动缺乏风险评估，则使得风险无法从源头控制。**第一，算法设计安全风险。** 算法设计安全风险是指在算法设计或实施过程中的错误，可能导致结果与预期不符，甚至造成伤害性后果。亚马逊的自动招聘算法因设计不当，曾错误地给女性求职者的简历打低分，导致女性工作申请成功率降低。**第二，算法黑箱安全风险。** 基于神经网络的深度学习算法通过复杂的计算过程处理输入数据，但这些过程对外部观察者来说往往是不透明的，难以用现有的科学知识和原理来解释输出结果。这种黑箱特性可能导致算法的决策过程缺乏透明度和可解释性，导致了对算法结果的不信任和增加了潜在的风险。**第三，算法偏见歧视风险。** 算法偏见歧视风险是在信息生产和分发过程失去客观中立的立场，影响公众对信息的客观全面认知，或者在智能决策中，通过排序、分类、关联和过滤产生不公平问题，主要表现为价格歧视、性别歧视、种族歧视。2023 年 4 月，美国美消费者金融保护局、司法部、联邦平等就业机会委员会和联邦贸易委员会发布联合声明，指出自动决策系统（Automated Systems）可能导致金融、住房、就业领域出现偏见、歧视、不公平对待等现象，使消费者陷入不公平或欺骗的决策。

四是开发框架安全。 人工智能开发框架是"AI 领域的操作系统"，几乎所有的人工智能算法和应用，都要通过它才能完成训练和部署。国内外头部的互联网企业都使用 AI 工作负载主流开源框架 Ray，主要用于在机器集群中扩展人工智能和 Python 应用程序，实现分布式计算工作负载。包括 OpenAI、亚马逊、字节跳动在内的数以千计的公司使用 Ray 框架来支持 ChatGPT 这样动辄超过千亿参数的超大模型训练所需的大规模底层基础算力资源的优化和调度。2023 年底，开源框架 Ray 曝出漏洞，亚马逊、字节跳动、OpenAI 等人工智能企业受到影响，数百个集群遭到攻击。

9.3.3　智能体安全

智能体是人工智能领域中的一个重要概念，指能够自主感知环境、做出决策并执行行动的智能实体，它可以是一个程序、一个系统或者一个机器人，具备自主性、适应性和交互能力。智能体在人工智能领域广泛应用，如自动化系统、机器人、虚拟助手和游戏角色等，其核心在于能够自主学习和持续进化。智能体之间相互连接将形成一个庞大而有机的网络，构成未来互联网的全新形态。互联网将从桌面互联网、移动互联网，演进到以智能体和高度智能为特征的智能体互联网。智能体可以自主决策，又能通过与环境交互对物理世界产生影响，一旦失控将带来极大风险。

一是物理智能体风险。以大模型为代表的人工智能正在实现"万物智联"，基于大模型的智能装备产品迅速发展。大模型广泛应用于无人机等领域的自动控制以及人形机器人为代表的具身智能中，成为包括工控设备、武器装备在内的各类物理系统的"神经中枢"。在重大行业领域，接入大语言模型的智能汽车迅速发展，掀起汽车工业第二个"百年变革"。在未来产业领域，大模型和机器人结合的具身智能是主要大国的竞争焦点。同时，对大模型的恶意利用或安全攻击，可能引发设备失控、物理系统损毁等问题。第一，机器人和自动驾驶汽车等智能装备存在行为不受控的技术风险。如特斯拉工厂曾发生一起机器人的识别系统出现故障，致使一名工程师受伤的事件。黑客曾利用信息娱乐系统的漏洞，远程操控一辆 Jeep Cherokee 的转向、刹车、雨刷和门锁等关键功能。第二，智能装备操作失误导致安全问题的行为风险。2016 年，第十八届中国国际高新技术成果交易会上，由于工作人员操作不当导致一台用于辅助展示投影技术的机器人撞向展台玻璃，玻璃倒地摔碎并划伤一名现场观众。第三，机器人等智能装备存在伦理隐私问题的风险。由于机器人行为不当引起的伦理、隐私等问题也值得关注。在利雅得举行的第二届 DeepFast 大会上，沙特制造的男性人形机器人因技术故障将手伸向正在进行采访的女性记者的臀部。人工智能聊天机器人 Replika 因涉嫌要求用户发送暴露照片，甚至未经用户同意就访问他们的手机而引起用户强烈的抵触情绪。

二是虚拟智能体风险。大语言模型的出现，让智能体变得更智能。智能体与数字人的结合是一个前沿技术趋势，它将人工智能的智能处理能力和数字人的虚拟形象相结合，创造出能够在虚拟世界中进行交互和执行任务的实体。虚拟数字人智能体昭示着重塑人与技术关系的契机，但也蕴藏着颠覆式的风险与挑战。第一，个人权利风险。数字人技术一旦被有心之人利用，不仅会导致自然人的个体权利遭受损害，甚至会引发不同程度的社会伦理问题，包括侵犯隐私权、侵犯肖像权、数字身份被盗等。譬如数字化复活易对逝者隐私等造成侵害，进一步给逝者近亲属的权益造成损害，引发生者之间的权益纠纷。第二，人际关系风险。当数字人技术构建了一种全新的人机交互系统时，原本的"人与人"的道德主体边界与责任归属划分标准也随之被解构，易出现责任主体缺失的困境。第三，虚假信息风险。数字身份是每个人在数字空间中的"身份证明"，不仅包含个人的基本信息，还涉及各种在线行为及交易的记录。生成式人工智能的兴起，使得人们在验证身份时面临前所未有的挑战，人工智能技术不仅能够创造高度逼真的虚假图像、视频和声音，还可能组合真实与虚假信息，生成伪造的身份资料，从而使数字身份系统极其脆弱。根据德勤估计，这类由 AI 支持的深度造假每年可能导致数十亿美元的欺诈损失。

9.3.4　可持续安全

2023 年 10 月，我国发布《全球人工智能治理倡议》，提出各国应秉持共同、综合、合作、可持续的安全观，积极支持以人工智能助力可持续发展。2024 年 9 月，联合国发布《以人为本的人工智能治理》，也提出全球 AI 治理面临代表性不足、协调性差、执行力弱、资源分配不均等挑战，需要构建一个包容、高效、协同的全球 AI 治理体系，确保 AI 技术的发展惠及全人类，促进可持续发展目标的实现。数智经济时代，确保可持续安全保障和可持续发展需要注意防范并化解以下风险。

一是智能鸿沟风险。人工智能发展及应用带来生产工具、生产关系大幅改变，加速重构传统行业模式，拉大不同地区的人工智能鸿沟，对传统社会秩序的稳定运行带来挑战。从国家主体看，发展中国家在 AI 人才、计算资源和数据获取等方面存在明显劣势，这种劣势限制了其参与全球 AI 治理的能力。从社会群体看，人工智能的发展可能加剧"数字鸿沟"，引发社会不平等现象，产生一大批数字弱势群体，该群体主要由老年人口、低学历人群、网络基础设施落后地区的人口等构成。

　　二是社会变革风险。人工智能应用于金融、能源、电信、交通、民生等传统行业领域，如自动驾驶、智能诊疗等，模型算法存在的幻觉输出、错误决策，以及因不当使用、外部攻击等原因出现的系统性能下降、中断、失控等问题，将对用户人身生命财产安全、经济社会安全稳定等造成威胁。人工智能对就业的冲击也初现端倪，英国最大的创作者工会 SoA 调查数据显示，生成式人工智能已导致 36% 的译者和 26% 的插画师失业。随着大模型在社会生产和生活各个领域的"主体化"，一旦机器实现通用人工智能，摆脱了人类的控制，在认知域、信息域、物理域上自主部署，将带来更大的风险，"站在十字路口的人类"将迎来人工智能的"奥本海默时刻"。

　　三是资源保障风险。基于云的人工智能系统需要耗费大量能源，世界各国需要齐心协力地向可持续和可再生能源方向发展。以美国为例，随着人工智能快速发展，巨量资金将投入 GPU、数据中心和电力建设，如果人工智能及大模型实现全面发展，到 2035 年，美国用电量将增长 15% ～ 30%。

9.4　主要国家保障数智安全的初步实践

9.4.1　整合"数智安全"

　　21 世纪初，美国在国防数字化战略中提出"系统之系统"(System of Systems，SoS) 概念，"系统之系统"是一个强调复杂性的概念，指由多个相互关联、相互影响的独立系统组成的更大系统，以及系统和系统间的互相作用关系。随着大数据与人工智能技术的飞速发展以及大量无人平台的加入，未来作战体系将演变为有人无人混编的智能体系。无人智能体系能够适应外界环境的变化，做出恰当决策，成为一种具有自感知、自恢复、自学习与自优化等能力的自适应主体，这是一种生命有机体特有的行为属性。面对变革趋势，美国国防部于 2021 年宣布整合联合人工智能中心、国防数字服务、首席数据官和 Advana 计划，新设首席数字与人工智能办公室，并于 2022 年达到全面运营能力。2023 年 11 月，美国国防部发布《数据、分析和人工智能采用战略》（*Data, Analytics, and Artificial Intelligence Adoption Strategy*），该战略以 2018 年的《国防部人工智能战略》和 2020 年的《国防部数据战略》为基础，并取代这两项战略，在数据、分析和人工智能活动中采取统一方法，以推进美国国防部的数智化转型。首席数字与人工智能办公室负责监督《数据、分析和人工智能采用战略》的实施。

9.4.2　加大安全投入

美国是在数智安全领域经济投入最多的国家之一，获得了经济的积极效应。从政府预算来看，美国 2024 财年政府预算，包括国防部、能源部、国土安全部等多个机构，累计向人工智能领域计划投入超过 2 511 亿美元（约合人民币 1.8 万亿元），用于实现人工智能研究和软硬件服务。如果再包括政府外部筹资、民间资本等，美国于 2024 年在人工智能领域投资预计超过数万亿美元。国防部 2024 财年计划增加与人工智能相关的网络安全投资，总额约 2 457 亿美元，其中 674 亿美元用于网络 IT 和电子战能力、1 450 亿美元用于研发活动、333 亿美元用于太空能力。

9.4.3　构建安全生态

2024 年 2 月，美国商务部宣布成立美国人工智能安全研究所联盟。该联盟隶属于美国国家标准及技术协会下设的人工智能安全研究所。该联盟汇集 200 多家科技企业、高等院校、金融组织和政府机构等单位，包括谷歌、英伟达、美国银行、麻省理工学院、兰德公司等，旨在支持安全可信的 AI 的开发和部署。联盟成员将进行这些行动：确定新的指南、工具、方法、协议和最佳实践，以促进行业标准的发展；为识别和评估 AI 能力制定指南和基准，重点关注可能造成伤害的能力；制定指南，将安全开发实践纳入生成式人工智能，包括对两用基础模型的特殊考虑；确保测试环境的可用性；为成功的红队和隐私保护机器学习确定指南、方法、技能和实践；开发数字内容认证指南和工具；制定 AI 工作人员的技能指南和标准；探索社会与技术交叉的复杂性；为理解和管理生命周期中 AI 参与者之间的相互依存关系制定指南。

9.4.4　推进标准制定

2023 年 1 月，NIST 公布《人工智能风险管理框架》，指导组织机构在开发和部署人工智能系统时降低安全风险，避免产生偏见和其他负面后果，提高人工智能可信度。2024 年 6 月，NIST 发布人工智能风险和影响评估，这是一套 AI 风险评估的新方法和指标，包括不同评估级别的模型测试、红队测试和现场测试。2024 年 4 月，美国国家安全局发布《安全部署人工智能系统：部署安全、弹性人工智能系统的最佳实践》，为部署和运行由其他实体设计和开发的人工智能系统的组织提供最佳实践，以提高人工智能系统的机密性、完整性和可用性，并确保已知的人工智能系统的网络安全漏洞得到适当的修复。

9.4.5　加强风险监测

美联储主席鲍威尔于 2023 年表示，美联储试图在应对人工智能上变得更积极，美联储在人工智能上花了很多时间。数智技术对就业的冲击，是美联储密切关注的事件。2024 年 9 月，美联储理事库克发表讲话，认为人工智能能够显著提升生产力，为经济发展注入新的活力，但人工智能的崛起也可能对就业市场带来负面影响。同时，由于越来越多的金融机构将人工智能用于客户服务应用、欺诈监控和承保，美联储与其监管的银行就管理与人工智能相关的风险进行"定期讨论"。美国证券交易委员会主席也曾警告人工智能会给金融稳定带来风险，监管机构必须应对新兴技术带来的挑战，权衡是否需要新规则。

9.4.6 加强国际合作

2024 年 4 月，第 27 届联合国科技大会在瑞士日内瓦召开。世界数字技术院发布了一系列突破性成果，包括《生成式人工智能应用安全测试标准》和《大语言模型安全测试方法》两项国际标准。这是国际组织首次就大模型安全领域发布国际标准，代表全球人工智能安全评估和测试进入新的基准。世界数字技术院是在日内瓦注册的国际非政府组织，遵从联合国指导框架，致力于在全球范围内推进数字技术，促进国际合作。AI STR（安全、可信、负责任）计划是世界数字技术院的核心倡议，旨在确保人工智能系统的安全性、可信性和责任性。

《生成式人工智能应用安全测试标准》为测试和验证生成式人工智能应用的安全性提供了框架，定义了人工智能应用程序架构每一层的测试和验证范围，包括基础模型选择、嵌入和矢量数据库等，确保人工智能应用各方面都经过了严格的安全性和合规性评估，有利于保障人工智能应用在整个生命周期内免受威胁和漏洞侵害。

《大语言模型安全测试方法》为大模型本身的安全性评估提供了一套全面、严谨且实操性强的结构性方案，提出了大语言模型安全风险分类方法、攻击分类分级方法以及测试方法，并给出 4 种不同攻击强度的攻击手法分类标准，提供了严格的评估指标和测试程序，使开发人员和组织能够识别和修复潜在漏洞，有利于提高使用大语言模型构建的人工智能系统的安全性和可靠性。

参考文献

[1] 王世伟 . 论信息安全、网络安全、网络空间安全 [J]. 中国图书馆学报，2015, 41(2).
[2] 杨晓光，吴杨，张兴伟，等 . 构建数智安全新格局保障新发展格局 [J]. 中国科学院院刊，2024, 39 (1): 23-35.
[3] 金涛 . 数智安全标准化教育研究与实践 [J]. 中国标准化，2024, 39 (3): 118-125.

数智经济促进政策发布

第 10 章

以主要国家实践为例

10.1 构建促进数智经济发展的体制机制

10.1.1 制定整体战略

20 世纪 90 年代以来，全球信息技术飞速发展，美国政府从克林顿时期开始实施以"国家信息高速公路"为代表的一系列战略，支持和促进数字技术和数字经济。进入新世纪，美国政府深入人工智能领域战略布局。2016 年、2019 年、2023 年，先后 3 次出台更新《国家人工智能研发战略计划》，部署长期投资，推动下一代人工智能在基础性和可靠性研究方面的发展，为公众利益服务并保证美国在人工智能领域的世界领先地位。2021 年 1 月，美国成立国家人工智能倡议办公室，负责监督和实施美国人工智能战略，协调各部门制定人工智能政策和开展研究，统筹政府与私营部门协作。2023 年 10 月，美国政府颁布《关于安全、可靠、可信地开发和使用人工智能的行政令》，要求美国国务院与商务部合作，共同牵头推动和构建强有力的国际监管框架，以发挥人工智能益处、管理其风险并确保其安全。商务部长通过国家标准与技术研究院、其他相关部门和机构的负责人进行协调，制定指导方针，确立最佳路线，以开发和部署安全、可靠和可信的系统；总统国家安全事务助理、总统助理和负责政策的白宫办公厅副主任合作制定一份人工智能领域的国家安全备忘录，以解决涉及国家安全、军事和情报方面的跨部门人工智能治理问题，为应对外部挑战和对外协作做好必要准备。

10.1.2 推动政府数智化转型

20 世纪 90 年代，美国政府开启政府数字化建设，数字政府建设历经约 30 年，目前正从数据驱动向人工智能驱动转变。这个过程可以分为 3 个阶段。

第一，1996 年，《信息技术管理改革法案》明确了推动信息技术在美政府机构和业务流程中使用，要求各联邦机构就信息与数据领域增设首席信息官，负责本机构本领域的投资与改革。

第二，2018 年，美政府发布《开放政府数据法》，要求联邦机构使用标准化数据格式对政府信息进行开放，并要求机构明确指定一名首席数据官，全面负责维护机构开放数据情况。

第三，2023 年 10 月，美总统签署"关于安全、可靠和可信地开发和使用人工智能"的行政命令，提出由美国行政管理和预算局组织各联邦机构设立首席人工智能官，首席人工智能官的职责核心是"安全、可靠和可信地开发和使用人工智能"[1]。目前，美国各机构已推出的首席人工智能官的具体职责主要围绕"协同协调、技术创新、风险管理"3 个方面展开。值得注意的是，首席人工智能官大多兼任首席数据官，统筹推进"数智化"工作。在国防部等部门，更是直接设置了首席数字和人工智能官。

10.1.3　建立创新驱动机制

针对数智经济的全链条、深融合等特征，主要国家加强政产学研创新协调，促进企业、高校和科研机构之间的深度合作。

组织协调方面，2024 年 9 月，美国政府宣布成立人工智能数据中心基础设施工作组，以协调政府各部门政策。美国能源部还将创建一个人工智能数据中心参与团队，利用各种项目来支持人工智能数据中心的发展。美国政府在声明中称，"美国是人工智能的全球领导者，我们正在采取行动，确保未来的人工智能基础设施为美国工人创造就业机会，并且是在美国建造的，由清洁能源提供动力。"[2]

底层技术方面，2015 年以来，微软等全球知名科技企业联合科斯拉（Khosla Ventures）等风险投资公司，已向 OpenAI 投入资金超过 100 亿美元，促成了 ChatGPT、Sora 等大模型产品的横空出世。2024 年 2 月，OpenAI 进一步提出融资 7 万亿美元的"芯片计划"，构建大规模的人工智能基础设施及灵活的芯片供应链[3]。

研究协同方面，2023 年 12 月，英特尔和 AMD 等全球 50 家机构联合成立了人工智能联盟，致力于在人工智能技术领域加速和传播开放式创新，以提高人工智能的基础能力、安全性和信任度，加速人工智能技术负责任的创新与发展。2024 年 2 月，英伟达在 2024 年世界移动通信大会宣布成立"AI-RAN 联盟"，创始成员包括亚马逊云科技、ARM、爱立信、微软、诺基亚、美国东北大学等，旨在融合人工智能与无线通信、引领技术创新[4]。

行业应用方面，2023 年 10 月，西门子与微软合作推动跨行业人工智能应用，携手为制造业、基础设施、交通运输和医疗等领域打造更多人工智能辅助工具。英特尔启动"AI PC 加速计划"，为 Adobe、Zoom 等 100 家软件合作伙伴提供工程软件和资源，预计在 2025 年前为超过 1 亿台 PC 实现人工智能特性。相关科技企业建立人工智能开源社区和平台，促进技术交流和共享[5]。美国佛罗里达大学与英特尔合作创建一所以人工智能为重点的大学，构建强大的人工智能生态系统。

10.1.4　加大资金投入

主要国家持续加大对芯片和人工智能的资金支持，通过风险投资、天使投资等方式为创新项目提供资金支持，推动相关产业链升级。根据 IDC 研报，2022 年全球人工智能软件、硬件和其他相关服务的 IT 总投资规模约 1 324.9 亿美元，预计 2027 年有望增长至 5 124.2 亿美元，年复合增长率高达 31.1%[6]。

2022 年，美国通过《CHIPS 和科学法案》，为芯片产业提供约 520 亿美元资金支持，为制造芯片和相关设备的资本支出提供 25% 的投资税收抵免。美国国家科学基金会和其他联邦机构，为 AI 研究提供大量资助，硅谷风险投资机构不断加大对 AI 初创企业的投资力度，如 Kleiner Perkins、Sequoia Capital 等风投公司积极布局 AI 领域。根据 Crunchbase 数据，2024 年上半年全球人工智能初创公司投资超过 355 亿美元。其中第二季度融资规模升至 240 亿美元，比第一季度增加一倍多[7]。

10.2　大力发展数智技术

芯片、传感器、算法、大模型等人工智能基础层和技术层软硬件核心技术是发挥人工智能作为新型生产工具作用、提高劳动生产率的物质基础，也是数智经济的重要构成因素。

10.2.1　芯片领域

2023 年，美国半导体工业协会和美国半导体研究联盟，联合发布 2023—2025 年全球半导体产业技术发展路线图——微电子和先进封装技术路线图，明确未来十多年间半导体芯片行业的进步方向：通过进一步提升计算、内存和数据互联性能以满足几大重要驱动应用的需求，同时通过优化设计来实现对功耗的要求，能效比指标成为未来芯片领域最关键的指标 [8]。技术发展路线图主要内容包括 3 个方面。

一是数字芯片：逻辑密度增速减慢，架构创新驱动技术进步。数字芯片是半导体芯片中最核心的品类，出货量大，对半导体芯片工艺的依赖度高，是驱动整个半导体行业发展的核心芯片品类。未来 10 年中，晶体管集成度大约翻 4 倍，由于逻辑密度的提升贡献有限，为了进一步提升集成度，主要需要依靠高级封装技术。同时，需要使用更多的领域专用设计架构来取代通用设计，例如，使用 AI 加速器来进行人工智能相关的计算（而不是使用通用架构，如 CPU 和常规 GPU），这样做可以大大改善能效比。

二是高级封装技术：技术快速演进成为行业支柱。未来 5 年中，一个系统中芯片粒的数量将从今天的 4 ~ 10 提升到 10 ~ 30，预计在 10 年的时间内，芯片粒数量会提升更多。在内存方面，芯片粒将会实现新的内存架构，从而解决内存墙问题，到时候内存的容量、速度和功耗将不再成为整个系统的瓶颈；在互联方面，未来 10 年高级封装的互联线数量将从今天的 1 000 ~ 2 000 上升到 8 000，另外使用新的 I/O 接口技术进一步提升数据带宽并降低数据移动开销。

三是传感器日益重要。在过去 5 年里，传感器的灵敏度和精度提高了 10 倍，而功率、成本和尺寸减小到原来的五分之一，这些趋势将持续下去。未来 10 年，手持和可穿戴设备的市场预计将继续快速增长，人工智能驱动的机器人和自动驾驶汽车将得到广泛应用，所有这些应用都需要具有高带宽互联的更复杂、更可靠、成本更低的传感器。服装和织物中的传感器创造了新的需求，与手机、戒指、身体贴片和手表传感器竞争，基于织物的传感器正在推动对互联、可靠性和耐用性的新要求的产生。

10.2.2　人工智能领域

2019 年 8 月，美国计算社区联盟和人工智能促进协会联合发布美国未来 20 年人工智能研究路线图。路线图提出强化国家人工智能基础设施建设，重构全方位人工智能人才培养体系，开展人工智能核心技术研究。2022 年，以大语言模型为代表的人工智能突破后，美国相关部门进一步制定人工智能发展路线。2024 年，美国能源部发布《科学、安全与技术领域人工智能前沿（FASST）》计划路线图，旨在促进能源部及其 17 个国家实验室与科学界和工业界合作，建立世界上最强大的综合科学人工智能体系，实现能源技术新突破，保护国家能源安全 [9]。路线图提出的四大关键行动如下。

一是构建人工智能数据库。数据是驱动人工智能引擎的燃料，把美国能源部庞大的保密和非保密科学数据库转变为世界上最大的高质量人工智能数据库，用于训练、测试和验证下一代人工智能科学模型。

二是创建先进的人工智能计算基础设施和平台。计划建立下一代高效节能的人工智能超级计算平台和算法，能够将科学计算与机器学习和数字化基础设施（包括高速数据网络和存储）无缝融合，以开发、利用和推进颠覆性技术。

三是开发安全、可靠和值得信赖的人工智能模型和系统。计划结合美国能源部的科学和工程数据以及相应的计算能力，建立、训练、测试和验证先进的人工智能模型。利用人工智能数据库，这些模型将学会使用物理学、化学和生物学语言，从而加速所有科学分支的发现，并能够预测和管理安全、安保、可信度和隐私方面的突发行为。

四是实现人工智能多元应用。计划开发人工智能模型，彻底改变美国能源部完成其科学、能源和国家安全使命的方式。通过人工智能加速科学发现，为电动汽车提供经济实惠的电池，在聚变能源、新型抗癌药物研发方面取得新突破，并助力国家安全的保障。工业界专注于商业用途的模型开发，而美国能源部将量身定制特定模型用于战略和关键应用领域。这些人工智能模型还将与自主实验装置（如机器人技术、机器学习和模拟）相结合，以快速设计和开展科学实验，生成有价值的数据，建立开发能力更强的模型的良性循环。

10.3　积极推动经济社会数智化

10.3.1　制定长远规划

沙特将数智化作为国家战略的重要组成部分。2019 年，沙特成立沙特数据与人工智能管理局（Saudi Data and AI Authority），以加大数据和人工智能对实现沙特"2030 愿景"目标的贡献。该机构由沙特首相直接领导，下属机构包括国家信息中心、国家人工智能中心和国家数据管理办公室等，分别负责维护数据平台、提供人工智能技术解决方案和完善相关制度建设等。2020 年，沙特发布了国家数据与人工智能战略，强调发挥数据和人工智能的优势，让最优的数据和人工智能成为现实。

根据沙特国家数智战略的规划，沙特到 2030 年将在数据和人工智能领域实现以下目标：确保约 40% 的劳动力接受过基本技能培训，培养约 1.5 万名本国专业技术人员和 5 000 名本国专家，累计吸引约 300 亿里亚尔本国直接投资和 450 亿里亚尔本国投资，创建约 300 家初创企业，使沙特在人工智能方面位列全球前 15 名，在开放数据指数方面位列前 10 名，在相关科研贡献方面位列前 20 名，并实现立法方面的高度成熟[10]。

10.3.2　加强场景创新

2014 年，美国学者在《即将到来的场景时代》中提出，基于移动设备、大数据、传感器、社交媒体、定位系统，未来将进入场景时代。主要国家和科技企业积极探索人工智能和芯片技术在各个领域的创新应用场景，推动技术与实体经济深度融合。

例如，在工业领域，利用人工智能实现智能生产、质量检测和设备维护预测，借助高性能芯片提升工业控制系统的精度和响应速度；在农业领域，通过人工智能进行精准种植、病虫害监测和农产品质量追溯，依靠芯片技术实现农业物联网设备的高效运行；在服务业，发展智能客服、智能物流、智能金融等应用，以提高服务效率和质量。同时，鼓励企业和创业者开展应用场景创新，对有潜力的应用项目给予资金和政策支持，形成示范效应，带动更多新产业的兴起。

2023 年，美国政府签发《关于安全、可靠和可信地开发和使用人工智能的行政令》，围绕安全、创新与竞争、工人支持、防止偏见和保护公民权利、消费者保护、隐私、联邦政府使用 AI 以及国际领导等 8 个领域，责成 50 多个联邦机构执行超百项具体任务。2024 年 9 月，谷歌发布 185 个人工智能应用的场景案例，涉及大约 170 个不同的公司和组织，从大型跨国公司到小型初创企业，从私营部门到公共部门，都在积极探索和利用人工智能的潜力 [12]。谷歌把这些人工智能的应用场景分为 6 个领域：客户服务、员工赋权、代码创建、数据分析、网络安全、创意构思。客户服务是指 AI 代理可以提供 24/7 的客户支持，通过聊天机器人和虚拟助手改善客户体验。员工赋权是指 AI 可以帮助员工更高效地完成工作，例如自动化日常任务。代码创建是指 AI 可以帮助开发人员编写和测试代码，提高开发效率。数据分析是指 AI 可以分析大量数据，为企业提供洞察力，帮助企业做出更好的业务决策。网络安全是指 AI 可以增强安全性，通过自动化威胁检测和响应来保护企业免受网络攻击。创意构思是指 AI 可以帮助设计和制作团队创造新的内容，如图像和视频。

10.4 加强国际治理合作

10.4.1 人工智能治理在国际政治经济合作中的作用日益凸显

当前，联合国及其专门机构积极推进人工智能国际治理。2023 年 10 月 26 日，联合国秘书长古特雷斯宣布组建一个来自 33 个国家、包含 39 名成员的人工智能高级别咨询机构，包含公司高管、政府官员以及学者，具有全球性、性别均衡和跨学科等特点，为国际社会加强对人工智能的治理提供支持。2023 年 12 月 21 日，该机构发布《为人类治理人工智能》临时报告并征求公众意见。联合国工业发展组织于 2023 年 7 月 6 日在世界人工智能大会开幕式上宣布成立全球工业和制造业人工智能联盟，同时启动了"联合国工业发展组织国际工业和制造业人工智能发展卓越中心"，将为全球范围内的人工智能合作与知识共享提供平台，建立长期伙伴关系、促进理念与经验的交流，促进人工智能在工业和制造业中负责任、安全和可持续地发展，推动国际标准制定和最佳实践分享。

下属机构方面，安理会于 2023 年 7 月 18 日举行主题为"人工智能给国际和平与安全带来的机遇与风险"的高级别公开会，呼吁管控人工智能技术风险，通过成立新的联合国机构强化对人工智能的全球治理。教科文组织于 2023 年 9 月 7 日发布全球首份关于在教育和研究领域使用生成式人工智能的指南，呼吁各国政府尽快实施适当的管制和教师培训，确保人工智能技术在教育中的运用遵循"以人为本"原则。2024 年 2 月，教科文组织举办全球人工智能论坛，全球移动通信系统协会、联想、微软等八大科技公司与教科文组织共同签署《人工智能伦理问题建议书》。开发计划署与人工智能初创公司 KissanAI 合作开发基于语音的生成式人工智能农业助手，以支持气候适应性农业实践。世界卫生组织于 2024 年 1 月 18 日发布与多模态大模型治理相关的指南，指出人工智能在医疗卫生领域具有广阔的应用前景，但也要防范其中可能出现的诸如"自动化偏见"导致的过度依赖等风险。

相关多边国际组织和机制积极布局人工智能国际合作。首届全球人工智能安全峰会于 2023 年 11 月在英国举办，美国、中国、日本、德国、印度等 20 多个国家的政府代表以及联合国、经济合作与发展组织、国际电信联盟等多个国际组织的代表参会。28 个国家和欧盟共同签署了《布莱奇利宣言》，同意通过国际合作，建立人工智能监管方法，协力打造一个"具有国际包容性"的前沿人工智能安全科学研究网络，强调加强国际合作以应对人工智能潜在风险的重要性。

2024 年 5 月，第二届人工智能安全峰会在首尔举行，10 个国家和欧盟在韩国签署了《首尔宣言》，此次峰会在首届会议成果的基础上进一步强调了促进发展，指出了跨国和跨学科技术合作的重要性，并重申对正在进行的相关研究和监督项目的支持。经济合作与发展组织于 2023 年先后发布《构建国家人工智能计算能力的蓝图》《人工智能监管沙盒》报告，指出了人工智能正在改变经济，并带来了很多新的机遇，提出各国要制定国家人工智能计算计划的蓝图。《人工智能监管沙盒》报告指出人工智能面临的挑战、风险和政策考虑，强调跨学科合作、人工智能专业知识建设、互操作性和贸易政策的重要性，以及对创新和竞争的影响。

世界经济论坛也发起人工智能治理联盟，联盟由来自产业界、学术界、民间组织和政府的 200 多名有影响力人士组成。2024 年 1 月 18 日，该联盟发布 3 份报告，围绕生成式人工智能安全、人工智能价值的释放、人工智能如何参与塑造全球未来等主题，提供了大量有关人工智能治理的建议。

主要地缘政治组织关注人工智能。七国集团（G7）于 2023 年 5 月在"广岛人工智能进程"部长级论坛上启动人工智能行为准则的制定工作。10 月 30 日，G7 领导人就《人工智能国际指导原则》和广岛人工智能进程下的《人工智能开发者自愿行为准则》达成一致，旨在推广全球范围内的安全、可靠和值得信赖的人工智能，并将为开发最先进的人工智能系统的组织提供行动指南。北约将生成式人工智能纳入其人工智能战略，通过寻求标准化流程，确保生成式人工智能等新技术能得到有效和安全的应用。

10.4.2　加强人工智能治理的初步共识

人工智能安全治理攸关人类命运，引起国际社会各界广泛关注和讨论。

一是尊重人工智能主权和文化多样性。联合国教科文组织强调在人工智能系统的整个生命周期内，确保尊重、保护和促进多样性，要符合国际人权法、标准和原则，并考虑到人口、文化、性别和社会等方面的多样性。有关方面提出"主权人工智能"概念，认为人工智能强大的学习和推演能力使其成为世界文明的重要生产工具，可用来编纂整个国家的文化、常识、历史等各类数据，每个国家都应拥有自主人工智能基础设施，在保护自己文化的同时利用其经济潜力[13]。

二是以人为本、智能向善。2023 年 12 月，联合国人工智能咨询机构发布《以人为本的人工智能治理》报告，强调最大限度地发挥人工智能对人类的益处。基辛格在《人工智能军控之路》一文中呼吁，从国家层面建立"全球人工智能秩序"，以防止人工智能造成最危险和潜在的灾难性后果[14]。OpenAI 的 CEO 萨姆·奥尔特曼呼吁，"建立一个像国际原子能机构的机构来监督人工智能的发展"。

三是包容性、平等性。《布莱切利宣言》指出，发展人工智能要促进包容性经济增长、保持可持续发展和创新，强调"包容性人工智能和弥合数字鸿沟的重要性"。牛津大学对全球 181 个国家及其在公共服务中使用人工智能的情况进行了评估，结果显示得分最低的地区包括南半球大部分地区，例如撒哈拉以南非洲、一些中亚和南亚国家，人工智能准备程度的差异将加剧全球不平等[15]。

四是安全、可靠、可信。保证人工智能系统生命周期中的数据集、流程和决策的可追溯性十分必要，参与者应采取与人工智能发展阶段相适应的系统风险管理方法，以更好地应对隐私、数字安全、偏见等相关风险。人工智能系统应保持透明和负责任的对外资料披露，促进公众对系统输入和输出内容的理解。

五是分类监管、可问责性。欧盟《人工智能法案》提出，根据人工智能对社会造成危害的能力，遵循"基于风险"的方法来分级监管人工智能：风险越高，规则越严格。2023 年经济合作与发展组织发布《推进 AI 问责制：围绕可信赖 AI 生命周期的治理和管理风险》报告，强调人工智能问责性原则，建议人工智能治理能够提供针对风险管理流程的审查，包括对流程和结果的监测、审查、记录、沟通和协商，同时提供多种机制，将人工智能风险管理流程嵌入更广泛的组织治理[16]。

六是多边主义、国际合作。世界经济论坛在《多方合作才能实现负责任的人工智能治理》报告中指出，对先进的人工智能进行集体监督不仅有利，而且势在必行。全球局势正处于一个关键时刻，既要迅速发展人工智能技术，又迫切需要治理和引导这一飞速发展的技术，在二者之间找到平衡，多方参与的人工智能治理是降低其技术风险并最大化利用其优势的最合适的方式[17]。2024 年 7 月，联合国大会通过由中国主导的关于人工智能技术的决议，强调在全球范围内创造一个"自由、开放、包容和非歧视性"的发展环境，呼吁各国享有平等机会，特别是帮助发展中国家应对相关技术挑战。

参考文献

[1] The White House. Executive Order on the Safe, Secure, and Trustworthy Development and Use of Artificial Intelligence[EB/OL]. (2023-10-30)[2024-11-16]. https://www.whitehouse.gov/briefing-room/presidential-actions/2023/10/30/executive-order-on-the-safe-secure-and-trustworthy-development-and-use-of-artificial-intelligence/.

[2] The White House. Readout of White House Roundtable on U.S. Leadership in AI Infrastructure[EB/OL]. (2024-09-12)[2024-11-16]. https://www.whitehouse.gov/briefing-room/statements-releases/2024/09/12/readout-of-white-house-roundtable-on-u-s-leadership-in-ai-infrastructure/.

[3] OpenAI. Infrastructure is Destiny - Economic Returns on US Investment in Democratic AI[R/OL]. (2024-09-10)[2024-11-16]. https://cdn.openai.com/global-affairs/openai-infra-economics-10.09.24.pdf.

[4] AI-RAN Alliance. Industry Leaders in AI and Wireless Form AI-RAN Alliance[EB/OL]. (2024-02-26)[2024-11-16]. https://ai-ran.org/news/industry-leaders-in-ai-and-wireless-form-ai-ran-alliance/.

[5] Intel. Intel Launches Industry's First AI PC Acceleration Program[EB/OL]. (2024-10-19)[2024-11-16]. https://www.intel.com/content/www/us/en/newsroom/news/intel-launches-ai-pc-acceleration-program.html#gs.hv68wa.

[6] IDC. 中国生成式 AI 投资增长加速，五年复合增长率达 86.2%[R/OL]. (2024-03-27)[2024-11-16]. https://www.idc.com/getdoc.jsp?containerId=prCHC51997124.

[7] Crunchbase. Eye On AI: As Big Money Rolls Into Data Centers, Startup Investment Gains[N/OL]. (2024-10-17)[2024-11-16]. https://news.crunchbase.com/ai/data-center-startup-investment-amzn-msft/.

[8] 李衍. 美国半导体联盟正式发布《微电子和先进封装技术路线图》[R/OL]. (2023-12-13)[2024-11-16]. https://portal.las.ac.cn/choiceness/getChoicenessDetail.htm?serverId=14&uuid=7025fab369b34251492def9d2eb7efcc&recommendId=135840&controlType=.

[9] 中国科学院科学战略研究院. 美国能源部发布科学、安全与技术领域人工智能路线图 [R/

OL]. (2024-10-29)[2024-11-16]. https://www.casisd.cas.cn/zkcg/ydkb/kjqykb/2024/
kjqykb2409/202410/t20241029_7409800.html.

[10] SDAIA. National Strategy for Data and AI (NSDAI)[EB/OL]. (2021-02-02)[2024-11-16].
https://saudipedia.com/en/article/2878/economy-and-business/data-and-ai/national-
strategy-for-data-and-ai-nsdai#:~:text=NSDAI%20initiatives,research%20and%20
innovation%2C%20and%20ecosystem.

[11] Scoble R., Israel S. & Benioff M. Age of context: Mobile, sensors, data and the future
of privacy[M]. Boston: Patrick Brewster Press, 2014.

[12] Google Cloud. 185 real-world gen AI use cases from the world's leading organizations[R/OL].
(2024-04-02)[2024-11-16]. https://cloud.google.com/transform/101-real-world-
generative-ai-use-cases-from-industry-leaders.

[13] Reuters. Nvidia CEO Huang says countries must build sovereign AI infrastructure[N/
OL]. (2024-2-12)[2024-11-16]. https://www.reuters.com/technology/nvidia-ceo-huang-
says-countries-must-build-sovereign-ai-infrastructure-2024-02-12/.

[14] Kissinger H.A. & Allison G. "The Path to AI Arms Control." Foreign Affairs[J/OL].
(2023-10-13)[2024-11-16]. https://www.foreignaffairs.com/united-states/henry-
kissinger-path-artificial-intelligence-arms-control.

[15] Oxford Insights. Government AI Readiness Index 2023[R/OL]. (2023-12-06)[2024-11-
16]. https://oxfordinsights.com/wp-content/uploads/2023/12/2023-Government-AI-
Readiness-Index-1.pdf.

[16] OECD. OECD 推进人工智能的可问责原则 [R/OL]. (2024-09-24)[2024-11-16]. https://www.
secrss.com/articles/57733?utm.

[17] World Economic Forum. Responsible AI governance can be achieved through
multistakeholder collaboration[R/OL]. (2023-11-14)[2024-11-16]. https://www.
weforum.org/stories/2023/11/ai-development-multistakeholder-governance/.

致谢

当这本书的创作旅程即将抵达终点，心中满是感恩。这条创作之路漫长而崎岖，每一步都离不开众多人的扶持。在此，向所有为这本书的诞生付出过心血的人表达我最诚挚的谢意。

特别要感谢本书的其他作者：高宏玲、王宇霞、王桢寅、艾文思、杜丽雅、李泽村、宋籽锌、张镇、杨璨、钟新龙、席子祺、黄晓丹、翟腾。创作期间，我们反复研讨、交流灵感，各位的观点与创意极大地丰富了这本书的内容。没有各位的付出，这本书难以呈现如今的模样。

最后，感谢每一位读者。你们的阅读是对我最大的认可，你们的反馈将激励我继续前行。愿这本书能给你们带来启发与感动。这份感恩难以言尽，未来我会带着它，在创作路上坚定迈进。

胡国栋

2025 年 3 月